五维销售力

大客户销售综合专业能力升级

张良全◎著

Five-Dimension
Sales Power

中国出版集团
中译出版社

图书在版编目（CIP）数据

五维销售力：大客户销售综合专业能力升级 / 张良全著. -- 北京：中译出版社, 2025.5. -- ISBN 978-7-5001-8213-9

Ⅰ. F713.3-49

中国国家版本馆 CIP 数据核字第 2025Y42F02 号

五维销售力：大客户销售综合专业能力升级
WU WEI XIAOSHOULI:DA KEHU XIAOSHOU ZONGHE ZHUANYE NENGLI SHENGJI

出版发行：中译出版社
地　　址：北京市西城区新街口外大街 28 号普天德胜大厦主楼 4 层
电　　话：010-68002876
邮　　编：100088

特约策划：张志军
策划编辑：张　旭　李珊珊
责任编辑：张　旭
封面设计：末末美书
排　　版：冯　兴

印　　刷：河北宝昌佳彩印刷有限公司
规　　格：710 毫米 ×1000 毫米 1/16
印　　张：22
字　　数：256 千字
版　　次：2025 年 5 月第 1 版
印　　次：2025 年 5 月第 1 次

ISBN 978-7-5001-8213-9　　定价：59.00 元
版权所有　侵权必究
中　译　出　版　社

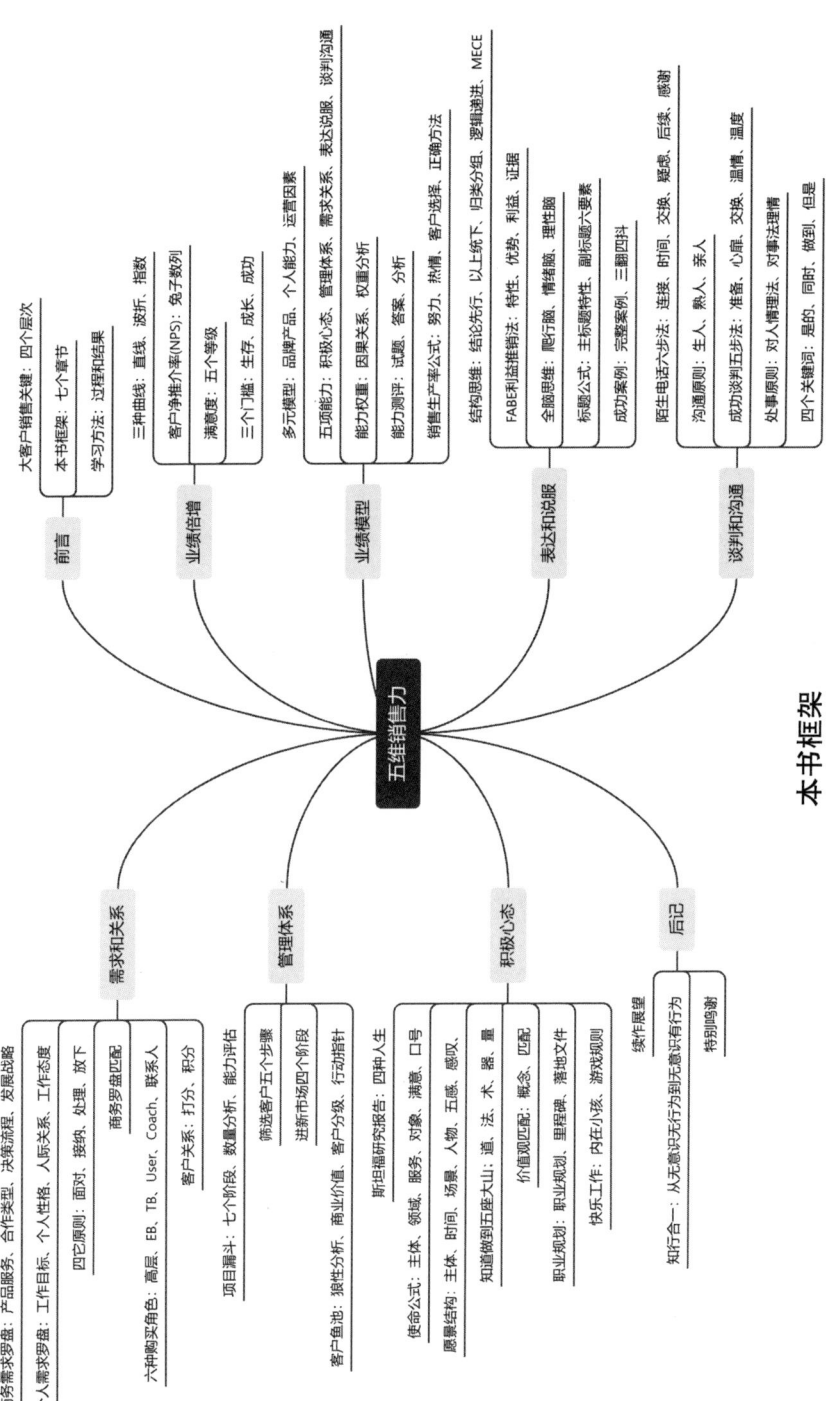

本书框架

前言
解释问题　更要解决问题

各位朋友，大家好，

感谢你购买本书，让我有机会跟你一起聊聊《五维销售力：大客户销售综合专业能力升级》这本书的主要内容，希望通过掌握本书提供的方法论和工具，可以真正帮助你提升自己和团队中大客户销售人员的专业能力，完成销售业绩，实现企业的经营目标。

开宗明义，我们先聊一聊本书将为你的大客户销售工作带来哪些具体的价值。

【客户疑问】大客户销售的关键是什么？

2023年10月的一天傍晚，我在北京某知名商学院在线直播授课后，有一位企业家赵总加我微信，通过他的加好友申请后，他马上问了我一个问题："张老师，你觉得大客户销售的关键是什么？"

各位朋友，如果有人问你这个问题，你会怎样回答呢？一般遇到学员提问，我发现主要是三类问题。第一类是特别大的框架性问题，比如怎样让我们公司的销售业绩翻番？针对这类问题好回答，我会告诉你只要系统全面学习我的"五维销售力"课程，并结合企业实际落地，就一定能实现销售业绩翻番。第二类是特别小的操作性问题，比如我不会喝酒，客户让我一定要多喝酒怎么办？我会回答，客户让你喝酒的目的不是为了让你喝多，而是希望通过喝酒这件事来考察你对客户的尊重程度，进而建立彼此之间的信任关系。所以你需要做的是让客户充分感受到你对客户的尊重，你不能喝酒，但是可以请自己会喝酒的朋友陪客户喝酒，可以送客户他爱喝的酒，客户喝多后送客户回家。喝酒只是表面现象，客户想检验的是你的人品是否可靠、值得信赖。框架性问题和操作性的问题，都很好回答。最难回答的是第三类不大不小的职能性问题，就像这位企业家问的这个问题：大客户销售的关键是什么？因为这个问题背景不清晰，企业发展的不同阶段、企业内不同层级、相同层级不同员工的需求，都是不一样的。或者说，这样的问题，你怎么回答都有道理，但是你怎么回答都不完全正确。当时，因为天色已晚，我决定认真思考后，再回答赵总。

第二天上午，我根据赵总名片上的网址，简单浏览了他的企业网站后，我在微信上，给他如下回复。

赵总，早上好，您昨天提的问题：大客户销售的关键是什么？我现在简要回复您。

【背景】根据名片信息，我简单浏览了您公司的网站，了解到咱们华东ABC公司为制造型企业提供自动化生产线解决方案。做的是B2B业务。因为不了解太详细的实际情况，和您咨询我想解决的具体问题，我只能从自己的专业经验和"五维销售力"课程的角度，从以下四个层面，简单回答您。

【销售能力】第一个层面，从销售能力来看。在我的"五维销售力"课程里面，把销售部门中个人或团队的能力分为五项：积极心态、管理体系、需求匹配、表达说服、谈判沟通。在企业里面，企业高层会认为销售的积极心态最重要；企业中层，如销售总监会认为管理体系最重要；而基层员工会认为沟通谈判技巧最重要。

【销售业绩】第二个层面，从销售业绩多元模型角度来看，销售业绩模型有三大模块，第一个模块是品牌产品（品牌、产品、价值）；第二个模块是个人能力（心态、体系、需求、表达、沟通）；第三个模块是运营因素（周期、支持、激励）。其中品牌产品加运营因素这两个由企业决定的模块，对整体销售业绩的影响占80%，而个人能力模块占20%，所以，企业间的竞争首先是企业综合实力的竞争，然后才是销售团队能力的竞争。企业实力相差悬殊，企业实力决定业绩。企业实力相当，销售团队的专业能力决定业绩。

【企业组织】第三个层面，从企业组织层面，根据麦肯锡组织7S模型，需要考察企业七个方面，硬件是战略、架构和制度；软件是文化、员工、技能；核心是共同价值观。这七个方面，我认为最重要的是核心，即共同价值观。在您的企业网站上，我没有看到这个方面的信息。

【企业生命周期】最后一个层面，从企业生命周期来看，企业发展分成不同阶段，0～1是生存阶段，这个时候企业面临生存问题，让企业走得动，要解决的主要矛盾是经营，如何获得健康的现金流；1～10是发展阶段，企业面临市场竞争、业务经营和团队管理的多重矛盾，需要让企业走得快，要解决的是业务聚焦、建立壁垒、管理提效的问题；10～100是成熟阶段，面临的是规模扩大、管理失效、市场变化等问题，需要解决的是企业文化、共同价值观、团队凝聚力等问题，让企业能走得远。100～1000

> 是全球化阶段，如何解决跨文化融合，技术创新等问题。
>
> 【小结】在企业的发展过程中，企业和客户，企业之间和企业内部各个部门，以及各个成员之间永远存在着各种各样的矛盾。管理者需要解决主要矛盾和矛盾的主要方面。当主要矛盾解决后，还会产生新的主要矛盾。企业的发展，就是不断选择主要矛盾，解决主要矛盾的过程。

各位朋友，看了我的回答，你有什么感受？我的回答跟你的想法有共鸣吗？赵总看了我的回答后，微信上跟我说：张老师，你的回答非常专业、全面，多层次全方位地说明了大客户销售的关键。

虽然学员对我的回答很满意，但是我却高兴不起来。因为我觉得我并没有真正地帮助到赵总。为什么呢？因为马克思有一句名言，我非常喜欢，**马克思说："哲学家的任务不在于解释世界，而在于改造世界。"** 所以，我觉得我们商业培训师的任务同样不是解释问题，而**是解决问题**。从这个角度来看，与赵总的沟通，只是我在夸夸其谈，显得我博学多知，但是并没有创造任何实际价值。

【本书框架】不是解释问题而是解决问题

既然我定义培训师的任务是解决问题，而不是解释问题。那么我的"五维销售力"课程到底能帮助企业管理者们解决哪些问题呢？为此我专门整理了一个4600字的《大客户销售课程问题解决清单》，共包括129个具体问题，涵盖了业绩倍增、业绩模型、表达说服、谈判沟通、需求和关系、管理体系及积极心态共七个模块。这七个模块就是本书的七个不同的章节，分别通过不同的工具和方法，解决不同的问题群组。

第一个业绩倍增模块，主要讨论五个话题：一是讨论企业大客户销售业绩增长的三种曲线；二是"兔子数列"带来业绩增长的启发；三是决定业绩指数倍增的关键指标——客户净推介率（NPS）；四是客户满意度的五个等级；五是要想实现大客户业绩倍增需要跨越的三个门槛。

第二个业绩模型模块，主要讨论六个话题：一是决定大客户销售业绩多元模型的三个模块；二是大客户销售经理的五项专业能力；三是五项专业能力的因果关系和权重；四是大客户销售经理专业能力的自我测试题；五是专业能力测评的答案和评分；六是销售生产率公式的四个关键因素。

第三个表达说服模块，主要讨论八个话题：一是表达不清导致客户犹豫不决；二是"结构思考力"五个工具；三是FABE利益推销法；四是迪耐雅两个市场方案的角逐案例；五是全脑说服力公式；六是结论先行，说服爬行脑起标题的方法；七是BAPAC完整案例公式；八是高说服力成功案例的"三翻四抖"结构。

第四个谈判沟通模块，主要讨论十个话题：一是分享陌生电话的案例；二是成功陌生电话和失败陌生电话的对比；三是客户沟通的基本原则；四是陌生电话六步法；五是马关谈判的案例；六是处理人和事的基本原则；七是情绪和解决问题的区别；八是成功谈判五步法；九是高情商沟通四个关键词；十是用沟通组合拳化解各类复杂问题。

第五个需求关系模块，主要讨论八个话题：一是左右为难的大客户招标；二是大客户商务需求罗盘；三是大客户个人需求罗盘；四是大客户需求罗盘的落地分析；五是接纳客户"四它"原则；六是知彼知己者，百战不殆；七是《红楼梦》中的六种购买角色；八是客户关系打分和客户关系积分。

第六个管理体系模块，主要讨论了十一个话题：一是搞对象的"恋爱魔法"；二是项目漏斗的七个阶段；三是项目漏斗数量分析；四是销售经理个人能力分析；五是选择门当户对客户的五个步骤；六是进入新市场新行业的四个阶段；七是联系过但未合作客户的统筹管理；八是对比分析与销售"狼性"；九是客户商业价值的评估管理；十是客户商业价值的分级；十一是销售经理行动优先级分析。

第七个积极心态模块，主要讨论了八个话题：一是斯坦福大学研究中心的报告；二是职业使命六要素；三是从知道到做到的五座大山；四是愿景梦想六要素；五是价值观的概念和组合；六是职业规划和里程碑；七是"内在小孩"快乐工作；八是自动自发的积极心态。

其实我的"五维销售力"课程在实际的企业培训实践中，灵活组合上述七个模块，就适用于各种大客户销售的场景，我会根据不同企业提出来的培训主题和侧重方向的细微差异，在名称上有所变化。包括："大客户销售落地""大客户销售表达说服与沟通技巧""客户开发与关系管理""顾问式大客户销售""销售冠军的七种武器""销售经理积极心态""大客户销售技巧与谈判沟通""销售建议书设计制作""销售团队业绩倍增训练营""客户需求挖掘与满足""渠道开拓与管理""产业园招商"等。

【学习方法】从知道到做到：先有过程才能后有结果

阿里巴巴公司有一句管理上的名言说："没有结果的过程是放屁，**没有过程的结果是垃圾**。"我觉得这句话话糙理不糙。对于这本书的各位读者朋友们来说，如果你读完这本书没有行为上的改变，那么我觉得属于有过程没有结果，相当于我解释了很多问题，但是没有帮你解决一个具体的问题。所以，我希望你现在拿出一张 A4 纸，或者打开你的笔记本，把下表画在上面。

表0-1 "五维销售力"落地规划表

分类	章节要点	行动计划	截止日期
业绩倍增			
业绩模型			
表达说服			
谈判沟通			
需求关系			
管理体系			
积极心态			

在阅读完我的每一个章节之后，都要在章节要点、行动计划和实施截止日期上，写上你自己的收获和规划。只有这样才能事半功倍，今天行动，明天才能有所收获。这本书，也能真正帮助你提升大客户销售专业能力。

真心期待阅读本书，可以让每一位朋友，在大客户销售的专业工作方面，获得业绩上的突飞猛进，实现团队绩效的倍增。

张良全

2025 年 4 月 21 日

目 录

第一章 业绩倍增的底层逻辑 ················· 1

聚焦问题 ·· 1
话题1：销售业绩增长的三种曲线 ··············· 2
话题2：兔子数列带来的启发 ··················· 6
话题3：客户净推介率（NPS） ················ 10
话题4：客户满意度的五个等级 ················ 12
话题5：跨越三个门槛才能业绩倍增 ············ 18
本章回顾 ······································ 25

第二章 多元业绩模型 ······················ 28

聚焦问题 ······································ 28
话题1：大客户销售业绩多元模型 ·············· 29
话题2："五维销售力"课程框架 ················ 38
话题3：五项能力因果关系和权重 ·············· 43
话题4：大客户销售经理专业能力测评试题 ······ 48
话题5：销售经理自我专业能力评估 ············ 57
话题6：大客户销售生产率公式 ················ 60
本章回顾 ······································ 63

第三章　商务表达和说服力 ································ 66

聚焦问题 ·· 66

话题1：客户总要"研究研究" ······························ 70

话题2："结构思考力"五个工具 ··························· 73

话题3：FABE利益推销法 ··································· 77

话题4：大壮和小强的营销方案角逐 ······················ 82

话题5：全脑说服力公式 ····································· 88

话题6：结论先行，说服爬行脑 ···························· 90

话题7：巴派克（BAPAC）完整案例公式 ················ 95

话题8：高效说服力要"三翻四抖" ······················· 98

本章回顾 ·· 103

第四章　商务谈判与客户沟通 ································ 106

聚焦问题 ·· 106

话题1：《华尔街之狼》的陌生电话 ······················ 107

话题2：两个陌生电话案例对比 ··························· 112

话题3：生人要熟、熟人要亲、亲人要生 ··············· 115

话题4：陌生电话六步法 ··································· 118

话题5：马关谈判怎样谈？ ································· 129

话题6：对人情理法、对事法理情 ························ 139

话题7："李鸿章"和李鸿章对比 ························· 141

话题8：成功谈判五步法 ··································· 143

话题9：高情商沟通四个关键词 ··························· 149

话题10：组合拳化解复杂问题·················156

本章回顾·················161

第五章　客户需求与客户关系·················163

聚焦问题·················163

话题1：左右为难的大客户招标·················164

话题2：大客户商务需求罗盘·················168

话题3：大客户个人需求罗盘·················174

话题4：大客户需求罗盘的落地分析·················182

话题5：接纳客户"四它"原则·················191

话题6：知彼知己者，百战不殆·················198

话题7：《红楼梦》里六种购买角色·················202

话题8：客户关系打分和客户关系积分·················208

本章回顾·················212

第六章　客户和项目管理体系·················216

聚焦问题·················216

话题1：搞对象的"恋爱魔法"·················217

话题2：项目漏斗七个阶段·················221

话题3：项目漏斗数量分析·················225

话题4：大客户销售个人能力分析·················228

话题5：门当户对五个步骤·················232

话题6：星星之火可以燎原·················240

话题7：背靠着金山在乞讨·················249

- 3 -

话题8：对标分析与销售"狼性" ———————— 255

　　话题9：客户商业价值评估 ———————————— 261

　　话题10："上帝"分等、服务分级 ——————— 264

　　话题11：销售经理行动指针 ———————————— 267

　　本章回顾 ———————————————————————————— 270

第七章　自动自发的积极心态 ———————————————— 273

　　聚焦问题 ———————————————————————————— 273

　　话题1：人如公司，公司如人 ——————————— 274

　　话题2：使命公式六要素 ——————————————— 282

　　话题3：从知道到做到要翻五座山 ——————— 293

　　话题4：愿景梦想六要素 ——————————————— 297

　　话题5：最严重内耗与价值观碰撞 ——————— 306

　　话题6：职业规划和里程碑 ————————————— 312

　　话题7："内在小孩"快乐工作 —————————— 320

　　话题8：自动自发的积极心态 ——————————— 324

　　本章回顾 ———————————————————————————— 330

第一章　业绩倍增的底层逻辑

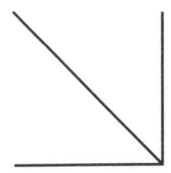

■ 聚焦问题

　　每一位企业管理者都希望自己企业的业绩可以突飞猛进，完成甚至大大超越企业的营销目标，进而帮助企业健康成长，达到每个人所追求的成功理想状态。但是残酷的现实告诉我们，国内的企业平均寿命超过 5 年的只有 2%，这意味着有 98% 的企业没有撑过 5 年。

　　即使是国际上的大公司，也会由于未能紧跟市场的迅速变化而衰落。曾经占据全球手机市场半壁江山的诺基亚因为未适应智能手机的潮流，被市场抛弃。在诺基亚被微软收购的新闻发布会上，诺基亚 CEO 表示："我们没有做错任何事，但不知何故，我们输了。"包括他自己在内的所有管理团队都伤心地流下了眼泪。

　　我想诺基亚 CEO 的这个委屈，也是很多在销售一线拼搏的管理者的委屈，我没有做错任何事，但不知何故，客户就是没有选择跟我们合作；我们这么拼命工作，不知何故，销售业绩就是不能达到预期；我们已经竭尽所能，但客户就是不买单……

　　各位朋友，你觉得诺基亚真的没有做错什么吗？你觉得那些倒在路上的企业真的没有做错什么吗？如果你现在正在从事大客户销售工作，或者经营自己的企业，你是否也正面临着同样的困惑？还是你已经有了获得销售业绩持续增长和企业成功的答案呢？

英国哲学家罗素说："**战争不决定谁对了，只决定谁留下了。**"本章内容，主要讨论四类话题：一是讨论企业大客户销售业绩增长的三种曲线；二是决定业绩指数倍增的关键指标——客户净推介率（NPS）；三是客户满意度的五个等级；四是市场占有率分布的帕累托80/20法则。通过这四类话题的讨论和思考，我相信你能从中找到化解你困惑的答案。

话题1：销售业绩增长的三种曲线

【提问】

我在不同行业、不同类型的企业都从事过一线大客户销售和销售团队管理的工作，我发现有的企业一直在生死线上挣扎，业绩跌宕起伏，销售经理如履薄冰，开发客户格外艰难；而有的企业就很轻松，捷报频传，大客户销售的工作顺风顺水……为什么面临同样市场环境的企业，同样努力工作的团队，大家得到的业绩结果大相径庭呢？甚至不客气地讲，那些业绩跌宕起伏的团队，往往更是呕心沥血，殚精竭虑。命运对企业管理者们、对大客户销售经理们，就是这么不公平吗？还是背后另有玄机呢？

【三种曲线】

张老师发现，决定企业能否从生存阶段进入成长阶段的关键，是销售业绩的增长曲线。如果业绩持续增长，企业现金流必然增加，自然解决了生存问题，但是如果业绩跌宕起伏，企业现金流不能持续增加，必然要面临生死考验。所以，销售业绩的曲线变化，就决定了企业的寿命长短。

经过多年实践观察和系统思考，我发现，企业大客户销售业绩的增长有三种曲线，分别是理想直线型、现实波折型和成功指数型。如图1-1所示。

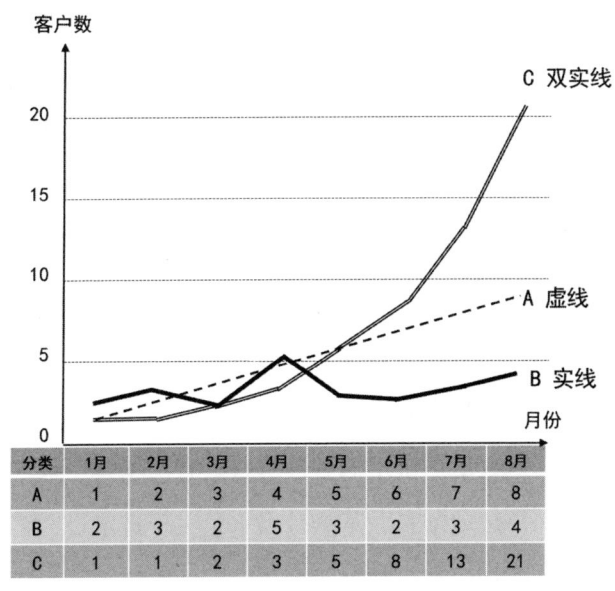

图1-1　业绩增长的三种曲线

图中有一个坐标系，横轴代表月份，对应下面表中的1月到8月。纵轴代表客户数量，相当于大客户的销售业绩，这里用客户数量来表示。坐标系中三条曲线A、B和C，对应下面表格中A、B、C三个系列的数据，代表对应月份的客户数量。

第一种曲线A，我给它命名为理想直线型。这是我们每个销售管理者大脑中的理想曲线，从1月到8月，我们假设一个大客户销售经理每个月能开发成功一个客户的话，那么到8月份，我们就有了8个客户。客户数量就意味着销售业绩，所以企业的销售业绩呈直线型增长，只要我们增加销售经理的数量，那么团队销售业绩也会相应增加。你看，大客户销售业绩多好做呀？会做小学数学的加法就可以了。但是从我二十多年的大客户销售管理经历来看，我从来没有遇到过一家企业的客户是这样增长的，我倒是遇到很多销售管理者是这样来给销售人员制定销售目标的，结果这些销售都没有完成这么容易计算的目标。所以，我管这种增长曲线叫作理想直线型。

第二种曲线 B，形状上是跌宕起伏，我给它命名为现实波折型。这种曲线是我在现实中遇到过最多的销售业绩变化曲线。准确地说是变化曲线，不能说是增长曲线。你看，这条曲线从 1 月到 8 月，每个月的客户数量是不断变化的，总体上几乎没有增长。对企业经营来说，这意味着什么呢？这就意味着每个月都有新客户进来，销售在有效地开发客户，同时每个月都有老客户的流失。就像小学数学里面的蓄水池问题一样，客户数量这个水池有进水管，有出水管。某个月进水量大于出水量，客户数就增长。某个月出水量大于进水量，客户数就减少。这样的业绩波动曲线，难以实现稳定的现金流，因而企业往往在生存阶段苦苦挣扎，一旦遇到行业变化，风吹草动，就会濒临倒闭。

第三种曲线 C，叫作成功指数型，这是我在成功企业业绩增长规律中发现的。你会看到从 1 月到 8 月，尽管销售经理的数量没有增加，但是客户数呈现爆发性的指数增长，分别是 1，1，2，3，5，8，13，21……

看到这里，可能有人就会很惊讶，张老师这是真的吗？我以前一直在现实波折型和理想直线型这两条曲线中奔波，天天想的就是怎么开发新客户，怎么留住老客户，让我的进水管再大一些，出水管再小一些。为此是披肝沥胆、呕心沥血，结果是疲于奔命、四处救火、心力交瘁，却还是达不到理想直线型的效果。我居然想不到还能有这种指数增长型的曲线？张老师，你不是在跟我开玩笑吧？真的有这样的增长曲线吗？

张老师不是和你开玩笑，成功企业的业绩增长曲线就是这样做的。一旦你的企业大客户销售工作跨越了几个门槛，那么你的业绩也会如此增长。那到底该怎样让你的企业大客户销售业绩跨越这几个门槛，也实现这种指数型增长呢？我们留在下一个话题讨论。

【小结】

罗素说："战争不决定谁对了，只决定谁留下了。"本节话题，重点讨论了大客户销售业绩增长的三种曲线。分别是理想直线型、现实波折型和成功指数型。

我认为做对了不能决定最终的结果。要想获得企业的成功，仅仅做对是完全不够的，还要做好、做得优秀、做得卓越。是否做得优秀做得卓越，在你的企业大客户销售业绩、客户数量增长曲线上就可以得到体现。如果你的业绩曲线是现实波折型，那么说明你做得还远远不够。

【自测与思考】

本小节话题，张老师和大家一起讨论了大客户销售业绩的三种曲线，请你，或者安排你团队的每个成员填写表1-1，看一看每个人的业绩变化曲线各是什么样子？符合理想直线型、现实波折型和成功指数型中的哪一种类型？如果你的团队中有人是成功指数型，那他成功的原因是什么？

表1-1　业绩增长的三种曲线

项目	月份											
	1	2	3	4	5	6	7	8	9	10	11	12
新增												
流失												
累计												

话题2：兔子数列带来的启发

【提问】

各位朋友们，学习完三种客户增长曲线后，我提到如果你的大客户销售工作能够跨越这几个门槛，那么你的大客户销售业绩也有望实现指数型增长。

话题的关注点转移到了我所说的"几个门槛"，那它们究竟是什么呢？为了给大家留下深刻的印象，以便帮助大家更好地理解和落地执行，在揭示答案之前，我要再插入一个有关"养兔子"的互动话题。

【兔子数列】

假设你是一位饲养兔子的农场主，第 1 个月你有一对小兔子；第 2 个月小兔子长成大兔子；从第 3 个月开始，每对大兔子都生一对小兔子，兔子都很健康不会死亡。那么请问，从第 4 个月开始，每个月你的农场里各有多少对兔子？

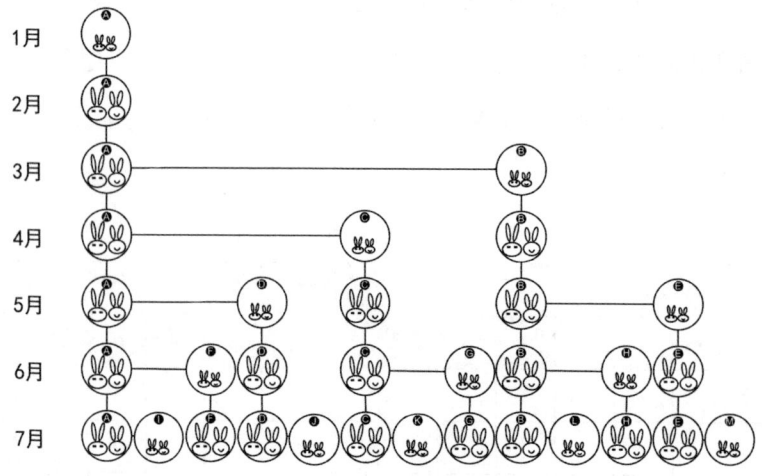

图1-2　兔子增长数量

如图1-2所示，1月有一对小兔子A；2月小兔子A长成大兔子A；3月的时候大兔子A生下一对小兔子B，这样3月的时候就有了2对兔子，分别是A和B；4月的时候，大兔子A生下一对小兔子C，小兔子B长成了大兔子B，所以4月共有3对兔子，分别是A、B和C；5月大兔子A继续产下一对小兔子D，大兔子B产下一对小兔子E，小兔子C长成了大兔子C，所以5月共有5对兔子，分别是A、B、C、D和E。以此类推，你可以得到下面的兔子对数量表1-2。

表1-2　兔子对数量与成功指数型对比表

分类	月份							
	1	2	3	4	5	6	7	8
兔子对数	1	1	2	3	5	8	13	21
成功指数	1	1	2	3	5	8	13	21

从表1-2中你可以观察到什么规律呢？第一个规律就是每个月的兔子对数总量，是前面两个月兔子对数之和。3月的数量是1月加上2月的数量总和，4月的数量是3月加上2月的数量总和，整个数列的数量是1，1，2，3，5，8，13……n-1，n，2n-1。这个数列叫作"兔子数列"，又叫斐波那契数列，这里我们不深入展开。表中第三行是成功指数型数据，通过对比，你会发现第二个规律：每个月的兔子对数量与成功指数型增长的客户数量是完全一致的。也就是说，如果你能像农场主精心培育兔子一样来服务你的客户，那么你的客户数量就可以实现指数级增长了。

【指数增长的两个关键条件】

怎样才能更好地服务你的客户，让你的客户数量像兔子数量一样高速增长呢？我们还得从兔子数列谈起。请你想一想，如果要让这个兔子数列持续增长下去，那么需要兔子们满足什么条件呢？**一共有两个条件，第一个是兔子不能死亡；第二个是成熟的大兔子，每个月都能生下一对小兔子。**那问题来了，如果放到企业大客户销售的工作中来看，兔子一直存活和兔子持续繁殖，各自意味着什么呢？**兔子一直存活**，意味着老客户对你企业的产品和服务非常信任及满意，每个月都会保持持续稳定的采购。**兔子持续繁殖**，意味着每个月老客户都成功帮你介绍了一个新客户。你看是不是这样的原理。

【比较分析】

为了跟理想直线型的增长曲线做对比，我整理出表 1-3。

表1-3 理想直线型与成功指数型客户数量对比分析

类目	月份							
	1	2	3	4	5	6	7	8
理想直线型	1	2	3	4	5	6	7	8
自己开发	1	1	2	3	4	5	6	7
成功指数型	1	1	2	3	5	8	13	21
客户转介绍	0	0	0	0	1	3	7	14
转介绍比例	0%	0%	0%	0%	20%	38%	54%	67%

表格共五行数据，第一行是理想直线型的客户数量，客户数量每个月增长 1 个。第二行是指数增长型里销售自己开发的新客户数量，相当于大兔子 A 所有自己直接繁殖的兔子数量。第三行的成功指数型，也就是兔子数列的数量，包括销售自己开发和客户转介绍的客户数量。第四行的客户转介绍代表所有非自己开发，而是客户转介绍带来的客户数量，相当于除大兔子 A 之外，所有其他兔子繁殖的兔子总量。第五行是转介绍比例，就是客户转介绍带来的客户数量占总客户

数量的比例。

请仔细观察此表中各行数量的对比，能总结出来什么规律呢？我总结出来了三个规律：

第一个规律是多花时间服务好第一个客户。从理想直线型和成功指数型 1 月和 2 月的数据对比，我们发现理想直线型每个月开发一个客户，而成功指数型开发的第一个客户用了 2 个月，这意味着后者为了让第一个客户满意，愿意花费更多的时间和精力为客户提供更高质量的服务；

第二个规律是持续开发新客户，对比理想直线型和成功指数型 1 月到 8 月的数据，相同点是每个月销售都要开发一个新客户。有老客户介绍新客户固然重要，同时销售需要继续开发新客户，销售经理需要到市场一线充分了解客户需求，紧跟市场变化；

第三个规律是随着时间的推移，在成功指数型增长的企业里面，客户转介绍的比例越来越高。从 5 月的 20%，逐渐增长到 8 月的 67%……如果你愿意展开计算的话，随着客户转介绍的比例增加，企业中大客户销售经理开发的客户比例越来越低，甚至没有大客户销售经理去开发客户，企业的客户也会持续增长。

【小结】

本节话题，通过斐波那契数列即兔子数列，与大家一起分析了成功指数型增长原理。要想让企业的大客户数量呈现指数增长，需要像农场主养兔子一样来经营和服务客户。兔子一直存在，意味着老客户每个月持续稳定采购；兔子持续繁殖，意味着老客户每个月帮助企业转介绍一个新客户。

通过与理想直线型的曲线进行对比，发现三个规律：第一，成功指数型曲线的企业，为客户提供了更好的服务；第二，销售经理要深入一线，紧跟客户需求和市场的变化；第三，在成功增长型的公司，客户转介绍的比例会越来越高，远远超越销售经理自己开发的客户数量。

【自测与思考】

（一）通过本节话题的学习，请你整理一下自己的客户清单，看一看哪些客户是你自己直接开发的？哪些客户是老客户转介绍来的？转介绍的比例是多少？

（二）整理一下，那些离开你公司的客户都是哪些公司，离开的原因是什么？为什么他们选择了其他企业的产品？差距在哪里？

话题3：客户净推介率（NPS）

【提问】

学习完兔子数列，有的人把自己的客户数量增长类型跟兔子数列进行对比，会发现自己的不足，有的人不用对比也知道，自己的客户数量是现实波折型的……不管是哪种情况，我相信大家都有一个共同疑问，那就是：我的大客户销售管理工作该怎样做，或者说做到什么程度，才能让我的客户增长数量像兔子数列那样呈指数增长呢？

【客户净推介率（NPS）】

这一节话题，给大家介绍一个指标，叫作客户净推介率（NPS）[1]，NPS 是 Net Promoter Score 的缩写。什么是客户净推介率呢？就是在

---

[1] 弗雷德·赖克哈尔德.终极问题：创造好利润.促进真成长[M].北京：商务印书馆，2008.

你的所有客户里面积极推荐者的比例减去贬损者的比例所得的结果。那怎么才能知道哪些人是积极推荐者，哪些人又是贬损者呢？我用图1-3来做个简单的说明。

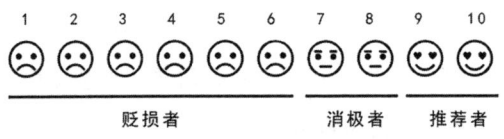

图1-3　NPS的测量方法

关于NPS的调查特别简单，就是问你的客户一个非常简单的问题，"如果从1～10进行打分，你有多大的意愿会把我们的产品推荐给自己的朋友或同事？ 1分是最不情愿，10分是非常愿意"。收到大家的回答后，其中打分9分或10分的人，就是积极推荐者；7分或8分的人是消极使用者，这些客户不会积极推荐你的产品，对你的品牌也缺乏积极的印象，随时会选择其他公司的产品替代。而打1分到6分的客户都是贬损者，由于你的产品和服务没有达到这些客户的预期，所以他们不光不会向朋友推荐你的产品，而且还会跟朋友诉说选择你公司产品带来了不舒适体验，规劝他人不要购买你公司的产品。

有了推荐者、消极者和贬损者的定义，我们就可以来计算客户净推介率了。

NPS=（推荐者数–贬损者数）/总样本数×100%。假设你一共收回了1000份有效问卷，其中推荐者800人、消极者120人、贬损者80人。那你的NPS=（800–80）/1000×100%=72%。

目前NPS是国内外众多一流企业考察企业营销有效性的最先进

的测评工具。国际知名公司戴尔电脑、微软、苹果、通用电气、特斯拉、百思买等都使用NPS来评测自己企业营销运营的有效性和增长潜力。国内京东、腾讯、蚂蚁金服、滴滴、平安保险、中国移动同样都在使用NPS来检验企业营销和产品服务的客户满意度。

那么究竟NPS达到多少，才能实现企业客户数量的指数增长呢？**研究显示，只有当企业NPS>50%的时候，企业的客户数量和营销业绩，才能够实现自动自发地持续增长。**

【小结】

本节话题，与各位朋友讨论了NPS的概念、测评方法。要想实现企业客户数量的指数增长，需要考察NPS。NPS就是企业客户中积极推荐者的比例减去贬损者比例所得的数值。只有当NPS>50%时，企业的客户数量才会实现自动自发增长。

【自测与思考】

（一）本小节学习了NPS的概念和测量方法后，你愿意对自己的客户净推介率进行测评吗？在测评之前，你预估你自己的客户净推介率是多少呢？

（二）阅读到这里，如果我请你从1～10进行打分，你有多大的意愿会把这本书推荐给自己的朋友？1分是最不情愿，10分是非常愿意。你会给我这本书打几分呢？

话题4：客户满意度的五个等级

【提问】

学习完NPS的概念和测量方法，各位朋友，你找到企业大客户销售业绩增长的秘诀了吗？我只能说我们找到了衡量指数增长的方法,但是还没找到如何让 NPS 超过 50% 的方法,那怎样让自己企业的 NPS 超过 50% 呢?很多朋友肯定会说,这还不简单?让客户对产品和服务满意就行啊!可是,请你回顾一下自己的企业服务和客户开发工作,是不是已经达到了"客户满意"的标准呢?如果已经达到了"客户满意"的标准,那为什么你的客户增长,不是指数增长,而是跌宕起伏的现实波折型呢?

如果说"一千个人眼中有一千个哈姆雷特",那么一千个人的眼中,就有一千种客户满意度。笼统地说客户满意度是没有意义的。要想确保 NPS 超过 50%,需要把客户满意度进行量化分析。在本话题中,我把客户满意的程度分成了五个等级。

【满意度的五个等级】

如下表所示,基于对客户预期的满足程度,我把满意度分成了五个等级。分别是合格、满意、满足、感动和称赞(表1-4)。

表1-4 客户满意度的五个等级

分类	合格	满意	满足	感动	赞美
分数	60~80	81~130	131~180	181~300	301~1000
服务原则	为做而做 得过且过	符合预期 客户满意	超越预期 非常满意	客户感动 非常满足	客户称赞 非常感动
B2C 举例	某餐馆	/	第一次吃	第二次吃	胖东来
B2B 举例	/	/	/	/	德胜洋楼
客户转介绍	告诉22人, 不再购买	告诉8人, 未必重购	告诉10人 以上	一个客户胜过10个推销员

第一个满意度等级是合格,分数是 60~80 分,意味着你的服务只是达到了客户 60%~80% 的预期。你的服务原则就是为做而做,得过且过。有一次我到外地讲课,自己一个人出去吃晚餐,选择了一

家新开张的餐馆，该餐馆的特色是做鱼火锅，我喜欢吃鱼，而且喜欢吃没刺的鱼。我就请服务员帮我推荐没刺的鱼，她没有直接回答我"没刺"这个标准的鱼，而是向我推荐说，黑鱼和丁桂鱼的刺最少。我一想，黑鱼我吃过，丁桂鱼没吃过，就选择丁桂鱼吧，我还点了金针菇和娃娃菜。火锅上来后，我发现菜量很大，金针菇和娃娃菜我根本吃不了，所以我问服务员，这两个菜能不能退？她说只要点了就不能退。等火锅里面的丁桂鱼熟了之后，我发现每块鱼肉里面都有我最害怕的小鱼刺……严格来讲，这个餐馆在我心中连60分都没有达到。服务员也许是为了她自己的业绩，故意用模糊的语言来留住我。

研究表明，如果客户不满意，他会将这个负面情绪传递给22个人，除非独家垄断供应，否则他不会重复购买。你看，这样的客户满意度，服务一个客户就得罪一个客户，那么企业的路就会越走越窄，企业经营怎么会顺风顺水呢？

第二个满意度等级是满意，分数是81～130分，意味着你基本上达到了客户的预期。在什么场景会被问到是否满意呢？新开张的饭馆这类的调查特别多。我们进入一家新开的饭馆吃饭，结账前，服务员递给我们一张调查表，询问我们对环境、味道、价格、服务、上菜速度等方面是否满意。一看结账金额，人均消费100元，按照人均100元这个标准，你感觉环境、味道、价格、服务各个方面都达到了你的预期水准，你就会在每一项上勾选满意。一旦某一项，比如你预期20分钟内上完菜，可由于是新饭馆，员工忙不过来，结果40分钟才把菜都上完，让跟你就餐的朋友一起等了半天，你就会在上菜速度这一项选择不满意。所以满意就是满足预期。

研究表明，如果客户满意，他会将这个正向的情绪告诉8个人，但该客户未必会重复购买，因为竞争者可能有更好、更便宜的产品。同时，哈佛大学一项调查供企业管理者参考：员工满意度提高3%，顾客满意度就提高5%。员工满意度达到80%的公司，企业平均利润率要高于同行业其他公司20%。

第三个满意度等级是满足，分数是131～180分，意味着你要在一定程度上超越客户的预期，让客户感受到非常满意。还是上面这家新开张的饭馆，同样的环境、味道、价格、服务和上菜速度，你预期人均消费要100块钱，实际是60块钱。用餐前赠送自制的零食，用餐中有不限量的免费小米粥，用餐后每桌赠送精美果盘，结账后，还送了同等消费金额的代金券。这大大超出了我们的预期，我们会感到满足。而且，如果近期还需要外出就餐，非常可能再次选择这家饭馆。

研究表明，在客户关系管理方面，如果客户非常满意，他会将这件事告诉10个人以上，并肯定会重复购买，即使该产品与竞争者相比并没有什么优势。

施乐公司发现，非常满意的客户在18个月内的再次购买率是一般客户的6倍。施乐公司的高层领导相信，非常满意的客户价值是一般客户价值的10倍。因此施乐公司承诺：客户购买产品的3年内，如果不满意，公司将为其更换相同或类似产品，一切费用由公司承担。

第四个满意度等级是感动，就是要远远超越客户的预期。比如还是上面这个餐馆，几天后你再次来到那里消费，出乎你意料的是服务员居然记得你，见面就热情地跟你说："张哥欢迎您再次光临。您还坐上次的三楼靠窗的位置吗？我记得您上次想吃没刺的鱼，当时我们这里没有，后来我们反馈了，现在店里已经有了四种没刺的鱼，包括黄辣丁、罗非鱼、龙利鱼和巴沙鱼。而且您爱吃的那个小辣酱，我们店里做了专门的包装，这次您回家的时候，给您带一罐回去。"这时你的感受是什么？有没有觉得按人均60元的消费标准，你实际上得到了600元以上的个性化服务呢？这个就是客户感动。

第五个满意度等级是称赞，就是客户享受到你的产品和服务时，由衷地称赞。就像这两年在网络上火起来的胖东来超市。由于其远超同行标准的服务水平、服务意识，让每个第一次到胖东来超市的顾客都不由自主地称赞。如果不满意胖东来的服务进行投诉，投诉成功的话，胖东来奖励你500元人民币。地处苏州的德胜洋楼公司，它的产品和服务对B2B的大客户来说也远超同行。德胜洋楼为中国市场提供美式木制住宅服务，一家公司独占75%的市场份额，1000多人的公司，只有一个人做销售，销售部的名称不叫销售部，而是叫"销售与订单拒绝部"。为什么呢？因为这家公司的订单太多，为了保证公司的产品质量，公司会主动拒绝承接超出公司能力范围的订单，所以不得不拒绝很多订单。

研究显示，随着客户满意度的增加和时间的推移，客户推荐将给企业带来更多的利润。同时，因宣传、推销成本的减少也将带来利润的增加。而这两者加起来要远远超出其给企业创造的基本利润。因此，有人形容"一个满意的客户胜过10个推销员"，这也是企业为何要将客户满意度作为营销管理的核心内容的一个主要原因。像胖东来和德胜洋楼这样的企业，根本就不需要自己的销售去开发客户，客户之间免费的口碑传播，就让登门求购的客户络绎不绝。

【日本搬家公司】

我们讲一个搬家行业的对比。我使用过好几家国内的搬家公司，一般我要花费好几天的时间对家具、衣服、书籍等生活物品进行整理、打包，然后预约搬家公司。搬家时，工人师傅把家具物品搬上厢式货车，拉到目的地小区，再搬到楼上，双方结算，完成服务。

日本的搬家公司在多个环节都会有所不同[①]。举几个简单的例子，第一，在搬家前工人会带着各种各样的包装物来帮助你整理家里的物品；第二，搬家前会把家具的边角等容易磕碰的地方都进行小心地包裹，避免磕碰；第三，搬家前会清洁家具上的灰尘，做好新屋的卫生；第四，搬到新家后，会按照主人的要求对家具的位置进行摆放；第五，会帮客户办理相应的企业注册地变更，买好送给左邻右舍的伴手礼。你看，如果选择这样的搬家服务，虽然支出的成本可能会增加，但是我们追求高品质幸福生活的选项是不是增加了呢？在预算允许的情况下，你更愿意选择哪家搬家公司呢？

【小结】

本小节话题，我把客户满意度分成了五个等级。

第一个等级合格60～80分，客户不满意，会告诉22个人，且不再购买；

第二个等级满意81～130分，客户满意，会告诉8个人，未必会重复购买，因为有竞品可供选择；

第三个等级满足131～180分，客户满足，会告诉10人以上，会重复购买；

第四个等级感动181～300分，客户感动；

第五个等级称赞301～1000分，客户满意度达到感动和称赞的

[①] 黄蔚.服务设计：用极致体验赢得用户追随[M].北京：机械工业出版社，2020.

程度后，客户不仅自己会重复购买，还会主动为企业进行宣传，一个这样的客户甚至能胜过10个企业的推销员。

【自测与思考】

我认为这个客户满意度的要求是每个人对自己工作标准的要求。有的人工作标准要求得低，就会得过且过，只要你不投诉我，我就不改变。有的人工作要求标准高，只要没达到自己想要的标准，就不会停下不断提升和优化的脚步。

但是世界是很客观理性的。如果客户对你的满意度越高，你的客户净推介率就越大，客户增长就越接近成功指数型。那么请你思考一下，在你自己的大客户销售工作中，客户对你的满意度是处在哪个等级呢？客户对你们企业的满意度又是在哪个等级呢？

话题5：跨越三个门槛才能业绩倍增

【提问】

讨论完满意度的五个等级，有的朋友就会说，张老师你说得非常有道理。但是越高的客户满意度，意味着越高的企业成本啊！那企业会不会没有利润了呢？我们经营企业，最重要的就是投资回报率，如果投资回报率低了，就没有人投资我们企业了，这个问题怎么解决呢？

这真是一个左右为难的问题，客户满意度高意味着企业成本增加，投资回报率降低。同时如果客户满意度不高，客户不断流失，开发新客户的成本又高于维护老客户，企业的成本同样增加，投资回报率同样降低。那么这个不同的客户满意度与企业的投资回报率之间，有什么关系呢？要是能够找到这二者之间的关系，我们是不是可以找到一个最佳的客户满意度和投资回报率呢？这个话题就是本节要讨论的内容。

【80/20（帕累托）法则】

这是一个公平的世界，又是一个不公平的世界。说这是一个公平的世界，是只要你努力就会有回报；说这是一个不公平的世界，是尽管你那么努力，可是回报却远远没有达到你的预期。为什么呢？这里要讲一讲帕累托法则，也叫 80/20 法则。如表 1-5 所示。

表1-5　帕累托法则

80/20	分类	数据				
(80/20)	比例	80%			20%	
	资源	20%			80%	
(80/20)2	比例	16%	80%×80%=64%	16%	20%×20%=4%	
	资源	-10%	30%	16%	80%×80%=64%	
(80/20)3	比例	16%	64%	16% 3.2%	4%×20%=0.8%	
	资源	-10%	30%	16%	12.8%	64%×80%=51.2%
	人均资源	-0.6	0.5	1.0	4.0	64.0

根据此法则，一个行业里面头部 20% 的企业占据 80% 的市场份额。而这头部 20% 的企业里面的 20%，即 4% 的顶部企业，又占据 80% 市场份额的 80%，即 64% 的市场份额。进一步运用帕累托法则，在 4% 的顶部企业里面的 20%，即 0.8% 的顶尖企业，占据 64% 市场份额的 80%，即 51.2% 的市场份额。同时，其他 80% 的企业占据 20% 的市场份额，在这 80% 的企业里面，又有 20% 的困难企业处于亏损状态。

这个帕累托法则，画成曲线，又叫幂律分布，如图1-4所示。

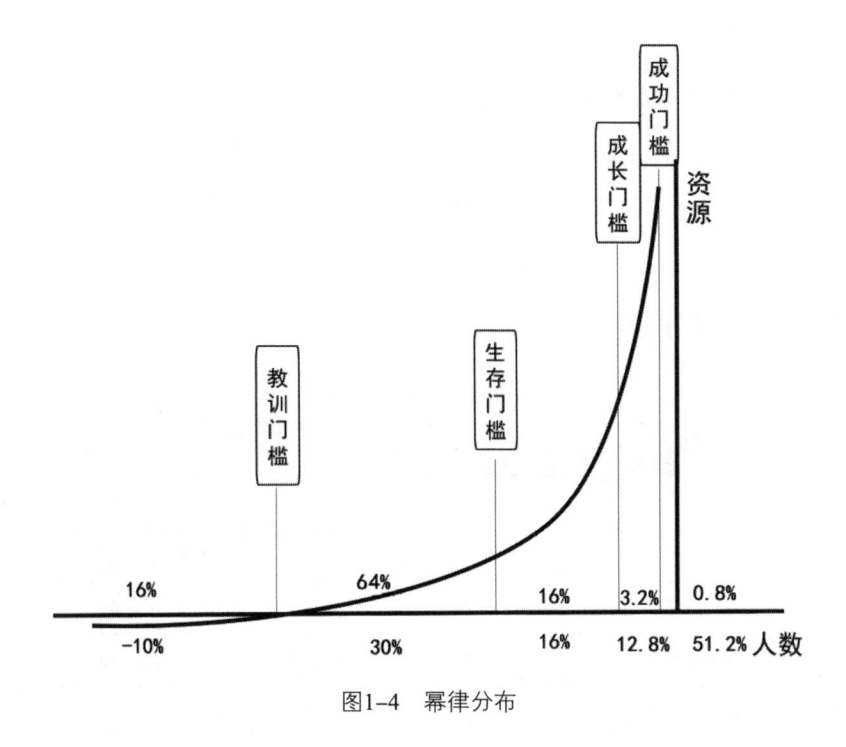

图1-4 幂律分布

从中，你可以看到16%的困难企业，不断亏损并有客户流失，占据-10%的市场份额；64%的普通企业，经营非常辛苦，占据30%的市场份额；16%的头部企业，占据16%的市场份额；3.2%的顶部企业，占据12.8%的市场份额；0.8%的顶尖企业，占据51.2%的市场份额。

【投资回报率（ROI）分析】

前面我们分析了五种客户满意度企业的分布，又通过帕累托法则分析了五类企业的市场占有率。那问题来了，这五种满意度与五种企业之间，是一一对应的关系吗？答案显而易见。对应之后的数据，如表1-6所示。

表1-6 客户满意度与帕累托分布

分类	困难企业	普通企业	头部企业	顶部企业	顶尖企业
客户满意度	60～80分	81～130分	131～180分	181～300分	301～1000分
企业数量	16%	64%	16%	3.2%	0.8%
市场份额	-10%	30%	16%	12.8%	51.2%
资源指数	-1000点	3000点	1600点	1280点	5120点
总体成本	9.6	64	24	9.6	8
投资回报	-104	47	67	133	640

表1-6中第一行是客户满意度，不同企业对应的客户满意度不同；第二行是企业数量；第三行市场份额是根据80/20规律估算的市场份额；第四行资源指数是把市场份额乘以10000，所得的资源指数，代表企业占有的资源，这么做是为了方便第五行计算总体成本。第五行总体成本，是第一行客户满意度乘以第二行企业数量，代表这一类企业总体付出的成本。满意度越高，意味着成本越高。这里困难企业60～80分，取值60分；普通企业81～130分，取值100分；头部企业131～180分，取值150分；顶部企业181～300分，取值300分；顶尖企业301～1000分，取值1000分。即困难企业的总体成本是60分乘以16%，结果是9.6；普通企业的总体成本是100分乘以64%，结果是64；头部企业的总体成本是150分乘以16%，结果是24；顶部企业的总体成本是300分乘以3.2%，结果是9.6；顶尖企业的总体成本是1000分，乘以0.8%，结果是8。第六行是投资回报，是用第四行资源指数除以对应第五行总体成本所得的值。可以看到困难企业的投资回报是-104；普通企业投资回报是47；头部企业是67；顶部企业是133；顶尖企业是640。

通过对表 1-6 中的数据进行观察和分析，我们得出本节话题的几个重要结论。

第一，对于因客户满意度低，并且有负面口碑传播导致企业面临困境的情况来说，企业越努力开拓市场，品牌的口碑越差，不仅无法获得收益，还会使原有资源迅速流失。努力得越多，失去得越多。所以，在困难企业和普通企业之间，我画了一条线，称作"教训门槛"。就是说，没有跨越这个门槛的企业，总是在花钱买教训。

第二，跨过了"教训门槛"的企业，是提供满意服务的普通企业。客户虽然满意，但是对企业的产品和服务并不忠诚，面对着日新月异的市场变化，层出不穷的新产品、新技术，客户随时都会离你而去。这就是为什么很多企业的产品和服务虽然都符合各项指标，并且跟同行相比一点儿也不差，但是你的产品和服务随时可以被替代。导致企业的客户数量呈现跌宕起伏的曲线。

普通企业和困难企业占据了 80% 的市场份额，这类企业大多数都在为生存而挣扎。在普通企业和头部企业之间，我画了一条线，叫作"生存门槛"。

第三，跨过了"生存门槛"的企业是头部企业，它们为市场提供令客户满意的服务。客户对企业服务感到满意会进行复购，只要市场不出现颠覆性的产品，那么客户一般会持续复购。企业管理者获得的最大的启发是：如果你的企业不能超越市场上 80% 的同类企业，那么你自己定义的"客户满意"，并不能帮助你获得市场上的成功。所以，"客户满意"的最低标准，不是你自我感受的"我已经这样努力了，客户应该满意"了吧？你感动自己是完全不够的，你必须超越 80% 的竞争对手才有可能平安进入企业的生存阶段。但也仅仅是生存而已，还不能奢谈发展。要想进入发展阶段，这类企业最大的敌人就是后面要讲的客户满意度达到 300 分、1000 分的顶部企业和顶尖企业。所以，在头部企业和顶部企业之间，我画了一条线，叫作"成长门槛"。

第四，跨过了"成长门槛"的企业，是为客户提供"感动服务"的顶部企业。他们都有自己的忠诚客户群体。企业品牌影响力巨大，市场地位稳固。只要时刻关注市场变化，随时跟进并满足客户的合理需求，内部不出现重大管理失误，企业就可以健康发展，扩大经营规模，不断走向强大。要做到这类企业量级，你需要超越 96% 的同行业企业。这类企业的下一道门槛是"成功门槛"。

第五，超越了 99.2% 的竞争对手，你的企业就跨进了"成功门槛"，这样的企业为客户提供高品质的服务。这是我们每个企业管理者对企业发展的最高期许。每个企业家都希望创建百年老店，追求基业长青。在现在这个信息透明，网络连接世界的时代，你只有超越了 99.2% 的同行企业，才有可能傲视群雄，成就自己的理想。这类企业最大的敌人是企业内部的管理。

以诺基亚公司举例，在曾经的手机制造领域，它就是这样的顶尖企业，占据全球手机市场半壁江山。当其他手机品牌纷纷推出智能手机，尤其是苹果公司推出了更加人性化的 iPhone 手机之后，诺基亚公司管理层故步自封，对市场变化不够敏感，没有及时跟进，因而错失良机。所以，从这一点来看，企业一定要保持对客户和市场需求变化的敏感度，一直保持对本公司客户满意度的不懈追求，才能保证基业长青。

【三个门槛】

通过投资回报率的分析，要想实现客户或者业绩的持续指数增长，我们可以得出企业管理需要跨越的三个门槛。

第一个"生存门槛"，你要超越80%的竞争对手，成为头部企业，才能解决生存问题；

第二个"成长门槛"，你要超越96%的竞争对手，成为顶部企业，才能解决发展问题；

第三个"成功门槛"，你要超越99.2%的竞争对手，成为行业内的顶尖企业，你才能成为成功的企业。

这三个门槛，不仅适用于企业经营领域，在经济、社会等多个领域同样适用。拿我们商业培训师来说，80%的商业培训师由于课程质量、授课技巧等原因，课量处于跌宕起伏的状态，所以他们不能完全靠做商业培训来支持家庭，还没有跨越"生存门槛"。跨越了"生存门槛"的20%的培训师里面，其中有16%的商业培训师课程成体系，授课成熟，学员反响不错，获得了很多客户的认可，因此每年有稳定的课量，能够通过做商业培训师来解决生存问题。那些跨进了"成长门槛"的3%的顶部培训师，相对来说有一定的知名度，在专业领域有影响，授课量处于供不应求的状态。而只有1%的顶尖商业培训师跨越了"成功门槛"，知名度最高，影响力最强，课量最大，只有知名的商学院和大企业才请得到。

【小结】

本节话题通过将五种满意度等级与帕累托法则相结合进行分析和论证，得到的结论是：企业想要平安度过生存期，除了感动自己是远远不够的，一定要超越80%的同行企业。要想进入企业快速成长期，需要超越96%的竞争对手，企业才能发展壮大。要想成为顶尖的一流品牌和企业，就必须超越99.2%的竞争对手，只有百里挑一，才能实现企业的理想目标。

保证企业快速渡过生存期，进入发展期、成熟期，保持基业长青的唯一秘诀，就是一直为你的企业客户提供能让他们称赞的高品质客户满意度服务。所以德胜洋楼公司认为企业的产品质量就是企业的生命，一旦公司的管理层不再注重产品质量，相当于宣布公司解散。

【自测与思考】

（一）回到大客户销售的话题，在你们自己的大客户销售团队里面，请你观察一下，有哪些销售经理为客户、为同事提供的是合格的服务？哪些人提供的是满意的服务？哪些人提供的是满足的服务？哪些人提供的是令人感动的服务？哪些人提供的是能被称赞的服务？

（二）这些人分别给你带来了什么样的感受？如果你是团队管理者，现在有一个高级职位，你会提拔谁？为什么？

本章回顾

【内容回顾】

本章通过五个话题，详细介绍了企业大客户的营销和销售工作，揭示了业绩倍增的底层逻辑。

第一节是销售业绩增长的三种曲线。对企业业绩增长的三种曲线——理想直线型、现实波折型和成功指数型进行比较，提示各位朋友，真正成功的企业业绩增长的趋势是指数增长。

第二节是兔子数列带来的启发。通过对兔子数列形成的原因进行分析，得出企业业绩指数增长的两个关键因素是老客户复购，同时老客户不断帮企业转介绍新客户。

第三节是客户净推介率（NPS）。介绍了衡量客户转介绍意愿的 NPS 指标和测量方法，只有当企业客户的 NPS 超过 50% 时，企业的客户数量才会呈现指数型增长。

第四节是客户满意度的五个等级。介绍了客户满意度的五个等级，包括合格、满意、满足、感动和称赞。

第五节是跨越三个门槛才能实现业绩倍增。通过五种满意度与帕累托法则和投资回报率计算，得到三个门槛：80%、96% 和 99.2%。只有超越了 99.2% 的竞争对手，你才能实现企业销售业绩的持续指数增长。

【延展思考】

经济学、社会学和心理学上有一个马太效应，出自《圣经》里面的"马太福音"第二十五章。原文是：凡有的，还要加给他，叫他有余；没有的，连他所有的也要夺过来。《道德经》里面也有这样的论述：天之道，损有余而补不足。人之道，则不然，损不足以奉有余。

这两句话的共同含义是，富者愈富，贫者愈贫。本章最大的意义在于帮助读者从理性数量的角度，定义了"富者"和"贫者"的划分标准。那就是 80/20 规律，超越 80% 的竞争对手，才有机会成为"富者"，否则都是"贫者"。

【积极意义】

如果你的企业现在还处在前面 80% 的地位，也不用灰心。为什么呢？因为所有的"富者"都曾经历过"贫者"的阶段。因为你已经能够给你的客户提供 100 分满意的服务，你只需要在此基础上，继续提高服务满意度标准，不断超越自己，超越对手，最后也一定能登上金字塔的顶端。

【落地规划】

各位朋友,通过本章每个小节后面的自测与思考环节,你得到哪些收获?学到了哪些重要的知识和观点?又制订了哪些可落地的计划呢?请你认真规划,并填写在表 1-7 中。

表1-7 业绩倍增落地规划表

分类	本章要点	行动计划	截止日期
业绩倍增			

第二章　多元业绩模型

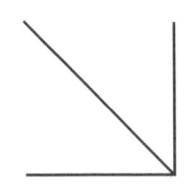

聚焦问题

【笑话】

有个关于七个馒头的笑话，一个傻小子吃了六个馒头没有吃饱，吃完第七个馒头后觉得吃饱了。他就想，这第七个馒头是个神奇的馒头，要是我开始就只吃这第七个馒头的话，那前面六个馒头不是都省下来了吗？所以，他就在世界上到处去寻找这"第七个馒头"。

各位朋友，现实中会不会也有人像笑话中的傻小子一样思考呢？认为只要找到了"第七个馒头"，就可以让自己团队的销售业绩成倍增长？有多少管理者认为这"第七个馒头"可能是猎头推荐来的销售总监。或者是一套神奇的商业培训课程？又或者是一种创新的营销模式？

【第七个馒头】

故事中的傻小子当然找不到这"第七个馒头"，为什么呢？因为决定他吃饱的是七个馒头的总量，而不单单是一个馒头，从唯物辩证法里量变到质变的规律来看，这七个馒头每一个都同样重要，顺序不分先后，只有数量的积累突破了极限，就才会产生质变。而现实中寻找"第七个馒头"的销售团队管理者们，当然在找到他们心目中的

"第七个馒头"后,也会发现并没有达到预期的目标。为什么呢?因为他肚子中没有积累前面的六个馒头,从而达不到质的飞跃。

那么在大客户销售工作中,这七个馒头究竟都代表着什么呢?怎么帮助企业营销业绩倍增,客户数量持续增长,让销售管理者更快地攒够这七个馒头呢?本章将通过大客户销售业绩模型、五维销售力、五项能力因果关系、销售经理能力测评和自我专业能力评估,以及销售生产率公式这六个话题,来回答这一个问题。

话题1:大客户销售业绩多元模型

【提问】

我在不同的公司都做过一线大客户销售和销售团队管理工作,有一次收到猎头公司的求贤邀请。猎头看了我的简历后问我:"为什么你在不同的公司销售业绩完成的比例不一样呢?例如你在 A 公司只完成了 30%,在 B 公司完成了 120%,在 C 公司完成了 300%,这背后的原因是什么呢?"

他这个问题,一下子就把我给问蒙了。猛然间不知道如何回答。为什么呢?因为在猎头招聘的那个场景,我们把"招聘企业"和"求职员工"这两者的背景假设,都设定为一种平均的理想假设。就是我们假设企业都是理想企业,应聘者都是理想员工。在这个前提下,那么一个销售经理在不同的企业完成业绩的情况应该都是一样的比例,业绩就能说明其能力。而现实是我在 A、B、C 三家企业里面业绩不同,而且差异很大,那只能说明我这个销售经理的能力发挥非常不稳定。在上面完成 30% 的 A 公司,我没有努力,而在完成 300% 的 C 公司,我非常非常努力。这说明我这个人不靠谱。这就是为什么猎头老师的问题会让我不知道如何回答。

然而现实是，在只完成了30%业绩的A公司，我工作非常努力，每天工作12个小时以上，周末还加班。反而是在完成了300%的C公司，我的工作轻松愉快，每天认真工作3—4个小时，还能经常休假。所以，这些现象让我不得不思考，为什么同样一个销售经理，在不同的公司，所获得销售业绩差异如此巨大呢？

后来我又回顾自己在A、B、C三家公司的工作经历，对比其他销售同事的业绩，又发现了第二个问题。什么问题呢？我发现当我在A公司完成30%的时候，其他人完成了15%、20%和10%；我在B公司完成120%的时候，其他人完成了60%、80%和40%；在C公司我完成300%的时候，其他人完成了150%、120%和80%。如表2-1所示。

表2-1　不同公司不同销售人员的业绩完成比例

销售经理	A公司	B公司	C公司
张三	30%	120%	300%
甲	15%	60%	150%
乙	20%	80%	120%
丙	10%	40%	80%

所以，我思考的第二个问题就是，为什么在同一家公司，不同的销售，所取得的销售业绩差异也很巨大呢？

提出这两个问题后，很多聪明的朋友会回答我，同样的销售在不同公司所做出的业绩不同，是因为公司的产品不一样，有的公司产品好卖，有的产品不好卖。同一家公司不同销售所做出的业绩不同，是因为大家的能力有差异，所以业绩不同。也就是说，大客户销售的业绩，一部分是由企业决定，另一部分是由销售经理个人决定的。那么我的问题又来了，究竟哪些因素是企业决定的？哪些因素是销售经理个人决定的呢？如果能够把这些因素归纳整理清楚，那么我们的大客户销售管理者，就能够更好地提升公司的管理水平，同时我们的销售经理也可以更好地提升自我的专业能力。经过一段时间的研究和思考，我整理出来了一个大客户销售业绩多元模型。

【大客户销售业绩多元模型】

我认为大客户的销售业绩，不管是一位销售经理的个人业绩，还是一个销售团队的业绩，或者是一个公司的整体业绩，都可以用这个模型来解释。这个模型包括三个模块，共十一个因素，如表2-2所示。

表2-2 大客户销售业绩多元模型表

模块	细分项目	说明	权重
品牌产品	企业品牌	企业品牌的市场地位	X%
	销售产品	销售的具体产品或服务	
	价值优势	相比竞争对手给客户提供的价值优势	
个人能力	积极心态	自动自发的积极心态	Y%
	管理体系	客户、项目管理体系	
	需求关系	客户需求挖掘和满足，客户关系	
	表达说服	表达专业且清晰，具有高度说服力	
	谈判沟通	谈判方法，客户沟通	
运营因素	周期特性	季节特性、产品生命周期、企业生命周期	Z%
	支持配合	部门间的支持和配合	
	激励政策	销售团队奖惩激励政策	

第一个品牌产品模块，包含三个因素，分别是企业品牌、销售产品、价值优势。

企业品牌：就是指所负责销售产品的企业品牌所处的市场地位。2004年，在我加入美国双击软件的时候，听老员工讲在2000年互联网泡沫时期，双击软件刚刚进入中国市场，是全球唯一一家提供网络广告管理系统的服务商，属于业内顶尖且强势的品牌。那个时候国内的网站都需要采购这套系统，因此那个时候的销售经理不需要去寻找和开发客户，登门求购的客户络绎不绝。而我加入的时候，互联网的泡沫已经破灭了，很多公司已经开发了自己的系统，国内的厂商也可以提供相对成熟的产品了，虽然我们仍然是一线品牌，但是很多中小客户，会在综合考虑后选择更具性价比的厂商，因而我所在的公司一开始就面临着一定程度的竞争。

销售产品：就是公司有很多产品线。有的产品线市场地位高，客户认可程度高，就容易销售。有些产品，尤其是新产品，客户认可程度低，就不容易销售。

价值优势：分成两种情况，第一种情况，你的产品是首创性产品，那么你的产品提供的解决方案，相比较于客户原有的解决方案，具有哪些优势？第二种情况，你的产品面临市场竞争，那么相比于同行竞争对手的产品，你的解决方案具有哪些独特的、额外的优势？

第二个模块是个人能力，就是销售经理自身的素质和能力，包括五个因素，分别是积极心态、管理体系、需求和关系、表达说服和谈判沟通。

积极心态：是指这个销售经理是否勤奋努力，有积极的上进心和高标准的客户服务意识。一个积极努力的销售，肯定比一个得过且过的销售更容易取得优良的业绩。

管理体系：销售是否能够通盘对自己跟进过的所有客户进行数据化管理，用系统管理的手段管理自己的项目、客户和客户的商业需求，而不是靠感觉和自觉。

需求和关系：是销售挖掘客户需求、满足客户需求；与客户从陌生到熟悉，从熟悉到信任建立和维护良好的人际关系的能力。

表达说服：是销售针对客户需求，能否有针对性地展示公司产品的价值，通过案例、模型等销售工具，说服客户接受本公司产品，并认可销售的个人能力。

谈判沟通：是销售经理与客户通过电话、邮件、微信、面谈等方式，挖掘需求、展示价值、化解争议、促进合作的能力。

第三个模块是运营因素，就是企业管理方面的各项因素。包括周期特性、支持配合和激励政策。

周期特性：包括三个层面，最小第一个层面是季节周期，绝大部分行业的销量都会随着季节的变化而变化，每年4、5月份是个小高潮，9、10月份是个大高潮，俗称"金九银十"；而1、2月份是全年的低谷，因为大家都回家过春节了。然而，对全国的铁路旅客运输行业而言，1、2月份和7、8月份反而是旺季。因为大家休假，所以出行的需要增加了。第二个层面是产品生命周期，在产品导入期，市场上属于新产品，客户接受需要一个过程，这个时候不好销售；产品成长期、成熟期、衰退早期都比较好销售；而进入衰退晚期和死亡期，又到了销售降低或停滞的时期了。第三个层面是企业生命周期的影响，在企业成长期、成熟期，大客户销售的工作比较顺畅，其他时期因为管理带来的内耗，都会给品牌、产品和大客户销售的工作带来不利的影响。

支持配合：是指公司内部，其他部门对销售经理，或者销售团队的支持和配合。我们大客户销售经理其实有两类客户，一类是外部客户，就是通常意义上的购买企业产品的客户。另一类是内部客户，就是公司内部所有的支持部门和同事。销售跟其他部门协作顺畅，就容易获得优质资源，开发更高质量的客户。反之，如果公司内部部门间不和睦，互相掣肘，那么销售经理的工作就会更加难做。我在某一家外企做大客户销售经理的时候，中国区的销售业绩最大的掣肘是法务部门。因为他们要求中国的客户必须签订四十多页的英文合同，而且一个字都不能改；同时，如果客户对其中某一点提出疑问，那么作为销售经理不能给法务部门的律师打电话直接沟通，必须发送电子邮件；而这封邮件对方回复的时间标准是 1 个月，也就是说，在 1 个月内对方没有回复的话，销售经理不能催。结果很多订单都是这样拖着拖着就凉了，客户选择了其他厂商。

激励政策：就是管理者怎样考核销售经理的业绩。俗话说，上有政策下有对策。如果你考核客户或者合同数量，根据客户数量给销售经理发奖金，个别销售就有可能出现一些"滥竽充数"的假客户假合同。如果你考核合同金额，个别销售就有可能出现一些金额很大，但是条款有漏洞，导致不能执行的合同……

有一次我去一个加油站加油，加完油我想顺便洗个车。我问收银员："这里洗车多少钱？"她说："洗车得添加我们的小程序。"我嫌麻烦不想添加小程序。我再问："洗车我付现金多少钱？"她说："你要是不添加小程序，可以在我们抖音上领券。"我还是嫌麻烦，也不想领券。我第三次问："不添加小程序不领券，付现金，洗车多少钱？"

她说："我们这里不支持收现金。"朋友们请你想一想，客户给现金不要，非得使用小程序或者抖音领券才提供服务，这样的逻辑合理吗？最后我直接开车离开了，不过我看到很多汽车加完油直接过去洗车，我猜应该是只要在这里加油，就可以免费洗车。收银员只是因为有添加小程序的任务指标，所以故意刁难我。站在这个角度上思考，你会发现企业管理者、客户、销售经理之间的利益有时是不统一的，甚至个别企业内部出现了对立的情况。优秀的销售团队管理者，能够化解这种对立，制定科学的激励政策，促进客户、企业和销售经理的多方共赢。

销售业绩多元模型三大模块共十一个因素，就介绍完了。各位朋友，你觉得我的总结全面吗？或者你觉得还有哪些因素没有涵盖？

【模块权重】

我整理完大客户销售业绩多元模型的三大模块和十一个因素后，我又思考了一个重要的问题，就是这三大模块，各自对销售业绩的结果能产生多大权重的影响呢？哪一个处于主导地位，哪一个处于次要地位？如果这三大模块影响力用百分数来表示的话，各自又能得到多少分呢？

我们假设品牌产品模块影响力是 $X\%$，个人能力模块影响力是 $Y\%$，运营因素模块影响力是 $Z\%$，则 X、Y、Z 三者的和是 100。我原来所做的大客户销售工作服务的行业和公司，大部分是中小规模的外企，我们的 $(X+Z)\%$ 的和，就是品牌产品和运营因素影响力的和，是 80%，而个人能力 $Y\%$ 的影响力是 20%。这样就可以对本节提问部分所提出来的两个问题进行解答了。

第一个问题，为什么同一个销售经理，在不同公司的业绩相差很大？因为在 A 公司，我业绩只完成 30% 的时候，那家公司的（X+Z）%，低于 0%。为什么这样说呢？因为该公司的产品、服务等方面非常差，管理层对员工和客户的态度很苛刻，员工流动率极高，客户存留率非常低，这样的公司经营越久，品牌口碑越差。常常是我努力开发一个新客户，跟进了 3 个月，终于争取到去客户公司拜访的时候，客户说："哦，原来你在那家公司工作啊。这家公司的产品我朋友用过，品质不稳定，服务态度差，还拿打官司威胁客户……所以，说什么我们都不会购买你们公司的产品。不过跟你接触这几次，我觉得你非常专业，要不我给你介绍个新工作吧，你别在这家公司工作了。"你看，不仅不买 A 公司的产品，还想把 A 公司的销售挖走。所以，A 公司的（X+Z）%，低于 0%。这就是为什么我在这家公司每天工作 12—16 个小时，业绩也才仅仅完成了 30%，算是团队中业绩完成最好的。在 C 公司的时候，（X+Z）% 的数值大于 100%，因为该公司的品牌、产品、部门间的配合与支持、激励政策等等方面的综合情况非常出色，我们做销售就很轻松，很多单子都是上午拜访客户，下午客户就签合同了。所以每天工作 3—4 个小时，就完成了 300% 的销售业绩。

第二个问题，为什么同一家公司，不同销售的业绩相差很大？因为在同一家公司里面，（X+Z）% 的值是固定，但是每个销售的个人能力 Y% 的值是变化的。所以，每个人的业绩是不同的。

综合，上面对企业品牌产品 X%、销售经理个人能力 Y%、团队运营因素 Z%，这三大模块影响力的分析，我们可以得出一个重要结论：**大客户销售业绩里面，企业方面的品牌产品和运营因素影响销售业绩结果的 80%，而销售经理个人能力影响销售业绩结果的 20%。**

当然，这个 80% 和 20% 是我对自己从事行业的估算数据，各位朋友，可以根据自己行业和公司的情况，合理估算 X%、Y% 和 Z% 的数值。我们还可以得到一个最重要的结论：**当企业综合能力很强的时候，企业实力决定销售业绩；当企业综合能力很弱的时候，销售团队的能力决定销售业绩。企业综合能力起主导作用，个人能力起辅助作用。**

【小结】

本节话题通过提出关于大客户销售业绩变化的两个问题，引出大客户销售业绩多元模型的三个模块：品牌产品、个人能力和运营因素。将三个模块分别展开，共十一个因素。然后对三大模块的权重进行分析，最后得到的结论是，企业的综合实力对销售业绩的影响占 80%，大客户销售经理的个人能力占 20%。

企业管理者要想获得大客户销售团队的业绩倍增，既需要提高企业各方面的综合实力，又需要对大客户销售团队的素质和能力加以赋能。

【自测与思考】

在我以前从事网络营销技术平台领域举例，品牌产品 X% 和运营因素 Z% 之和是 80%，大客户销售经理的个人能力 Y% 是 20%。那么各位朋友，请你思考以下问题：

（一）在你所服务的行业，或者公司里面，你们自己的品牌产品影响力 X%、运营因素影响力 Z% 和销售经理个人能力影响力 Z%，各是多少？

（二）你们的（X+Y+Z）的得分是 100 分？还是远远超过 100 分？

话题2："五维销售力"课程框架

【提问】

各位朋友们，上一话题我们讨论了大客户销售业绩多元模型，三大模块及其十一个因素。你觉得对你的大客户销售管理工作有帮助吗？从这十一个因素去检查你公司团队的真实情况，你的团队需要从哪几个因素进行提升，才能真正改善和提高你公司大客户销售团队的业绩？

可能有朋友说，张老师你的这个总结非常全面、具体，有理有据，这十一个因素里面，我们有很多因素都非常需要提升，你的这本书能帮我们提升哪些因素，解决哪些问题呢？

【MECE原则】

在回答这个问题前，我想分享一下我的一次学习经历。有一次我去学习一个"领导力提升"课程，那位老师告诉我们打造领导力的一个重要能力是要高情商沟通。不久我又学习该老师的高情商沟通课程，他又告诉我要想高情商沟通，就必须具备领导力。你看这两句从逻辑上都完全正确，但是通过两门课程，我既没有学到提升领导力的方法，又没有学到高情商沟通的技巧。这位老师使用了车轱辘逻辑，完美地避开了自己既不会教授领导力又不会教授高情商沟通的问题。

通过这个案例，我想说的是我们解决问题必须使用MECE原则[①]。MECE是Mutually Exclusive Collectively Exhaustive的缩写，中文意思是"相互独立，完全穷尽"。简单讲就是该说的内容都说道，

[①]芭芭拉·明托.金字塔原理:思考表达和解决问题的逻辑[M].海口:南海出版公司，2010.

没有遗漏；所有说到的内容模块彼此之间，没有重复。也就是对于一个重大的议题，能够做到不重叠、不遗漏地分类，同时对每个分类进行独立分析和解决。这样，才能够借此有效地拆解问题、分析问题、解决问题。也就是只有先做到 MECE，才能解决问题。

如果上面那位老师这样设计课程，就应该在领导力的课程里面给我们讲领导力，在高情商沟通的课程里面讲好高情商沟通的技巧。这样我们才能有收获。因此在我这本书里面，我希望彻底贯彻 MECE 原则。那就是从企业大客户销售管理者的角度来看，能够涉及的影响大客户销售业绩的因素，我们都涉及了，符合完全穷尽。而各自独立原则，意味着每个章节，以及章节里面每个话题彼此间要解决的问题，相互独立。就是每个小节解决每个小节的问题。

从 MECE 的角度，你可以设想一下，在大客户销售业绩多元模型的三大模块和十一个因素里面，哪些因素是可以通过一本书，一堂课得以解决的呢？

你会发现品牌产品模块，包括企业品牌、销售产品和价值优势，以及运营因素模块的周期特性、支持配合和激励政策因素，这六个因素都需要结合你的企业实际情况，进行深入调查沟通，长期的陪跑和咨询才能得到改善和提升。因而，虽然这些因素，对大客户销售业绩影响很大，但是如果这本书所讨论的内容涉及这些因素，那么就会对个人能力五个因素的学习成长造成干扰，顾此失彼，结果哪个都没学好。所以，我的"五维销售力"课程和本书后面的内容，完全聚焦大客户销售经理个人能力的五项能力：积极心态、管理体系、需求和关系、表达说服和谈判沟通。在每个主题的相关章节内，只讨论对应主题的内容，提供高效的解决工具，以便我们真正获得成长和能力提升。

图 2-1 是"五维销售力"的课程框架。课程共包括五个模块，每个模块都包括若干解决问题的具体方法和工具。

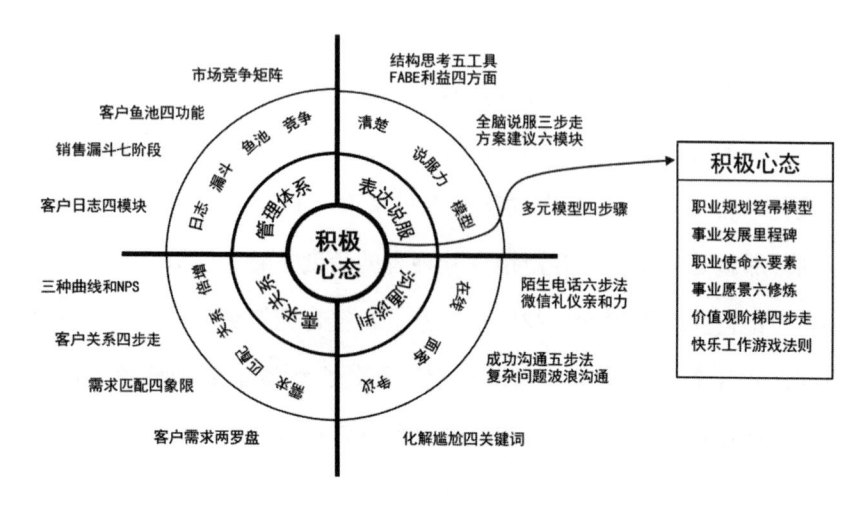

图2-1 "五维销售力"课程框架图

【五维销售力】

我的"五维销售力"课程帮助大客户销售经理个人能力提升的五个方面，具体的内容和工具群组，如表2-3所示。

表2-3 "五维销售力"课程框架内容表

个人能力	简要说明	课程工具	本书内容
积极心态	主人翁意识、积极向上、服务意识强、高标准要求自我、爱学习、有强烈的上进心	职业使命、事业愿景、价值观阶梯、目标规划、快乐工作、里程碑、落地表格	职业使命、事业愿景、价值观、目标规划、里程碑、落地表格
管理体系	统揽全部潜在客户信息、项目信息、沟通记录、预测业绩完成和个人能力短板	客户鱼池、客户分析、狼性衡量、商业价值、客户分级、关系积分、销售漏斗、竞争矩阵、客户日志、需求信息、沟通记录等	客户鱼池、竞争矩阵、商业价值、客户分级、关系积分、项目漏斗

续表

个人能力	简要说明	课程工具	本书内容
需求关系	客户个人和商务需求、需求满足、建立和升级、维护客户关系	个人需求、商务需求、购买角色、关系打分、人际关系阶段、心理定位等	个人需求、商务需求、购买角色、关系打分
表达说服	条理清晰、简单明了、一语中的地说明企业服务价值、用案例打动客户、用心理效应影响客户	结构思维、全脑说服力、FABE、模型思维、案例公式、"三翻四抖"案例、标题公式、简介建议书、逻辑思维、心理效应等	结构思维、全脑说服力、FABE、标题公式、案例公式、"三翻四抖"案例结构
谈判沟通	通过电话、微信、面谈实现人际关系破冰，化解客户刁难、犹豫、拖延等问题，实现合作共赢	陌生电话、成功谈判、沟通关键词、TA人际沟通、六字真言、高阶心理定位、波浪式沟通、关系破冰等	陌生电话、成功谈判、沟通关键词

第一项积极心态：销售经理自动自发地保持积极心态，包括主人翁意识、积极向上、服务意识强，高标准要求自我，爱学习，有强烈的上进心。课程工具包括职业使命、事业愿景、价值观、目标规划、快乐工作等，本书内容会包含大部分工具。

第二项客户管理体系：就是大客户销售管理体系，包括统揽全部潜在客户信息、项目信息、沟通记录、预测业绩完成和个人能力短板。课程工具包括客户鱼池、客户分析、狼性衡量、商业价值、客户分级、关系积分、待挖掘价值、销售漏斗、竞争矩阵、项目阶段、业绩预测、能力短板、客户日志、需求信息、沟通记录等。本书内容包括狼性衡量、商业价值、客户分级、关系积分、待挖掘价值。这里面需要说明两点，第一点，提到大客户销售管理体系，很多朋友会想到CRM管理系统，就会产生疑问，企业已经有自己的CRM管理系统了，为什么在个人能力里面，还需要建立自己的大客户销售管理体系呢？我来回答一下这个问题。我以前服务的公司都使用 CRM 管理系统，所有国外的、国内的主流 CRM 管理系统我都使用过，这个系统相当于我课程里面的销售漏斗工具。我的感受是，它是给企业管理者监督销售经理工作的工具，而不是帮助销售经理提高自己工作效率的工具，因此从提高销售经理自己工作效率的角度出发，我又开发了两个我自己的大客户销售管理工具，客户鱼池和客户日志。第二点要说明的是：从上面的表格中，你可以看到我课程里面的工具，并没有全部纳入本书。最重要的原因是从学习成长的角度，需要一个慢慢消化、吸收、落地实践的过程。

第三项需求关系：就是企业大客户需求和人际关系，包括掌握客户个人和商务需求、需求满足、建立和升级客户关系。课程提供的工具包括个人需求、商务需求、购买角色、关系打分、人际关系阶段、心理定位等。纳入本书的工具有个人需求、商务需求、购买角色、关系打分。

第四项表达说服：就是大客户销售经理的商务表达和说服力，包括条理清晰、简单明了、一语中的地说明企业服务价值，用案例打动客户，用心理效应影响客户。课程提供的工具包括清晰表达、全脑说服力、FABE、模型思维、案例公式、"三翻四抖"案例、标题公式、简介建议书、逻辑思维、心理效应等。纳入本书的工具有清晰表达、全脑说服力、FABE、案例公式、"三翻四抖"案例结构。

第五项谈判沟通：就是通过电话、微信、面谈等方式实现人际关系破冰，化解客户刁难、犹豫、拖延等问题，实现合作共赢。课程提供的工具包括陌生电话、微信破冰、成功谈判、波浪式沟通、沟通关键词、TA 人际沟通、六字真言、高阶心理定位等。纳入本书的工具有陌生电话、成功谈判、沟通等关键词。

【小结】

本节话题对大客户销售业绩多元模型通过 MECE 原则，进行了第一次聚焦，把三大模块中的两个模块，品牌产品和运营因素从需要讨论的范围内剔除。因为只有这样，才能专注于大客户销售经理个人能力成长的提升；第二次聚焦，把"五维销售力"课程体系里面的工具，进行了精选，先解决一部分问题，其他工具留待未来。

【自测与思考】

（一）各位朋友们，"五维销售力"课程中提到的这些专业名词和概念，你是不是都很熟悉？那么从 MECE 原则的角度来看，你能分清楚他们彼此之间的关系吗？

（二）你觉得积极心态、管理体系、需求关系、表达说服、谈判沟通这五项能力里面，哪项能力是最重要的，可以处于主导地位？哪项能力是不重要，处于辅助地位的？哪项能力是你最擅长的？哪项能力是你最需要提升的？

话题3：五项能力因果关系和权重

【提问】

各位朋友们，学习了"五维销售力"这五项能力的概念后，你觉得哪项能力最重要，属于核心能力？哪项能力不重要，属于辅助能力？如果让你负责面试，为企业招聘销售经理，你会怎样来对这五项能力进行权重分配？为什么有人具有销售的"天赋"？而有人没有这样的"天赋"？

在我多年从事企业内训、企业咨询、给商学院总裁班授课的过程中，我发现企业里面，越是高层管理者越认为这五项能力里面积极心态最重要；而中层管理者，却认为大客户销售管理体系最重要；基层的销售员工则认为沟通谈判技巧最重要。你看，同样五个因素在不同层级的大客户销售管理者却有不同的看法。

【因果关系】

我的看法和企业高层管理者的看法是一致的，因为我认为这五项能力彼此之间存在着因果关系。这个因果关系理顺了，大客户的销售业绩就会得到好的结果。这个因果关系就像一棵果树的不同部位一样。如表2-4所示：

表2-4　五项能力的因果关系表

分类	果树	权重100%	自我评分	评分小计
积极心态	树根	A%		
管理体系	树干	B%		
需求关系	树枝	C%		
表达说服	树梢	D%		
谈判沟通	树叶	E%		

第一项能力是自动自发的积极心态，相当于果树的树根。 当一位销售经理具有了高标准的客户服务意识，积极的上进心，那么他自己一定会以客户为中心，努力挖掘客户的需求，搞好内外部的客户关系，不断提升自己去熟悉产品，也能够体察客户的情绪和需求，提供更好的服务，从而获得客户的认可，最终收获满意的业绩结果。也就是说，有了作为树根的积极心态，后面的管理体系、需求关系、表达说服和谈判沟通是自然而然生发出来的，这样的销售经理自然能获得

优秀的销售业绩，这就是我们常说那种"天赋"型销售。很多人因此认为，销售是一项天赋，是先天的。所以，如果你负责面试，为企业招聘销售经理，要首选这类"天赋"型的销售。

第二项能力是五维销售力里面的大客户销售管理体系，相当于果树的树干。企业的中层管理者，往往认为这部分能力最重要。因为"天赋"型选手太少见了，针对大量的普通销售经理，如果没有一套管理系统制约和管束，大家就会自由散漫，团队管理就缺乏统一的步调，销售的效率就会降低，工作结果就会失控。要管理好众多销售经理的工作，帮助销售经理管理成百上千的项目，成千上万的客户沟通信息，必须有一套科学的系统。在这个方面，我是深有感触，在我自己以前亲自管理的几个团队里面，有985/211大学毕业的硕士研究生、有普通大学的本科生、大专生，还有学历不高的初中毕业生。你觉得哪些员工的业绩最好呢？你肯定觉得那一定是985/211的硕士研究生业绩最好，初中生的业绩最差，是不是？然而正确答案是：谁严格按照我的客户管理体系做工作，谁的业绩就是我们团队的第一名。结果往往是初中学历的销售经理，取得了更好的业绩。大客户销售管理体系，解决的是数量的问题，有的人在需求关系、表达说服和谈判沟通方面的能力都很差，所以他每次沟通成功率会比较低，但是大客户销售管理体系，能够大大提高他与客户沟通的频率和次数。虽然成功率低，但是仍然可以获得较好的结果。

第三项能力是客户需求匹配和客户关系管理能力，相当于果树的树枝。很多公司在培训的时候，问我一个问题，客户回款怎么办？在客户有产品需求的时候，怎样让他想不到别人，只想跟我联系？所有这些问题的背后，都是客户关系不到位的问题。而客户关系不到位的根本原因在于客户需求挖掘得不够深入，没有满足客户需求。《孙子兵法》讲，"知彼知己者，百战不殆；不知彼而知己，一胜一负；不知彼不知己，每战必殆。"

第四项能力是商务表达与说服力，相当于果树树枝上的树梢，就是能够根据不同类型的企业客户、客户的不同层级、不同需求类型，能够把企业的产品和服务给客户讲清楚，让客户建立对企业产品和服务的信任。给大家分享一个非常荒诞的情况，就是很多所谓的职业化的大客户销售连话都说不清楚，啰里啰唆、逻辑混乱、前后矛盾、毫无章法。为什么需要提升沟通能力呢？因为你根本没有能力说服客户。如果客户心服口服，就不会产生怀疑，那么也就不需要具备谈判沟通能力了。

第五项能力是商务谈判和沟通技巧，相当于树梢上的树叶。在我看来是大客户销售工作里最不重要的技能，但是很多基层的新销售，往往最看重沟通技巧。就像远远看到一棵果树的时候，我们只能看到它繁茂的树叶，看不到它的树根、树枝和树梢一样。有多年大客户销售经验的人，才能看到隐藏在繁茂树叶下面的树枝、树干和树根。而做好树根、树干、树枝和树梢的工作并不容易，需要花费大量的时间和精力。有的人，没有耐心，不愿意努力，又想快速得到结果，因而急功近利，总想走捷径，总想天上掉馅饼，不劳而获。所以，为了满足这部分人的需要，社会上很多的课程和书籍，会教给大家所谓的"招"。感觉你掌握了这些"招"就可以获得好的销售业绩了。

有了前面这五个比喻，那么**果树的果实，就是销售业绩**了，包括**业绩倍增、客户回款、客户转介绍和客户忠诚度**等等。

【权重分析】

大客户销售业绩多元模型里面讨论三大模块的时候，分配了 X%、Y% 和 Z% 对销售业绩的影响力权重。

进入大客户销售经理五项能力的话题，如果在你理想中，优秀的大客户销售经理的能力是 100 分的话，那么这五项能力的每一项，各占多少分呢？如上表中第三栏的权重所示，积极心态 A%、管理体系 B%、需求关系 C%、表达说服 D%、谈判沟通 E%，在你心目中，如果 A、B、C、D、E 的总和是 100 分，那么 A、B、C、D、E 各是多少分呢？

我来说说我的分配方案。**我认为积极心态占 50%；管理体系占 25%；需求和关系占 13%；表达和说服占 8%；谈判沟通占 4%。**你同意我的分配方法吗？你的分配方案又是什么呢？

【小结】

本节话题讨论了大客户销售经理五项专业能力之间的因果关系和权重关系。其中最重要的是积极心态相当于果树的树根，重要性占 50%；然后是管理体系，相当于果树的树干，重要性占 25%；需求关系相当于果树的树枝，重要性占 13%；表达说服相当于果树的树梢，重要性占 8%；最后谈判沟通能力占 4%。

【自测与思考】

在上表中还有两栏内容，没有进行讨论，是留给你做自我测评的。

（一）我的权重分配方案，你同意吗？如果你不同意，你认为其中的 A、B、C、D、E 各是多少？

（二）如果按照 10 分制，给你自己的每一项能力进行打分的话，你会给自己打多少分？

（三）把你打的每一项分数，乘以前面的权重比例，就是你自己该项能力的得分，请把该项得分写在对应的"评分小计"一栏，五项评分小计之和，就是你的大客户销售综合专业能力的自我评估得分。

💡 话题4：大客户销售经理专业能力测评试题

【提问】

上一话题，对销售经理的五项专业能力的关系和权重，进行了分析和量化。但是，对每个人的自我评分没有标准，都是一种感性的感受，所获得的结果参考意义不大。

那么怎样用一套统一的标准、统一的测评试题，来对大客户销售团队的每一位销售经理进行公平、公正的标准化的能力测评呢？我又开发了一套"五维销售力大客户销售专业能力测评"的试题。

【测评说明】

各位朋友，本节话题将给你提供一套基于"五维销售力"课程，检测大客户销售综合专业水平的试题，一共五个模块，合计25个单选题，预计完成时间10分钟左右。请你在阅读完每道题的选项后，根据自己的实际情况进行单项选择（而不是在四个选项中，选择你认为最合情合理的那个），并把你的选项填写到表2-5对应的题号后面。

表2-5 "五维销售力"能力测评答题表

积极心态			管理体系			需求关系			表达说服			谈判沟通		
题号	答案	得分	题号	答案	得分	题号	答案	得分	题号	答案	得分	题号	答案	得分
1.1			2.1			3.1			4.1			5.1		
1.2			2.2			3.2			4.2			5.2		

续表

积极心态			管理体系			需求关系			表达说服			谈判沟通		
题号	答案	得分	题号	答案	得分	题号	答案	得分	题号	答案	得分	题号	答案	得分
1.3			2.3			3.3			4.3			5.3		
1.4			2.4			3.4			4.4			5.4		
1.5			2.5			3.5			4.5			5.5		
小计														

【测评问题】

第一类问题：积极心态

1.1 你对自己未来的职业发展和目标规划，属于以下哪个选项？

A. 目前的工作非常有前景，我非常珍惜，我未来10年的前景是清晰的、光明的。

B. 我有清晰的3年规划，跟着公司的节奏走，未来是光明的。

C. 我的目标就是挣大钱，具体怎么做只能说走着瞧。

D. 工作嘛，养家糊口而已，计划没有变化快，还是今朝有酒今朝醉得好。

1.2 关于目前工作的标准和意义，你的想法是？

A. 我对工作的标准要求非常高，因为通过我的努力能让很多人生活得更幸福，让我非常开心。

B. 我的工作就是充分满足公司的需要，超越领导满意就可以了。

C. 我的工作标准就是100分，让大家都满意。

D. 工作就是被剥削的，人生的意义就是活着，我自己满意才重要。

1.3 当你工作中遇到挫折、失败的时候，你会如何选择？

A. 想想美好的未来，让我觉得眼前的困难很渺小，我会迅速恢复，继续努力。

B. 我会自我安慰，做好心理调节，一张一弛，文武之道。

C. 我会喝酒、打游戏、找朋友倾诉，心情就会好起来。

D. 遇到困难，我会绕过去。绕不过去，在哪里跌倒，我就在哪里躺下。

1.4 关于今年的销售任务完成情况，你的想法是？

A. 今年的销售任务我已经进行了详细的分解，只要我按部就班执行，就能超额完成任务。

B. 按照往年的经验，只要不出意外，我就能大体上完成任务。

C. 销售任务是领导制定的，也没跟我商量，我尽量努力完成。

D. 销售任务的完成是一门玄学，主要看运气，遇到大客户就能完成。

1.5 遇到复杂、困难的工作时，你会选择什么？

A. 越是复杂、困难的工作，我越喜欢，我会化难为易，迎接挑战，不断成就自我。

B. 遇到困难的工作，我会找领导、找同事帮忙，虽然结果不好，但是大家都尽力了。

C. 遇到困难的工作，我会直接拒绝，有多大的锅就烙多大的饼，要量力而行。

D. 困难的工作从来都不会分配给我，他们都了解我。

第二类问题：管理体系

2.1 关于客户管理系统，你现在的实际状态是？

A. 公司内部客户信息混乱，我自己的客户必须得看好了，要不就被人抢走了。

B. 公司有个 CRM 管理系统，就是老板们查看我们工作情况的，对销售没啥帮助。

C. 除了公司的 CRM 管理系统外，我还专门整理了自己的客户列表，非常有用。

D. 我有自己的客户管理体系，为每个客户建立日志，公司的 CRM 管理系统不能满足我的需求。

2.2 关于销售漏斗的使用情况，你的想法是？

A. 什么是销售漏斗？我从来没听说过。

B. 我知道销售漏斗的概念，但是从来没用过。

C. 我用销售漏斗来预测自己的业绩。

D. 从销售漏斗的数据来看，我可以分析出自己的能力短板和工作重点。

2.3 关于客户沟通信息管理，你的实际操作是？

A. 我的客户信息都在微信聊天记录里面。

B. 我的客户信息都记录在了笔记本上，随时可以查阅。

C. 我会定期整理重要大客户沟通信息，建立档案。

D. 我所有的客户沟通信息，全部建档记录。

2.4 关于客户规模分级的情况，你的做法是？

A. 所有客户一视同仁，不分贵贱。

B. 客户分成大客户、小客户、紧急需求和不紧急需求。

C. 在做数据统计的时候，我把客户分成了 S/A/B/C/D 等级，但不用来指导我的行动。

D. 我把客户分成了 S/A/B/C/D 级，并制定相应的服务标准和策略。

2.5 关于目标客户筛选，你的做法是？

A. 只要有需求的就是客户，我都积极回应，一视同仁，童叟无欺。

B. 我只做行业大客户，因为大客户订单大，利润高。

C. 我会选择对我们产品更适合的客户，不过也是凭着感觉来。

D. 我会把市场和竞争对手分成 3 个等级，详细分析竞争对手在产品和运营方面的优劣，然后选择合适的客户，有的放矢。

第三类问题：需求和关系

3.1 关于客户个人性格的多样性，你的态度是？

A. 现在的客户都很懒，明明企业需要，也不从我这里采购，真是不理解。

B. 做销售就得搞定人，人解决了，事情才能解决。

C. 我理解和接纳各种不同性格的客户，愿意先跟他们做朋友。

D. 客户的需求就是物美价廉。

3.2 企业客户的产品需求，你的理解是以下哪一个？

A. 企业客户所有人的需求都是物美价廉、省心省力。

B. 企业客户不同层级的人，需求是不同的。

C. 我会针对不同层级的关切点，分别准备资料和信息。

D. 搞定了人，产品的需求就是小菜一碟。

3.3 在企业的购买角色中，你觉得以下哪种说法正确？

A. 只要搞定了关键负责人，订单就十拿九稳了。

B. 技术负责人和老板最关键，执行层的用户意见，仅供参考。

C. 不同购买角色的人关注点不一样，只有全部满足了，才能确保订单顺利交付。

D. 内线的作用最重要，可以实时传递重要信息。

3.4 你希望跟客户建立友谊，但是客户对你总是冷冰冰的，你会如何做？

A. 爱咋地咋地，你看不起谁呀，客户有的是。

B. 我会锲而不舍地施行人盯人的战术，精诚所至，金石为开。

C. 这个客户的需要就是不跟我们走得太近，我会跟他保持合理距离，通过专业的沟通渠道与他保持联系。

D. 我会找他们老板，给他施加压力。

3.5 你不喝酒，遇到喜欢喝酒的客户，你的做法是？

A. 喝酒有害健康，我会劝对方戒酒。

B. 我会找爱喝酒的朋友，陪对方喝酒。

C. 虽然我不喝酒，但是我可以以茶代酒，跟对方多聊酒文化，只要坦诚相待，也可以获得对方的信任。

D. 我会学习喝酒，为了业绩，只能先牺牲健康了。

第四类问题：表达说服

4.1 关于公司产品和服务的商务表达能力，你的现状是？

A. 我对公司的产品基本不了解，一堆数据资料，看不懂。

B. 我对公司的产品和服务有基本了解，需要的时候，照着PPT念就行了。

C. 我对公司的产品和服务非常精通，会制作自己的PPT介绍文件。

D. 我会根据企业客户的需求，有针对性地选择产品和服务进行介绍。

4.2 关于给客户的企业简介，你的做法是？

A. 我会把我们公司70页的PPT介绍文件迅速发给客户。

B.我会把公司产品和服务的介绍浓缩为 2 页 WORD 文件，发送给客户。

C.我会根据客户行业不同，针对性地发送 2 页的 WORD 行业版公司介绍。

D.我会根据单个客户的需求特点，准备有针对性的个性化的 WORD 版公司介绍。

4.3 关于企业成功案例的介绍，你的做法是？

A.我会把我们公司所有的成功客户名称发给客户，凸显我们的市场占有率。

B.我会把知名大品牌的客户反馈，制作成专业的图片发给客户。

C.我会统计所有客户使用前后的 KPI（关键绩效指标，Key Performance Indicator）数据变化，发给客户参考。

D.我会针对客户的行业、规模，甄选有对标价值的成功客户的案例，客户成长的过程，以及 KPI 数据的变化和我们的解决方案，提炼总结为 2 页内的 WORD 文件发给客户。

4.4 当客户对我们提出质疑，打算选择其他不如我们产品的竞品时，你会选择什么？

A.提供第三方的数据报告，证明客户的选择是错误的。

B.搞定客户人际关系，搞定人就是搞定一切。

C.提供成功客户的名单，证明我们的产品是优异的。

D.通过对标同类客户的真实成长案例，详细对比不同公司产品间的优劣，让客户自己做出判断。

4.5 关于表达说服能力的自我评价，你对自己的评价是？

A.我觉得不需要表达说服能力，只要通过关系搞定人就可以了。

B. 我觉得自己表达不清楚，看着客户迷茫的眼神，我就知道我没说清楚。

C. 我说话非常有条理，但是比较枯燥乏味，客户常常昏昏欲睡。

D. 我通过讲述具体而生动的案例来打动客户。

第五类问题：谈判沟通

5.1 通过陌生电话（cold call）与客户建立联系，你会选择哪一种？

A. 我非常害怕给客户拨打陌生电话，因为被拒绝会严重影响我的心情。

B. 我很少给客户拨打陌生电话，除非实在没有办法。

C. 我会充分准备，研究客户特点，针对性地设计脚本，然后热情洋溢地拨打陌生电话。

D. 我经常给客户拨打陌生电话，每次都是相同的说辞，成功率很低。

5.2 拨打陌生电话添加对方微信成功后，你的做法是？

A. 我会把我们公司 70 页的 PPT，通过微信迅速发给客户。

B. 我会把公司的简要介绍，浓缩为 2 页的 WORD 文件，发送给客户。

C. 我会先看看客户的朋友圈信息，跟客户聊聊家常，先建立双方感情的链接。

D. 我会赞美客户是个大帅哥或者大美女，让客户喜欢我。

5.3 在与企业客户进行高价值标的的商务谈判时，你会选择什么？

A. 这是针锋相对的敌我斗争，我必须跟对方斗智斗勇。

B. 我会使用各种谈判课程的技巧，充分保证我们公司的利益。

C. 我会首先照顾对方的情感需要，促进双方企业合作共赢，有理有据，情理兼顾。

D. 我会主要照顾对方的情感需要，只要对方感情上侧重我这方，生意就成了。

5.4 当客户质疑我们的产品和服务差、价格高时，你会怎么做？

A. 我会列举竞品质量问题的数据，证明我们的产品质优价廉。

B. 针对性反驳，据理力争，陈述成功案例和数据。

C. 我首先会认同客户的观点，同时再列举我方产品质优价廉的数据，让客户自己得出新结论。

D. 我会邀请客户当场检验我公司产品的质量。

5.5 陈述方案后，客户表示要"好好研究"的时候，你会如何选择？

A. 尊重客户的选择，让客户"好好研究"，你回去等待消息，直到客户主动联系你。

B. 你会给客户提供更多的产品资料，让客户"好好研究"。

C. 你会请客户明确指出产品和服务还需要做哪些方面调整，客户才会更快作出决定。

D. 回去后，你会每周联系客户，询问客户研究的结果如何。

【小结】

为了给各位朋友展现一套标准化的评估方法，本话题提供了一套测试题目，帮助大家进行自我测评，或者团队测评。

【自测与思考】

（一）请你对自己的大客户销售综合专业能力进行测评，完成本话题提供的25道选择题。

（二）除了本测试题外，你觉得还需要从哪些方面对大客户销售的专业能力进行测评呢？

话题5：销售经理自我专业能力评估

【提问】

各位朋友，完成了大客户销售综合专业能力25道试题的测评后，你是不是很想知道自己究竟能得多少分数呢？团队里面其他成员，又各自能得多少分数呢？你在团队里面专业能力排在什么位置？

【参考答案】

表2-6是上一话题中各类问题对应的答案和评分表。请你根据其中的评分标准，对自己的25道单选题答案进行评分。

表2-6 "五维销售力"能力测评答案和评分表

积极心态		管理体系		需求关系		表达说服		谈判沟通	
题目 1.1-1.5		题目 2.1-2.5		题目 3.1-3.5		题目 4.1-4.5		题目 5.1-5.5	
选项	得分	选项	得分	选项	得分	选项	得分	选项	得分
A	4	A	1	A	1	A	1	A	1
B	3	B	2	B	3	B	2	B	2
C	2	C	3	C	4	C	3	C	4
D	1	D	4	D	2	D	4	D	3

【分数计算】

例如，某学员的答题表格如表2-7所示：

表2-7 "五维销售力"能力测评答题表举例

积极心态			管理体系			需求关系			表达说服			谈判沟通		
题号	答案	得分	题号	答案	得分	题号	答案	得分	题号	答案	得分	题号	答案	得分
1.1	B	3	2.1	A	1	3.1	D	2	4.1	D	4	5.1	D	3
1.2	A	4	2.2	B	2	3.2	D	2	4.2	A	1	5.2	B	2

续表

积极心态			管理体系			需求关系			表达说服			谈判沟通		
题号	答案	得分	题号	答案	得分	题号	答案	得分	题号	答案	得分	题号	答案	得分
1.3	C	2	2.3	B	2	3.3	A	1	4.3	B	2	5.3	C	4
1.4	C	2	2.4	D	4	3.4	D	2	4.4	D	4	5.4	C	4
1.5	D	1	2.5	B	2	3.5	A	1	4.5	A	1	5.5	D	3
小计	12		11		8		12		16					

把每类问题的得分汇总后，填写在下面的得分小计一栏。然后，再按下文提示填写表2-8。

表2-8　标准测试得分与自我感性评估得分对比表

分类	得分小计	权重	权重后得分	自我评估得分 1～10	自我权重	自我权重后得分
积极心态	12	50%	6	8	20%	1.6
管理体系	11	25%	2.75	7	20%	1.4
需求关系	8	13%	1.04	6	20%	1.2
表达说服	12	8%	0.96	9	20%	1.8
谈判沟通	16	4%	0.64	9	20%	1.8
合计得分	标准试题		11.39	自我评估		7.8

填写完得分小计后，按照我的权重分配，计算你每一项的得分：把话题3中自我评估的分数、自己的权重分配，以及自己分配权重后的得分填写到后面三栏。综合上面这些分数，你可以计算出来两个合计得分，一个是标准试题测评后的得分，例子中是11.39分；另一个是你自己的权重和感性评分的合计，例子中是7.8分。这两个分数如果公平比较的话，需要把我的标准试题得分除以2，因为我的综合总

分是 20 分，而你自己的评估得分是 10 分。所以，从上例中，你可以得到标准试题得分是 5.7 分，而自我评估得分是 7.8 分。

【评估结果参考】

按照我的标准试题测试（满分 20 分）的得分，我给大家提供三个分数范围的参考答案。

第一个等级：如果你的合计得分是 5～10 分，说明你主要的问题是工作态度的问题，对行业或者企业的产品和服务缺乏信心，对个人职业发展缺乏清晰的规划，你首先需要心态方面的调整，然后才是各项能力方面的提高。

第二个等级：如果你的合计得分是 10～15 分，说明你的心态比较健康，积极主动，但是你在客户管理体系、需求挖掘与满足方面存在短板，这些方面的能力，影响你更好地完成销售任务，制约了你的职业发展。

第三个等级：如果你的合计得分是 15～20 分，说明你心态积极、具有自己的客户管理体系，在匹配和满足客户需求的方面也很出色，美中不足的是，要增强表达说服的感染力，以及提升与客户人际关系和沟通技巧能力。

【小结】

本话题通过对大客户销售的专业能力进行评估，以及与读者自我权重分配和评估的比较，帮助读者发现自我能力的不足。

【自测与思考】

请你在你失分的那些选项中，看看我给予最高分的选项是哪一个，请你想一想，为什么我认为最高分的选项不是你选择的那项？这背后的原因是什么？

话题6：大客户销售生产率公式

【提问】

很多朋友觉得大客户销售是一个主要靠"运气"的工作，俗话说："三年不开张，开张吃三年。"然而我看到了太多持这种态度的销售经理的实际情况是三年不开张、又三年不开张、再三年还是不开张，真是三年又三年啊！为什么会产生这样的结果呢？我认为"运气"是靠不住的，运气是努力的结果，没有努力就没有运气。

有的读者又该提出新的问题了，大客户销售的周期就是很长的，既然不是靠运气，那么该怎么努力？该怎样知道，我每一天的努力，都是正确的努力和积累？怎样让运气来主动找到我们呢？本节话题，我们就来讨论一下大客户销售生产率的问题。

【销售生产率公式】

讨论销售生产率之前，我先跟大家分享一个稻盛和夫先生的成功公式，他认为"成功 = 思维方式 × 热情 × 能力"，我仿照这个公式也整理了一个大客户销售生产率的公式，即"成功 = 努力 × 热情 × 正确客户 × 正确方法"，内容如表2-9所示。

表2-9 大客户销售生产率公式表

成功	努力	热情	客户选择	正确方法
业绩产出/天	有效工作时长/天	有效动作/小时	价值/动作	动作成功率百分比
单位：万元/天	单位：小时/天	单位：次/小时	单位：元/次	单位：无
每天销售工作带来的业绩和销售额	从事大客户销售岗位工作的时长	有效地做大客户销售专业动作	每个动作的价值	每个动作的成功率

下面逐项来解释一下。

第一列的成功：就是每天的业绩产出。所以这个公式叫作"大客户销售生产率公式"。表示销售经理每天工作给公司带来的销售额。

第二列的努力：表示这位销售经理每天的有效工作时长。什么是有效时长？就是从事大客户销售岗位工作的时长。为什么要提出这个问题？因为在有的公司里面，各种非销售的工作占据了销售经理很多的时间。我有一位朋友在某家国际性的大型外企里面工作，各个部门之间的协调工作占据了销售经理60%的时间，各种培训、调查等配合性的工作又占据了20%的时间，所以他们只剩下了20%的时间联系客户，因此不得不每天加班加点，忙碌到深夜。

第三列的热情：表示这位销售经理在一个小时里面，能够完成几次有效的销售动作。什么是有效动作呢？比如给客户打电话、发微信、发邮件、与客户面谈、提交方案建议书等。那什么是无效动作呢？比如寻找客户的联系方式，寻找客户公司地址等。从总体的角度来看，这些有效动作的积累，才最后实现了企业大客户的签单，所以每一个动作都有价值。一个卖别墅的销售员，每年给客户打36000个电话，28800个会接，11520个会听他讲，4608个会有兴趣，1843个会出来看，737个会考虑，294个会有意向，117个会洽谈，47个想买，最终成交的18个，成交18单会让他赚到200万元。他得出结论：每打一个电话会赚到55.55元。所以他的一个电话对他的个人价值是55.55元。而为企业带来的价值可能是5000元。

第四列的客户选择：表示这位销售经理选择的客户。因为不同销售选择的客户不同，所以同样一个销售动作，不同类型客户的价值不同。同样是卖别墅，如果你选择跟进的客户都是工薪阶层，那么你打再多的电话，转化率也会很低。然而，如果你选择的是企业家群体，那么转化率就会大大提高。

第五列中正确的方法：表示这位销售经理的动作成功率，同样给同类客户群体拨打100个电话，有人能与50位客户建立合作，有人只能与5位客户建立合作。从这一点上来考虑，是本书，也是我的"五维销售力"课程想带给大家的核心价值，通过积极心态、管理体系、需求关系、表达说服和谈判沟通这些能力的提升，大大提高每位朋友在每个有效动作上的成功率。

举例，假设某公司销售人员张三、李四、王五每天的工作情况如表2-10所示，你觉得谁的销售业绩最佳呢？

表2-10　员工销售生产率比较表

销售	努力	热情	客户选择	正确方法	成功	名次
张三	6小时/天	15次/小时	40元/次	50%	1800元/天	2
李四	12小时/天	5次/小时	20元/次	10%	120元/天	3
王五	4小时/天	12次/小时	80元/次	60%	2304元/天	1

从上表中的结果你可以看到，工作时长最少的王五，因为选择了高价值的客户，同时使用正确的方法，虽然每天的工作时长只有4小时，销售生产率最高，业绩必然是最好的。而李四，每天工作12小时，可是每小时的有效动作太少，选择的也是低价值客户，成功率也低，因此每天的业绩只有王五业绩的1/20。

【小结】

本节话题，通过总结销售生产率公式，揭示了大客户销售的成功途径。从销售经理每天工作有效时长、每小时有效动作、选择客户的价值与动作成功率的正确方法，共四个方面的因素，揭示了大客户销售每天的销售业绩是可以衡量和预测的。

"五维销售力"课程提供的方法工具，并不能保证每位销售经理都获得成功，只能在每个动作上提升大家动作的成功率。

【自测与思考】

（一）通过本节销售生产率公式的总结，请你回想一下自己每天的有效工作时长是多少？每个小时的有效动作有几次？

（二）你选择的客户群体，给你每次动作带来的价值是多少？你的动作成功率是多少呢？想一想，你每天的大客户销售生产率是多少？每天为企业带来的业绩价值又有多少？

本章回顾

【要点回顾】

本章重点讨论了以下内容：

话题1：大客户销售业绩多元模型，由三大模块，包括品牌产品、个人能力和运营因素共十一个因素组成。

话题2：讨论了销售经理个人能力包括的五项专业能力：积极心态、管理体系、需求和关系、表达说服和谈判沟通。

话题3：讨论了五项专业能力之间的因果关系和权重。

话题4：提供了一整套销售经理个人专业能力的测试题目。

话题5：通过答案和计算方法，帮助读者对自己的大客户销售专业能力水平进行评估。

话题6：讨论了销售生产率公式，主要论述了四个重要指标：有效时长、有效动作率、客户动作价值、成功率。

【七个馒头】

本章开始的聚焦问题讲到了"七个馒头"的笑话。我认为"五维销售力"课程能解决的是第七个馒头，也就是最后一个馒头。那么其他六个馒头都是什么呢？我这里简述一下我自己的观点，供各位朋友参考。

我认为"第一个馒头"是企业经营环境，包括政治因素、经济因素、社会因素和技术因素（简称PEST分析），当这些因素变化的时候，对行业会产生巨大的影响，企业如果没有跟进变化，那么再努力也是徒劳。诺基亚手机就是没有适应和跟进智能化手机的市场需求变化，导致经营衰落。

"第二个馒头"是大客户销售业绩多元模型里面的品牌产品模块：包括企业品牌、产品和价值优势。这意味着，如果企业的产品和服务不过硬，大客户销售再努力也是枉然。

"第三个馒头"是大客户销售业绩模型里面的运营因素模块：包括周期特性、支持配合和激励政策。

"第四个馒头"是企业内部的组织架构，如果企业内部的组织架构设置有问题，分工不明晰，那么自然会影响销售经理的个人职业发展。如果销售经理被多头管理，各个管理者之间又互相掣肘，就会让销售经理采取消极观望的态度。

"第五个馒头"是企业的公司文化，如果各个部门各自为政，而不是同舟共济，销售经理在外面服务客户，内部还要为获取资源竭尽全力的话，自然会降低工作的效率和效果。光靠销售自己努力是不够的，还需要公司整体团结一心，齐心协力。

"第六个馒头"是销售经理的个人规划，如果销售经理本人不喜欢所在的行业或者公司，那么也很难激发他努力工作。

如上，这六个馒头是我从以前带团队的经验中观察所得，你觉得有道理吗？

有了前面这六个馒头，再加上我的"五维销售力"这"第七个馒头"，那么我相信任何一位销售经理，都可以取得非凡的业绩。任何团队，都可以获得营销业绩的成长。

【落地规划】

各位朋友，通过本章每个小节后面的自测与思考环节，你得到哪些收获？学到了哪些重要的知识和观点？又制订了哪些可落地的计划呢？请你认真规划，填写表2-11。

表2-11 业绩模型落地规划表

分类	本章要点	行动计划	截止日期
业绩模型			

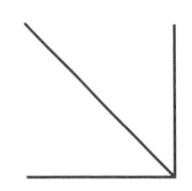

第三章　商务表达和说服力

聚焦问题

【虚言假设】

有一次我在深圳为一家国内顶尖的物流公司提供企业内训课程，他们最近几年屡次进军一个新的行业，结果非常不理想。企业总裁钱总问了我一个问题，他说我们的产品和服务比那个行业现有的所有供应商都更好、更专业，可是那些大客户为什么不愿意跟我们合作呢？

我给他画了一张市场竞争矩阵图，如图3-1所示。

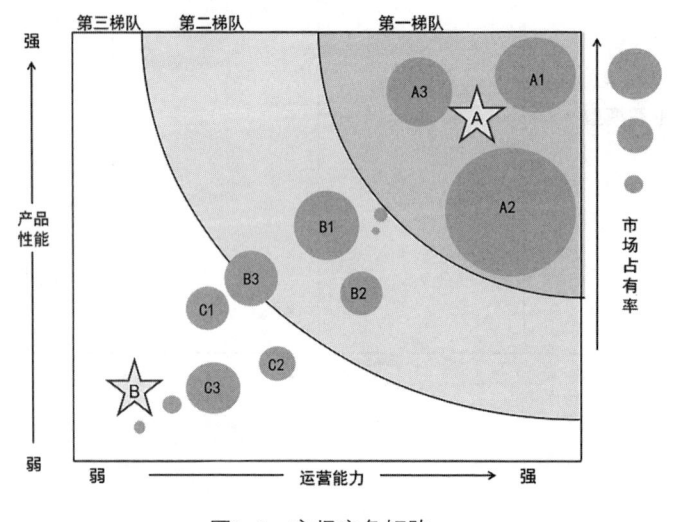

图3-1　市场竞争矩阵

图中元素说明如下。

（一）坐标横轴，表示企业的运营能力，包括品牌、营销、交付、服务等，从左到右是从弱到强。

（二）坐标纵轴，表示企业的产品性能，包括各项指标、功能、给客户带来的价值等，从下到上是从弱到强。

（三）第三个维度是市场占有率，代表企业在市场和客户中的影响力，用圆形表示，从小到大代表影响力从弱到强。

（四）图中的品牌分成了三个梯队，其中A1、A2、A3代表第一梯队，这些企业产品性能强、运营能力也强，市场影响力也大。B1、B2、B3这三家企业产品性能较强、运营能力较强，代表市场中的第二梯队。C1、C2、C3产品性能一般、运营能力也一般，代表第三梯队。

介绍完这个市场竞争矩阵之后，我跟钱总说。第一，你认为你们公司在图中这个五角星A的位置，对不对？你们的产品性能和运营能力，比现在的A1、A2和A3都强，价格也更有竞争力，那些大客户应该对我们公司的产品青睐有加，甚至蜂拥而至，对不对？假设你以为的这些都是真的。但是你没有考虑第三个因素，就是市场影响力。代表你们公司在该行业影响力的圆形太小，人家客户根本没听说过你们公司，那些企业管理者谁愿意冒风险去第一个吃螃蟹呢？第二，上面你以为的五角星A只是你以为的，在没有进入那个行业之前，你会觉得那个行业很简单，而每个行业都有自己的门槛，一旦你们进入那个行业，也许你会发现你们自己的位置在图中五角星B的位置。这也是那些企业管理者为什么不愿意跟你们合作的原因之一。听了我的回答，钱总心服口服。

我为什么要在这个章节里面先介绍这个案例呢？因为它有三个价

值。第一个价值，提供了市场竞争矩阵这个工具，给各位大客户销售管理者进行参考；第二个价值，展示了通过模型思维的说服力，有理有据，通过专业分析让客户信服；第三个价值，给大家展现了一种我们沟通中的"子虚乌有"场景。

什么是子虚乌有呢？这个词是逻辑学上的一种谬误。我们知道逻辑学上，如果大前提成立，小前提也成立，那么结论就成立。比如，大前提是"人都会死亡"，小前提是"阿莉塔是人"，结论是"阿莉塔会死"。如果阿莉塔真是个人，那么这个结论就成立。但是现实中，很多人自认为小前提是成立的，那么根据大前提却没有得出正确的结果，所以质疑大前提不成立。比如上面的阿莉塔如果是个不死的机器人，那么阿莉塔没有死，他就会质疑"人都会死"这个大前提有问题。这就是前面钱总提出疑问的背后逻辑谬误。

而在我十几年的大客户销售管理工作中，我经历过很多次销售培训，也阅读过很多销售管理的书籍，我发现在假设销售经理已经完美陈述了企业的产品、服务和价值后，客户仍然不采购，还提出各种质疑。而我所看到的现实，常常是非常荒谬的，相当一部分销售经理，对企业的产品指标、功能、应用场景……连最基本的信息都没有掌握，不要说去说服和打动客户，如果换他到客户那边做采购的工作，连他自己都不会购买现在企业的产品，因为他根本就不了解自己企业的产品。你可以设想一下，一个战士连自己手中的枪都不会用，就冲上了战场会怎样。

举个例子，十几年前我加入一家外企，入职的第1个月，我就从公司网站上把所有产品手册都打印出来，3个系列产品，共1000多页全英文资料。第1个月我就把资料全部背下来，然后第2个月公司老板让我到总部，给相关销售经理做产品培训。在此之前，大家普遍认为我们的产品没有竞争力，功能弱，属于第二梯队，销售团队普遍缺乏信心。但是培训后，大家充满了信心，因为大家绝对相信我们产品的指标、功能、客户价值和应用场景都远远超越竞争对手，在中国市场我们是绝对的第一名。

这就是为什么在"五维销售力"课程里面，我要专门开设一个模块，就是表达说服模块。因为当大客户销售经理能够熟悉产品、能够通过产品价值、成功案例说服客户的时候，就不会再有客户质疑、客户不满等问题，也就减少了很多没必要的沟通，可以大大提高大客户销售的工作效率和成功率。

【顺序说明】

在"五维销售力"的五项专业能力里面，你可以看到表达说服能力是果树的树梢，只占 8% 的权重，却安排到了第三章，这是为什么呢？按照重要性排序来说，应该从积极心态的树根、管理体系的树干、需求关系的树枝、然后是表达说服的树梢，最后是谈判沟通的树叶。而从目录上，你可以看到是我们按照树梢代表表达说服、树叶代表谈判沟通、树枝代表需求关系、树干代表管理体系，树根代表积极心态这个方式来排序的。

我之所以这样安排，是因为我在线下授课的时候，按照重要性的顺序安排课程，我发现参训学员的互动积极性比较低，因为重要章节的内容，需要有较强的逻辑思维能力，很多地方需要进行计算，才能跟得上我的节奏。这样从深到浅的节奏，导致很多学员学习的积极性降低了。后来我把表达说服和谈判沟通的顺序调整到前面，从浅到深讲解，大家就都能跟上节奏了。所以，本书的内容，我也这样来安排。希望可以帮助各位朋友，通过张弛有度，从简单到复杂地学习，最终学有所成，收获满满。

【本章重点】

本章重点就是要提升各位大客户销售经理的商务表达和说服能力。

第一，要学会在头脑中想清楚，把话说明白，让对方听明白；

第二，要能够精准地总结和梳理本企业产品的性能、优势和给客户带来的利益与价值；

第三，要能够通过案例比较，突出本企业产品相对于竞争对手的巨大优势。

话题1：客户总要"研究研究"

【提问】

二十世纪最伟大的哲学家之一维特根斯坦有一句名言，我非常喜欢。他说："语言的边界就是思想的边界。"我来谈谈我对这句话的理解，我认为，一个人能够想多高，才能说多高；一个人能够想多远，才能说多远；一个人能够想得多清楚，才能够说得多清楚。

如果一个人说的话让我们听不明白，那应该不是我们的问题，很可能是他根本就没有说清楚，而没说清楚的根本原因是他还没有想清楚。

可能有朋友觉得自己想得挺清楚，说得也挺明白，为什么别人还是一脸疑惑？本节话题，我们就好好聊一聊你是不是真的想清楚、说明白了。

【案例】

俗话说："书到用时方恨少，事非经过不知难。"我带你进入一个真实的场景，来体验一下你以为自己讲清楚了，但是为什么对方没有听明白。

当年在 ABC 公司我管理销售团队的时候，手下有个销售经理叫小王，我们为企业客户提供财务管理软件服务。小王经过 3 个月的努力跟进，终于约上了对方的总经理，于是带上我一起拜访客户。在客户宽敞明亮的大会议室里，对面坐着该公司的总经理、财务总监和会计。由此看出这三个人对财务软件的使用程度和关注点应该是不一样的。双方坐定，对方说："你们 ABC 公司，我们听说过，挺有名的。小王也很努力，给我们发了很多资料。可是资料太多我们没有时间看，而且有很多术语我们也看不懂。能不能请你们言简意赅地告诉我们，ABC 公司的财务软件，能给我们的团队提供哪些价值？"

你看，这是不是一个非常典型的职业场景？客户问销售，你们的产品能对我们的公司、我们的团队提供哪些价值。如果这是你的客户，这样问你的话，你会怎么回答呢？下面就是小王的回答，请你想一想你的回答是跟小王一样，还是要比小王回答得更好呢？好在哪里呢？

> 小王的回答：我们 ABC 公司的财务软件，
>
> 通过了欧洲数据安全联盟顶级的安全认证；
>
> 产品操作特别简单，没有学习难度；
>
> 输入票据用扫码枪扫码，可以提高工作效率，同时财务数据准确率大大提高，财务管理成本降低 20%；
>
> 很多银行、保险公司、央企、国企都是我们的客户；
>
> 使用我们产品的客户，财务管理效率提升了 30%；
>
> 产品荣获今年国家科技创新一等奖；
>
> 按照天、周、月、季度自动生成标准的财务报表。
>
> …………

小王这么回答的结果就是,客户开始还认真听,做笔记,可是后来就皱起了眉头,开始看手机,最后打断了小王的介绍。说:"你们ABC公司的产品挺好的,介绍得很全面,我们得好好研究研究,你们先回去吧。我们研究好后会联系你们。"然后,就是没有然后了。各位朋友们,大家都知道这种"研究研究",通常是一种礼貌而委婉的拒绝,潜台词就是"你的介绍没有打动我们,为了照顾你们的颜面,我们不得不表达兴趣,然后迅速结束这痛苦的谈话"。如果你是坐在会议桌对面的客户,你是否也会像这个客户那样做出同样的反馈呢?小王的问题出在哪里呢?

【案例分析】

让我们一起对这个案例进行分析。小王的问题在于回答没有条理,逻辑混乱,简单讲就是没有想清楚,导致没有说明白。我在网上看到过一张图片,就非常适合这个场景。图片的中上部放着一团乱麻的电线,上面点缀着几个小灯泡,右下角有一位女士,一脸疑惑的表情看着这团电线。一团电线代表小王混乱随性的表达,小灯泡代表小王表达中的闪光点,右下角的女士代表客户的思维。由于小王表达得没有条理,所以客户理解起来非常吃力,最后干脆选择了放弃。

因为客户要一边倾听一边分析,分析你说的话是否对我们公司团队有价值,是否对我的职位有价值。因为总经理、财务总监和会计三个职位关注的价值点肯定是不同的;一边分析还得一边筛选,把对自己职位有价值的信息留下,没价值的信息忽略;一边筛选还得一边总结,总结对自己职位的价值大不大,这家ABC公司的财务软件值得不值得购买;一边总结还得继续一边倾听,因为小王还在滔滔不绝地讲着。要知道人类大脑集中注意力倾听是非常消耗能量的,所以客户慢慢地就感觉听得很累，也渐渐得出结论，小王这个销售不够专业，缺乏条理。如果一个销售经理连这么简单的问题，都回答不好，可以想象以后如果跟他合作的话，沟通起来会多么费劲，多么痛苦。所以客户礼貌地拒绝了进一步的接触，小王也因此失去了这个订单。

【小结】

本话题通过小王回答客户提问的案例，向各位朋友们展示了作为销售经理因为没有想清楚，导致不能说明白，从而增加了客户理解难度，最后影响销售效率的真实场景。希望读者能够以此为鉴，反思自己的表达能力是否也有以上问题。

【自测与思考】

通过本节案例的分析，如果面对小王在案例中的场景，如果是你公司的一个重要客户，来问你公司的产品和服务，能给他们的团队带来哪些价值？你会如何回答呢？

话题2："结构思考力"五个工具

【提问】

上一话题提出了一个重要的问题，就是销售想不清楚，所以说不明白，使客户不理解，导致销售工作低效。

为了提高销售工作的效率，就必须帮助客户高效理解，为此让销售经理想清楚、理清思路和脉络，就是最重要的事情。那么怎么才能想清楚，说明白呢？

【"结构思考力"五个工具】

想要想清楚、说明白，就必须掌握"结构思考力"[①]的五个工具，

---

① 李忠秋. 结构思考力 [M]. 北京：电子工业出版社，2022.

结论先行、以上统下、归类分组、逻辑递进和 MECE。

结论先行，就是开门见山告诉对方自己陈述内容的主题。以上统下，把自己陈述的内容，按照不同的重要性级别进行分类，就像一个家族，有的话是第一辈的、有的话是第二辈的、有的话是第三辈的。归类分组，就是把大家族里面每个小家庭的人口，归类到对应的小家庭里面。逻辑递进，就是各个小家庭间的排列，要按照一定的顺序来排列。关于 MECE 原则，我在前面第二章销售业绩模型里面的第 2 个话题里面已经讲过了，这里不再赘述。

【案例应用】

下面的内容，就是张老师应用了这五个工具，对小王的回答进行整理后，得到的表达内容。

> 小王的回答：
>
> 我们 ABC 公司的财务软件可以给您的团队带来三个层次六大价值。
>
> 请允许我从两个方面来详细阐述。一个方面是服务价值，另一个方面是服务保障。
>
> 首先我来介绍一下我们财务软件的服务价值，分成了三个层面，分别是企业、部门和员工。
>
> 在企业层面，我们提供两大价值，第一是省钱，财务管理成本降低 20%；第二是增效，财务管理效率提升了 30%。
>
> 部门层面，提供两大价值，第一是省力，财务数据准确率大大提高；第二是省时，按照天、周、月、季度自动生成标准财务报表。

员工层面，提供两大价值，第一是省力，产品操作特别简单，没有学习难度；第二是省时，输入票据用扫码枪扫码。这些是我们提供的三个层面六大价值。

第二大方面是服务保障，我从三个角度来说明，分别是客户、安全和奖项。

客户方面，很多银行、保险公司、央企、国企都是我们的客户。

安全方面，我们的产品通过了欧洲数据安全联盟顶级安全认证。

奖项方面，产品荣获今年国家科技创新一等奖。

……

各位朋友，你看，经过我加工整理后，小王的表达是不是清清楚楚、明明白白了呢？如果你是坐在会议桌对面的客户，你还会想"研究研究"吗？我把整理后的回答，画出来一张树状示意图，如图3-2所示：

六个价值	两个方面			
	服务价值	企业	（1）省钱：财务管理成本降低20%； （2）增效：财务管理效率提升了30%。	
		部门	（1）省力：财务数据准确率大大提高； （2）省时：按照天、周、月、季度自动生成标准的财务报表。	
		员工	（1）省力：产品操作页面，特别简单，没有学习难度； （2）省时：输入票据用扫码枪扫码。	
	服务保障	客户	很多银行、保险公司、央企国企是我们的客户。	
		安全	通过了欧洲数据安全联盟最顶级的安全认证。	
		奖项	产品荣获今年国家科技创新一等奖。	

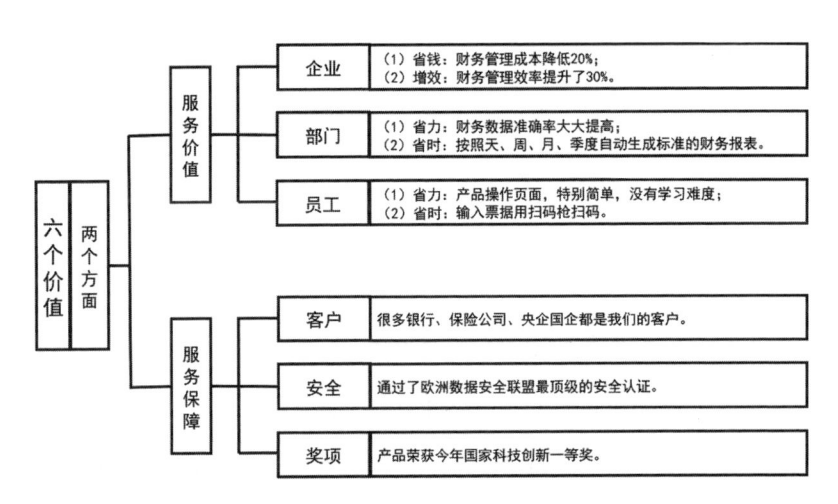

图3-2 整理后的小王话术树状结构图

这样的表述是如何应用了"结构思考力"的五个工具呢？我逐个来说明。

结论先行：小王开场表达能给客户的团队带来三个层次六大价值，就是结论先行的做法，是针对客户的提问，先给出准确的回应。对后面要表达的内容，给予提纲挈领的概括性总结。

以上统下：大家可以看到整理后小王的回答增加了不同重要层级的概念，第一辈的概念就是三个层次六大价值；第二辈的概念是服务价值和服务保障。第三辈的概念是企业、部门、员工、客户、安全和奖项。

归类分组：就是把小王原始表达的内容，按照辈分和关系，分别划分到上面各个概念中去。

逻辑递进：服务价值是按照对方职位的高低排列，如公司、部门和员工；服务保障是按照重要性的高低排列，如客户、安全和奖项。

【小结】

本节话题，我们通过"结构思考力"的五个工具对小王的回答进行了整理。给各位朋友展示了在想清楚之后，小王回答客户问题的巨大变化。这几个工具是职场人士都要学习和掌握的重要方法。可以帮助大家理清思路，表达清晰。

【自测与思考】

各位朋友们，学习完这五个工具之后，你是不是很想用它们练练手，看看是不是能够让自己的表达也条理分明、简单明了呢？我们设想一个类似的场景，经过三个月的努力跟进，你今天来到客户会议室，对面坐着对方的企业负责人、技术负责人和产品使用者三个角色。对方提出了相同的问题：你们公司的产品和服务，能给我们的团队带来哪些价值？你会如何回答呢？请把你的回答填入表3-1。

表3-1 产品和服务价值整理表

第二辈概念	第三辈概念	序号	内容
服务价值	企业（企业负责人）	1	
		2	
		3	
	部门（技术负责人）	1	
		2	
		3	
	员工（产品使用者）	1	
		2	
		3	
服务保障	成功客户	1	
		2	
	安全保障	1	
		2	
	获得奖项	1	
		2	

话题3：FABE利益推销法

【提问】

在我自己做大客户销售管理工作，以及在从事商业培训师实践的时候，我发现问题和问题之间存在着很多的逻辑关系。其中有一个逻辑关系，就像上台阶一样。当第一层台阶上的问题解决之后，你才能登上第二层台阶,这时你就会遇到第二层台阶上的问题。解决了第二层台阶上的问题后,才能登上第三层台阶……

这个问题我在给企业做内训的时候,教给大家"结构思考力"五个工具,帮助大客户销售经理想清楚、说明白的时候就遇到了。第一层台阶,就是前面我们把企业提供的价值,分成了两类,服务价值和服务保障。第二层台阶,是把服务价值分成了企业、部门和员工三个层面,把服务保障分成了客户、安全和奖项三个角度。结果在学员练习的时候,你就会发现,针对客户不同层面而总结的价值,五花八门。例如:第一层台阶第一辈的概念讲清楚了,第二层台阶第二辈的概念也掌握了,第三层台阶第三辈的概念也能分得清了。但是第四层台阶,遇到第四辈的概念不清、逻辑混乱的问题。这个问题具体是什么呢?

就像刀郎《罗刹海市》那首歌里面唱的,"他言说马户驴又鸟鸡,到底那马户是驴,还是驴是又鸟鸡。那驴是鸡那个鸡是驴,那鸡是驴那个驴是鸡,那马户又鸟,是我们人类根本的问题。"就是针对企业产品的指标、特性、优势、价值、客户利益、数据……这些第四辈的概念弄不清楚、说不明白,讲不到点子上,再一次陷入一团乱麻的困境。

所以本节话题,跟大家一起来讨论一下 FABE 利益推销法。

【FABE 利益推销法】

FABE 利益推销法[①],包括 Features 特性、Advantages 优势、Benefits 利益和 Evidence 证据四个方面的内容,取每个单词的首字母,所以叫

---

① FABE 模式是由美国俄克拉荷马大学企业管理博士郭昆漠总结出来的。FABE 推销法是非常典型的利益推销法。

FABE利益推销法。具体内容，如表3-2所示。

表3-2　FABE利益推销法

英文	含义	说明
Features(F)	特性	产品的特质、特性等；产地、材料、工艺定位等差异点；品牌独有
Advantages(A)	优势	即（F）所列的商品特性的比较优势；因为有了这些特性，所以产品能更快、更高、更有效、更保险……
Benefits(B)	利益	即商品的优势（A）给顾客带来的好处；通过强调顾客得到的利益、好处，激发顾客的购买欲望
Evidence(E)	证据	包括成功案例、技术报告、顾客来信、报刊文章、照片、示范等，通过相关证明文件，品牌效应来印证前面(F)(A)(B)内容的真实性

【客户心中六大疑问】

哈佛大学的营销学者们经过研究发现，在顾客心中有一连串的问题，这些问题不一定会被清晰地说出来，因为这些问题可能只存在于顾客的潜意识中。虽然这样，但是这些问题都必须得到回答，顾客只有得到了满意的回答，才会采取购买行为，否则就可能失掉生意。优秀的销售应在与客户沟通前做好准备，以回答这些未被说明但十分关键的问题。这样的问题，循序渐进一共有六个，如下：

①我为什么要听你讲？

②这是什么？

③那又怎么样？

④对我有什么好处？

⑤谁这样说的？

⑥还有谁买过？

FABE利益推销法里面的四个关键因素，很好地回答了客户潜意识中的六个问题，如表 3-3 所示。

表3-3 FABE回答客户心中的六个疑问

序号	客户心中的六个疑问	FABE 利益推销法
1	我为什么要听你讲？	Features 品牌独有的特性
2	这是什么？	
3	那又怎么样？	Advantages 特性带来的比较优势
4	对我有什么好处？	Benefits 比较优势带来的客户利益
5	谁这样说的？	Evidence 证据包括调查报告、成功案例等
6	还有谁买过？	

你看，Features 品牌独有的特性可以吸引客户的好奇心，解决为什么你要听我讲，和这是什么的两个疑问。Advantages 特性带来的比较优势，回答了序号 3 "那又怎么样"的问题，而 Benefits 比较优势带来的客户利益，直接告诉客户由此能带来的好处，回答了序号 4 的问题，Evidence 证据，回答了序号 5 和 6 两个问题。

【FABE 举例】

作为一名经常在全国各地出差的商业培训师，一个商务、舒适、安全、大容量的双肩包对我非常重要。在网上我精挑细选，选择了某欧洲品牌的一款双肩包。该包具有很多的优点，我们拿其中一项应用 FABE 利益推销法进行分析。该产品有一个"悬浮背带负减重系统"，是在两个背带与包体之间另装了一段松紧背带。这是该产品独有的 Features 特性。这个独特的设计可以带来的 Advantages 优势是，当我背着这个双肩包的时候，双肩包会随着我的走动而上下移动。这样给我带来的利益 Benefits 是，让我感受到很轻松，而且经测量显示可以让背负重量的主观感受减轻 30%。那这些产品的宣传，是不是真的呢？有证据 Evidence 表明，该产品荣获 2023 德国柏林设计金奖，获得德国 IGR 人体工程学认证，是顶尖运动医护专员、骨科专家和顶级背部理疗师组成的测评专家团推荐使用的产品。

所以，当我在网上浏览到这款双肩包的时候，尽管价格不菲，还是欣然下单。使用起来确实是感觉背负很轻松，物超所值，产品感受非常满意，如果有商务类需求的男性朋友要我推荐双肩包的话，我肯定会推荐这款。

【FABE 教你七十二变】

很多销售对 FABE 的理解是模糊的，认为 FABE 就是把企业产品的所有 Features 都整理为一个列表；所有 Advantages 都整理出来一个列表；所有 Benefits 都整理出来一个列表；所有 Evidence 都整理出来一个列表。这样做只做到了最基础的第一步工作。这样 FABE 四者之间的逻辑关系是"多 A 多 B 多 C 多 D"，问题是当客户只需要其中一部分的利益时，销售经理无法进行变通，要求客户必须购买全部产品，否则无法进行销售。造成了客户成本增加，很可能因此错失商机。

所以，下一步要做的是，针对每个 Features 特性，与竞争对手的特性进行比较。然后找出该 Features 带来的优势 Advantages，再找出该优势 Advantages 带来的客户利益 Benefits，然后提供相应的证据 Evidence。这个时候，你就会发现 FABE 这四者有很多种逻辑关系的组合，包括"1F1A1B1E""1F2A1B2E""3F1A5B4E"……这样同样一款产品，通过不同的组合，就可以变化出来几十种产品，可以大大满足不同客户的需要。这样一款产品，就像孙悟空的七十二变一样，变化出各种各样的产品组合来。比如上面我买双肩包的案例就是一种"1F1A1B3E"的逻辑对应关系。

【小结】

本话题重点讨论的是 FABE 利益推销法。帮助大客户销售经理在给客户介绍产品的时候,能够从更高颗粒度、精细度的角度,全面、专业、清晰、细致地介绍企业产品的特性、优势、客户利益和证据。

【自测与思考】

本话题从更高颗粒度的角度,学习了 FABE 利益推销法。基于 FABE 利益推销法,请你填写表 3-4,看一看你对自己公司的产品能总结出来多少个"1F1A1BnE"对应关系的 FABE 内容?

表3-4 企业产品FABE整理练习表

Features 特性	Advantages 比较优势	Benefits 客户利益	Evidence 证据

话题4:大壮和小强的营销方案角逐

【提问】

各位朋友们,学习完"结构思考力"五个工具、又掌握了 FABE 利益推销法,如果能充分运用的话,就能说服客户吗?答案是不能。我们掌握了这些方法后,仅仅是能够做到把自己的产品介绍清楚,但我们还面临着激烈的市场竞争。我们拜访了客户,其他的竞争对手也拜访了客户，我们会用的工具，别人也会用。所以掌握了这些工具，仅仅做到了超越以前的自己，要想说服客户，必须得超越竞争对手才行。

这几年网上有一个说法，深受打工人的认同，就是干得好的不如 PPT 讲得好的！你辛辛苦苦、呕心沥血、加班加点工作一年，到了年终总结，你到台上只讲一行行干巴巴的数字——超额完成任务 20%。当领导看到你的年终总结，感觉是我年初给你定的任务是不是太低了？或者，我要是换个人的话，是不是能完成 200%。你看，只罗列数字根本看不出来你的优秀和你付出的心血。反观另一位同事，没有你优秀、没有你努力、年终的业绩才完成 50%，但是人家的年终总结声情并茂、感染人心，换作你是领导也会觉得这个员工真是优秀、努力，找到这样的人是我们团队的幸运，必须给他升职加薪。真是干得好不如讲得好。

另外一个大客户销售经理常常抱怨自己的产品明明非常好，物美价廉，可是跟物丑价廉的 A 品牌，和物美价贵的 B 品牌在客户那里竞争的时候，我们说自己的产品物美价廉，客户根本就不信。客户说 A 品牌和 B 品牌的销售也都说自己的品牌最好，最适合客户，你这样说是攻击友商，非常不专业。那么针对这样的问题，该如何破局呢？该怎样在不攻击友商的情况下，让客户由衷地认为 A 品牌物丑价廉、B 品牌物美价贵，而只有我们的产品物美价廉，是客户的最佳选择呢？

在职场上，我们希望干得好同时要说得好，营销上，我们希望产品好同时营销好，那么我们需要从哪些角度，进行整理和归纳，才能更好地超越竞争对手呢？这就是本节以及后面几节要讨论的话题。

【迪耐雅案例】

迪耐雅是一家国内一线女性化妆品公司。大壮和小强是迪耐雅市场部的同事。大壮是个钢铁直男，很实在，他的同事小强，在大壮眼里是个喜欢"忽悠"的人。

今年公司推出了一款女性化妆品，特点有两个：（1）化妆速度快；（2）化妆的效果好。市场部总监要求大壮和小强各做一个市场推广方案。两个市场方案将分别在两个省会城市试点，哪个市场方案的落地效果好，后面就把它在全国市场全面推广。

各位朋友们，如果你是大壮或者小强，你会怎样设计这个市场营销方案呢？

我们先看看大壮的方案：

> 品牌：迪耐雅
>
> 主题：优惠套餐原价999元，现价666元。
>
> 主打卖点：多、快、好、省。
>
> 多：内容多，大容量包装。
>
> 快：化妆快，节省70%化妆时间。
>
> 好：效果好，妆面特别漂亮。
>
> 省：省大钱，原价999元，现在只要666元。
>
> 行动口号：心动不如行动，团购再享折扣。

各位朋友们，你看大壮的营销方案表达得清清楚楚，利益点明明白白，非常具有吸引力。如果是你，你会被大壮的营销方案打动，进而掏钱购买吗？如果不买，原因是什么呢？

你觉得从顾客画像的角度，被大壮这个市场营销方案打动，掏钱购买的消费者具有什么样的特点呢？我认为，典型的购买者可能同时具备以下这些特征，工作上还需要注意形象，支出上精打细算，生活比较奔波忙碌，同时事业发展方向不是那么清晰。你看我想的，跟你想的一样吗？

我们再看看小强的市场方案：

> 品牌：迪耐雅
>
> 主标题：白领丽人脱颖而出
>
> 副标题：2999元白领丽人专享套装帮助你脱颖而出
>
> 案例：某外企白领Amy，是去年才参加工作的大学生，勤奋能干，聪明漂亮，可是不注重化妆，因而虽然业绩突出，但是却难以升职。同事提醒她公司对员工形象很注重，让她重视妆容仪表。为此，Amy专门学了化妆，并选择了某款经济型化妆品A，形象确实有所改善。但是由于该类产品适应性不强，Amy使用后皮肤过敏，起了很多红疙瘩，严重影响了颜值。Amy接受教训，又选择了某款国际一流奢华品牌的化妆品B，虽然解决了皮肤过敏问题，可是B品牌价格过于昂贵，作为才参加工作一两年的职场新人，Amy根本承担不起。为此Amy苦恼不已，不化妆不行，经济型的产品A不行，奢华型的产品B又用不起……
>
> 今年三月，Amy首次试用了我们的白领丽人产品，由此解决了所有烦恼。听说，上个月Amy已经升职并调到公司总部，负责亚太区的整体市场规划了。知道我们在促销，Amy又买了两套，一套放家里，一套放公司，还介绍自己的朋友来购买。
>
> 卖点：效率高、安全性好、效果好。

> 小包装：方便携带。
>
> 效率高：化妆节省70%时间。
>
> 安全性：与国际知名大品牌相同品质。
>
> 效果好：再也不用打开美颜功能了。
>
> 行动口号：3999元的白领丽人套餐，每天限额前10名可享受2999元特价优惠，先到先得！

大壮认为小强的方案是投机取巧，"忽悠"客户。朋友们，你们觉得小强的市场营销方案是"忽悠"吗？如果你是消费者，你会被大壮的方案打动？还是会被小强的方案打动呢？

我们再从顾客画像的角度来分析一下，看看什么样的消费者会被小强的市场营销方案打动。我认为应该具备以下这些特征，事业处于上升期，所以愿意为自己的未来投资；知识型和事业型女性，追求优雅和品位；我的未来我做主，未来有无限可能，就像案例中的Amy一样，处于一种朝气蓬勃，蒸蒸日上的状态，愿意为自己更美好的未来进行投资。你同意我的想法吗？

【大壮和小强的方案对比】

大壮和小强的市场营销方案各自试点投放后，你觉得哪一个方案会胜出呢？在揭晓答案之前，我们对两个方案再进行一下对比（表3-5）。

表3-5　大壮和小强的迪耐雅方案对比

分类	大壮的方案	小强的方案
品牌	迪耐雅	迪耐雅
主标题	/	白领丽人脱颖而出

续表

分类	大壮的方案	小强的方案
副标题	优惠套餐原价 999 元，现价 666 元	2999 元白领丽人专享套装帮助你脱颖而出
案例	/	外企白领 Amy 脱颖而出
价格	原价 999 元，现价 666 元	原价 3999 元，现价 2999 元，每天限 10 名
卖点	实惠：多、快、好、省	梦想：便携、高效、品质、效果
口号	心动不如行动，团购再享折扣	限额前 10 名，先到先得

经过对比，你觉得哪个方案最后试点的销量会更大呢？最后的答案是小强的方案销量远远超过大壮。为大壮买单的客户集中于中老年女性，对这些客户来说，666 元的价格仍然太贵，所以询问的很多，但是真正买单的很少。而被小强方案吸引的主要是年轻的白领阶层，Amy 的故事给大家一个美好的梦想，觉得今天的 Amy 就是明天的自己，为了自己的梦想，谁还在意 2999 元的投资呢？

【小结】

本节话题聚焦在学习完"结构思考力"的五个工具和 FABE 利益推销法后，仍然不能说服客户该怎么办？通过迪耐雅市场部中大壮和小强两人的市场营销方案对比，帮助各位朋友深入思考，到底怎样才能说服客户，建立客户对企业产品的信任度。

【自测与思考】

大壮和小强的市场营销方案带给你什么样的启发？通过小强的市场营销案例，你能自己总结出来哪些表达说服的技巧呢？

话题5：全脑说服力公式

【提问】

为什么小强的市场方案战胜了大壮的市场方案，赢得了更高价值的客户群体，取得巨大的成功呢？小强的"忽悠"技术背后，具有什么样的科学原理？大壮和小强两人的市场方案对比，对你提高表达说服能力具有什么样的启发？你能总结出来哪些规律呢？

本节话题我们讨论一下人类大脑的结构、特征和决策权重，以及我由此总结的全脑说服力公式。

【人类大脑三层结构】

人类的大脑具有三层结构，不同结构具有不同的功能，承担着不同的作用。如表3-6所示。

表3-6 人类大脑3层结构示意

分类	寿命	部位	功能	决策权重
爬行脑	距今3.6亿年	脑干和小脑	饮食、呼吸、生殖及大部分决策	30000
情绪脑	距今2.5亿年	下丘脑、海马状突起、杏仁核体	情绪和记忆等	22
理性脑	距今250万年	左右两个半球的大脑皮层	思维、认知、语言、想象力等高级功能	1

第一个是爬行脑，已经拥有距今3.6亿年的历史了。3.6亿年前，那个时候地球上被恐龙等爬行动物所统治，也就是说爬行动物就具有这部分大脑了，所以叫爬行脑。包括我们的脑干和小脑，控制我们的饮食、呼吸、生殖以及大部分决策，它的决策权重是理性脑的决策权重的30000倍[1]。

---

[1] 周岭. 认知觉醒：开启自我改变的原动力 [M]. 北京：人民邮电出版社，2020.

第二个是情绪脑，拥有距今2.5亿年的历史，又叫哺乳动物脑，就是哺乳动物也拥有这部分大脑。包括下丘脑、海马状突起、杏仁核体，控制着我们的情绪和记忆。相比较于理性脑，它的决策权重是22倍[①]。

第三个是理性脑，拥有距今250万年的历史，是我们人类独有的，包括大脑左右两个半球的大脑皮层，控制我们的思维、认知、语言、想象力等高级功能。它的决策权重是1。

通过人类大脑三层结构的介绍，我们能获得什么启发呢？就是在我们的大脑里面有三个声音，一个是爬行脑的声音，一个是情绪脑的声音，一个是理性脑的声音。我们在做任何一个决策的时候，这三个声音会互相争夺决策权，争夺的结果最终控制了我们的行为。你可以看到爬行脑关注的是利益和价值，是自私的，是不讲情感和道理的；情绪脑关注的是情绪、情感；而理性脑关注的是道理、思维和道德。三者控制权的权重排序是爬行脑：情绪脑：理性脑，比值是30000：22：1。这意味着：要想说服一个人，首先是利益、然后是情绪、最后才是道理。这也就是为什么我们懂得了那么多大道理，还是过着平凡的生活，因为理性脑在情绪脑和爬行脑的面前，力量太弱小了。每当我们的理性脑要积极上进的时候，情绪脑会说开心就好啦，而爬行脑会说眼前的快乐最重要。

【全脑说服力公式】

基于人类大脑的三层结构决策权重的特点，我们该如何顺应这些特点，来提高自己在商务表达中的说服力呢？我自己总结了一个全脑说服力公式，包括三个步骤：

[①]格雷格·科翰.别卖给我，讲给我[M].北京：中国人民大学出版社有限公司，2018.

第一步：爬行脑讲利益，先声夺人定主题。就是你开门见山，要告诉对方你能给对方带来多大的价值，打动对方的爬行脑。

第二步：情绪脑讲故事，一波三折给案例。就是你要给对方带来一个精彩纷呈的真实案例，调动对方的情绪，才能给对方留下深刻的感性印象。

第三步：理性脑讲道理，有理有据消疑虑。就是你要给对方呈现有理有据的证据，消除对方理性脑中的担心和疑虑。

【小结】

本节话题讨论的知识非常重要，人类大脑包括三个层次，分别是爬行脑、情绪脑和理性脑，决策权重是30000∶22∶1，这个比值决定了人类大脑决策的根本规律，就是**讲道理不如讲故事，讲故事不如讲利益**。

【自测与思考】

（一）各位朋友们，学习了人类大脑的三层结构和决策权重后，你有什么收获呢？

（二）请你想一想，你自己的某一项决策里面，爬行脑、情绪脑和理性脑各自发挥了怎样的作用？

（三）针对提高你自己的商务表达和说服力，你觉得你该采取哪些行动来提高呢？

💡 话题6：结论先行，说服爬行脑

【提问】

上一话题给大家提供了全脑说服力公式的三个步骤，很多朋友觉得收获很大，可是在第一步就会遇到问题，困惑是该怎么给爬行脑讲利益？该怎样定主题？为什么还要分主标题和副标题呢？

【主标题和副标题的关系】

主标题负责引起受众的关注，激发好奇心。副标题负责提出结论，满足受众的好奇心。举个通俗的比喻，就是主标题负责挖坑，副标题负责提出结论。在这个挖坑和填坑的过程中，牢牢抓住受众的吸引力。因为你的副标题，在满足好奇心的同时，又挖下来新的大坑。拿小强的市场营销方案举例，主标题是"白领丽人脱颖而出"，当受众看到，或者听到这个标题的时候，感觉眼前一亮，获得美好想象的时候，同时产生了一个好奇心，凭什么白领丽人可以脱颖而出呢？你是怎么帮白领丽人脱颖而出的？

这个时候，小强的副标题"2999元白领丽人专享套装帮助你脱颖而出"，就告诉你花2999元购买我们迪耐雅的白领丽人套装可以帮助你脱颖而出。你看这是不是回答了你对主标题的疑问？同时，你又产生了新的疑问，凭什么你说白领丽人套装可以帮助我脱颖而出呢？它又是怎么帮我的呢？你看这是不是又强烈激发了你的好奇心？然后小强就开始给你讲Amy的案例，介绍产品卖点了。

【主标题九个方向】

下面说说主标题，既然是爬行脑讲利益，我们就得研究一下爬行脑有什么特性，根据爬行脑的特性为你的表达选择主标题。根据有关学者的研究，人类爬行脑，具备九大特性。

第一，漂亮的就是好的。所以你的主标题，要积极向上，给人美好的想象，小强的主标题"白领丽人脱颖而出"就符合这个特点。

第二，未知的就是危险的。因为爬行脑关注生存，任何未知的事物，都有可能带来危险。所以，你看每天网上的文章，常常有这样的标题"一夜醒来,又发生三件改变世界的大事"。这个就是通过未知,激发你的恐惧,让你感觉没点开看文章的话,就会有很大的损失。

第三,有利于生殖的就是好的。就是凡是跟爱情、婚姻有关的内容,都会引人关注。

第四,越是能看见的越是好东西。比如某培训机构的广告,把"1元钱就可以试听1小时外教英语课"改成"1只烤玉米的钱,就可以试听价值100元的外教英语课",是不是更有说服力。

第五,越是经久不变的越重要。比如在线下课堂,我问学员来北京旅游找饭馆吃饭时,左边一家"老北京炸酱面",18块钱一碗,右边一家"北京炸酱面",12块钱一碗,已知这两家炸酱面都是现代人用同样的工艺、流程烹饪的,请问你会选择哪个饭店呢?结果大部分学员宁可多花6块钱,也要吃"老北京炸酱面"。你看,就是多了一个"老"字,大家就宁可多花6块钱,但从物质上却没有获得任何价值。

第六,越大的东西越重要。如果我们送人礼品,礼品的体积越大,给人留下的印象就越深。我出生在二十世纪七十年代,我们小时候中秋节卖的月饼,大都是用牛皮纸把六块大月饼摞在一起包起来,只卖6块钱。而现在,六块很小的月饼,放到一个精美的大盒子里,就能卖几百块钱。因为我们的爬行脑认为,越大的东西越重要。

第七,重复越多的越重要。我想很多朋友可能会记得恒源祥的广告,就是在2008年奥运会期间,广告词"恒源祥羊羊羊"重复了12遍,大家一下子就记住了这个品牌。

第八,越不容易得到的越重要。二十世纪常常可以看到这样的广告,说某个产品是X位院士、Y名博士,历经9年研发……让人感觉这么辛苦研发出来的产品，一定很高级。

第九，先来的东西更重要。就是任何领域的第一名，给人留下的印象最深。比如JEEP，只是一个汽车的产品名称，但是在二战期间JEEP汽车随着美军走遍了全球，JEEP就不再只是一个汽车的产品名称，而是某一类越野型汽车的类别名称了。

上面这九个爬行脑的特性，都可以帮助大家为自己的表达起一个主标题，你也可以同时结合几个特性设计主标题。

【副标题公式】

有了主标题，我们再讨论一下副标题。主标题负责引起关注，激发好奇心。副标题负责提供有价值的答案，满足好奇心，同时激发受众对正文内容产生更强烈的兴趣。

我除了有"五维销售力"这门课程以外，还有一门"三阶培训师：问题解决性TTT[①]"的课程，我就发现很多老师给课程、章节起的标题非常模糊、笼统、平淡，缺乏吸引力。所以我总结了一个写副标题的方法，这个方法对培训师有效，对大客户销售经理在外面给客户提供企业简介、方案建议书；在公司进行工作汇报、年底工作总结等场景同样适用。

我自己总结的这个高价值副标题的公式，叫作"四明标题公式"，包括六个要素。分别是条件（Condition）、对象（Audience，一般指企业对象）、提升（Promote）、业务（Business）、数量（Number）、价值（Value）。就是在什么样的条件下（Condition）为了提升（Promote）对象（Audience）的哪一类业务（Business），课程提供了有数量

[①] TTT: Training the Trainer to Train 国际职业训练协会的培训师认证课程。包括课程开发、教学设计、课堂呈现等方法和技能。

（Number）和价值（Value）的方法。

为了方便大家记忆，我给大家举个例子，比如标题《聪明的小明智力变得更聪明的四个聪明方法》。"聪明的"是条件（Condition），"小明"是对象（Audience），"智力"是业务（Business），提升的是智力而不是其他，"变得更聪明"是提升（Promote），"四个"是数量（Number），"聪明方法"是价值（Value）。这里面有四个明字，而且是四个聪明方法，所以我为了方便大家记忆，讲这个公式叫作"四明标题公式"。

举个例子，比如某老师原来的课程名称叫作"商业模式转型升级"，套用了"四明标题公式"后，就变成"疫情后时代中小企业商业模式升级的三个秘诀"，你看这个新标题是不是更精确，对学员受众来说，更具价值、更有吸引力呢？

在迪耐雅的案例中，小强的副标题是"2999元白领丽人专享套装帮助你脱颖而出"，并不完全符合这个公式，如果结合白领丽人专享套装的四个卖点来看，你觉得这个副标题该怎样优化呢？

【小结】

本节话题重点解决的是全脑说服力公式的第一步，爬行脑讲利益先声夺人定主题。讨论了主标题与副标题的关系，主标题考虑的九个方向和副标题"四明标题公式"的六个要素。

前面讲的"结构思考力"中有五个工具，第一个工具是结论先行，就是要开门见山说明自己所表达内容的价值。本节话题重点就解决了这个问题，如何开门见山让结论先行，一句话的标题，打动客户。

【自测与思考】

（一）各位朋友，在学完本节内容之前，你是怎样给企业简介、方案建议书起标题的呢？

（二）如果使用了本节方法，你觉得自己的标题吸引力可以提高多少呢？

（三）请你把小强方案的副标题修改为符合"四明标题公式"的格式，你会怎样调整呢？

话题7：巴派克（BAPAC）完整案例公式

【提问】

话题6解决了爬行脑讲利益起标题的问题，也解决了"结构思考力"五个工具中结论先行的问题。本节话题聚焦讲解情绪脑如何讲故事，一波三折地呈现案例的内容。

就是要解决自己企业的产品如何在物丑价廉的A品牌，和物美价贵的B品牌中脱颖而出，如何在不攻击友商的前提下，让客户自然而然地认为只有我们企业的产品才是物美价廉的，是客户的最佳选择呢？

【故事是真理的外衣】

我们前面已经学过给情绪脑讲故事的说服力是讲道理的22倍。我这里也用一个故事来给大家说明这个道理，帮助大家更好地记住这个原则。这个故事的名称是《故事是真理的外衣》。

话说在一个镇子上，有两个人是好朋友，一个人的名字叫故事，另一个人的名字叫真理。故事和真理住在同一所房子里。故事每天到镇上挨家挨户地讲故事，他的故事很受大家欢迎。真理也每天到镇上挨家挨户地给大家讲真理，但他讲的内容镇上的人不喜欢。因为大家听不懂，做不到，所以都不愿意听真理讲真理。有一天，天降大雪，北风呼呼地刮着，真理急匆匆披起一件外衣就出门去讲真理了。出乎意料的是，这一天所有家庭都欢迎他。真理很奇怪，就问大家："平时你们不欢迎我，今天怎么这么热情啊？"大家回答他说："因为今天你穿上了故事的外衣啊。"你看，要想给客户讲真理，你必须得穿上故事的外衣。

那么怎样才能把一个故事或一个真实的案例讲好呢？我也整理了一个公式，叫作"巴派克（BAPAC）完整案例公式"。包括五个要素，分别是背景（Background）、意外的冲突（Accident）、高难的问题（Problem）、解决方案（Answer）、前后对比（Comparison）。

背景（Background），就是案例发生的背景，包括时间、地点、组织和主要人物。举例来说，在小强的案例里面，时间是去年入职到现在、地点可以忽略、组织是某外企、人物是大学生 Amy。

意外的冲突（Accident），例如好看的电影之所以引人入胜，是因为情节跌宕起伏、有戏剧和人物冲突，环环相扣，牵动人心。所以好案例一定有意外的冲突。还是用小强的案例举例，他的案例中就有三个意外：第一个意外是 Amy 聪明能干，却不能升职；第二个意外是 Amy 选择经济型产品 A 导致皮肤过敏，起红疙瘩；第三个意外是 Amy 选择奢华型产品 B，价格昂贵，不能持续购买。

高难的问题（Problem），就是给案例里的主要人物提出高价值、高难度的问题。小强的案例中，让 Amy 苦恼的问题是：公司注重员工仪表妆容，不化妆不行；经济型产品 A 导致皮肤过敏，不能用；奢华型产品 B 价格昂贵，不能持续购买，怎么办？

解决方案（Answer），就是提供能解决客户问题的产品和服务，在小强的案例中，Amy 选择了白领丽人套装，便全面解决了这些问题。

前后对比（Comparison），就是要客户使用产品前后的对比，检测关键KPI上的明显变化。在小强的案例中，Amy从不能升职，到上个月已经升职并调到公司总部，还推荐自己的朋友使用迪耐雅产品，前后对比明显。

我把这五个要素中每个词的英文首字母按照顺序放到一起，就是BAPAC，用英文发音是"巴派克"，为了方便大家记忆，所以我给这个公式起名"巴派克（BAPAC）完整案例公式"

【小结】

本节话题讨论了案例在说服力中的重要性，提供了"巴派克（BAPAC）完整案例公式"。完整案例包括背景、意外、问题、解决方案和前后对比。

【自测与思考】

（一）各位朋友，你以前是怎样给客户讲述成功案例的？是三言两语，很快讲完？还是像小强这样有完整的案例呢？

（二）学习完"巴派克（BAPAC）完整案例公式"，请你选择一个自己企业客户的成功案例，逐项进行整理，填写到表3-7中。

表3-7　BAPAC公式整理案例

分类	内容
背景	
意外	
问题	
解决方案	
前后对比	

（三）如果在你的案例中，客户的前后对比很巨大，请你仔细分析一下，这巨大的进步有多少因素来自你公司的产品和服务？还有多少因素来自其他方面？其他因素都是什么？

💡 话题8：高效说服力要"三翻四抖"

【提问】

学习完"巴派克（BAPAC）完整案例公式"之后，为了让大家更快理解并掌握案例使用方法，本节话题继续讨论"爬行脑讲故事，一波三折给案例"的内容。

接下来讲如何拿我们企业的产品，去与物丑价廉的 A 品牌，和物美价贵的 B 品牌竞争，或者说怎样在不攻击友商的情况下，从众多的品牌竞争中脱颖而出。

【"三翻四抖"结构】

这里要给大家介绍一种在文学和艺术领域广泛应用的"三翻四抖"结构。它的核心是在正式抛出"包袱"之前，需多次设置转折与铺垫，以此逐步推进情节发展，激发受众兴趣，最终让"包袱"更具冲击力与吸引力。

比如赵本山、宋丹丹表演的小品《昨天、今天和明天》里面，开场几句台词如下：

白云：我叫白云。

黑土：我叫黑土。

白云：我七十一。

黑土：我七十五。

白云：我属鸡。

黑土：我属虎。

白云：他是我老公。

黑土：她是我老母。

当赵本山最后一句话"她是我老母"脱口而出时，观众哄堂大笑。这个就是经过层层铺垫出来的笑点，是最后的包袱。在这几句话里面，包括四个话题，分别是名字、年龄、生肖和关系，笑点藏在最后的关系里面。请你想一想，同样的内容，把关系的位置往前面换一换，比如换到第一位或第二位，还好笑吗？不仅不好笑，还可能收到相反的效果。现在的效果是风趣、幽默。如果换到第一位或第二位，给人的感觉可能就是粗俗和莫名其妙了吧？

我再举个例子，周星驰的电影《功夫》。如果电影开场就是主角阿星用如来神掌打败火云邪神的桥段，你会觉得整部电影阿星的武功是最高的吗？你看周星驰是怎么对阿星的武功进行层层铺垫的？

第一层铺垫，上海滩斧头帮势力强大，猪笼寨一片祥和，结果出现了意外，斧头帮上门挑衅，"正义三人组"打败了斧头帮。猪笼寨恢复和平。结论是"正义三人组"武功最高。

第二层铺垫，斧头帮请来江湖排名第二的杀手组合"天残地残"，他们用"音波功"打败了"正义三人组"。之后"神雕侠侣"夫妇出手又打败了"天残地残"。结论"神雕侠侣"夫妇武功最高。

第三层铺垫，斧头帮请来了江湖排名第一的杀手"火云邪神"，将"神雕侠侣"夫妇打败，最后阿星用"如来神掌"打败了"火云邪神"。结论阿星武功最高。

如果电影开场就是阿星战胜"火云邪神"，那么这个电影还怎么展开剧情呢？正是有了前面"正义三人组"、"天残地残"和"神雕侠侣"夫妇的层层铺垫,观众才感受到阿星是最厉害的武功高手。所以,在上一话题的"意外"环节,还要使用"三翻四抖"结构,针对不同的竞品进行详细的比较。那怎么比较呢,我整理了一个"三翻四抖"结构表,如表3-8所示。

表3-8 "三翻四抖"结构在案例中的应用

"三翻四抖"	分类	内容
一翻	初始问题	没有采用任何供应商时,为了实现目标而需要解决的问题
	一翻方案	客户使用"自建系统"来解决这些问题,达成多少KPI?
二翻	一翻问题	"自建系统"解决了一部分问题,还有哪些问题没有解决?又带来哪些新的问题?
	二翻方案	客户选择了物丑价廉的竞争对手A,达成多少KPI?
三翻	二翻问题	A的服务解决了哪些问题?没有解决哪些问题?又带来哪些问题?
	三翻方案	客户放弃供应商A,又选择了物美价贵的竞争对手B,达成多少KPI?
四抖	三翻问题	B的服务解决了哪些问题?没有解决哪些问题?又带来哪些问题?
	四抖方案	本公司的产品和服务,全面解决了上述问题,达成多少KPI?
KPI对比	一翻方案	
	二翻方案	
	三翻方案	
	四抖方案	

在这个表格中,我们对比了三个竞争对手,分别是"自建系统"、竞品A和竞品B。通过"三翻四抖"结构,我们没有攻击这三个竞争

对手，但能通过真实的案例，帮助客户选择最优品牌。

戏剧领域里面有一个专业术语，叫作人物弧光。就是经历了一系列事件后，角色内心的变化过程，包括从弱小走向强大，或者从好人变成坏人，又或者从邪恶中恢复良知。其实，这个"三翻四抖"结构，就是模拟了客户选择供应商的心路历程，就是成功案例中主角的人物弧光，通过这个过程，让客户与案例中的主角实现情感共鸣。因为案例中主角经历事件的过程，就是我们面前的客户即将或者正在经历的心路历程。可以分三种情况来共鸣。

第一种情况，如果客户从来没有使用过我们公司的产品，他们最先想到的就是自建系统。通过案例，我们可以告诉他们自建系统的优势和不足之处，客户会第一次跟主角产生共鸣。因为案例中主角遇到的问题，客户几乎都会遇到。

第二种情况，如果客户选择了供应商 A，那么供应商 A 的优势和不足，客户也是了解的。所以，第二次跟案例中的主角产生共鸣。

第三种情况，如果客户在考虑供应商 B，那么通过案例中主角的经历，客户也会感受到供应商 B 的优势和不足。

通过解析这些客户心里的疑惑，再通过 KPI 数据的对比，就充分证明我们自己公司的产品和服务是最适合客户的。客户不需要再走弯路，去做研究和对比，去为经验支付成本，最佳的选择就是我们的公司。

【Amy 案例的分析】

请大家跟我一起来回顾一下迪耐雅品牌中有关 Amy 的部分，如表 3-9 所示。

表3-9　迪耐雅案例中的"三翻四抖"结构

"三翻四抖"	分类	内容
一翻	初始问题	不重视仪表妆容,虽然很能干,但不能升职
一翻	一翻方案	学会化妆
二翻	一翻问题	化妆要选择合适的化妆品
二翻	二翻方案	选择了经济型品牌A
三翻	二翻问题	A产品,有的时候皮肤过敏,起红疙瘩
三翻	三翻方案	选择奢华型品牌B的化妆品
四抖	三翻问题	化妆品B价格太贵,不能持续使用
四抖	解决方案	白领丽人套装,效率高、效果好、价格合理,能解决全部问题
KPI对比	一翻KPI	不能升职
KPI对比	二翻KPI	不能升职
KPI对比	三翻KPI	不能升职
KPI对比	四抖KPI	升职到总部,负责亚太市场,还推荐朋友购买

各位朋友,你们通过向客户介绍案例的方式,是不是既没有攻击友商,又真实反映了自己的产品与品牌A和品牌B之间的不同之处?而且客户会自己得出结论,就是:只有我们的产品和服务是最适合客户的!

【重要提示】

"三翻四抖"结构的案例,贵在真实。因为只有真实,才能打动客户。表格中的各项内容必须是真实的,才具有说服力,不能自己编造。因此,大客户销售经理,需要从自己的成功客户中萃取成功案例,打造一种最有力地说服客户的销售工具。

【小结】

本小节话题,将"巴派克(BAPAC)完整案例公式"中的"意外"部分,更进一步地分解为"三翻四抖"结构,帮助各位朋友建立高说服力案例的构建方法。只有这样才能在不攻击友商的同时,又能充分展示本企业产品和服务的特色,与客户需求匹配。案例的内容贵在真实,不可编造。

【自测与思考】

各位朋友们,请你跟我一起回到本章第一个话题中的场景,作为销售经理你正在拜访客户,会议桌对面坐着企业负责人、技术部门负责人和产品使用者,客户提出来一个问题,请你给我们讲述一个真实的案例,相比于我们自己开发的方案,或者选择 A 品牌的方案,或者选择 B 品牌的方案,来说明你们的产品方案是最适合我们的方案?请你参考本话题的"三翻四抖"案例表格和上一话题的"巴派克(BAPAC)完整案例公式",整理出一个具有超高说服力的成功客户案例。

本章回顾

【内容回顾】

本章内容重点解决大客户销售经理在给客户介绍产品和服务的时候,逻辑混乱、表达不清、缺乏说服力的问题。

话题 1:客户总要"研究研究"。通过 ABC 公司销售代表小王回答客户问题的真实场景,提醒读者朋友审视自己的话语是否缺乏条理。

话题 2:"结构思考力"五个工具。我们一起学习了"结构思考力"的五个工具,即结论先行、以上统下、归类分组、逻辑递进和MECE原则。帮助大家做到想清楚、说明白。

话题3:FABE利益推销法。是在"结构思考力"工具的基础上,对更高颗粒度的产品特性、优势、利益和证据进一步澄清。帮助每个销售经理都可以清晰地讲述产品价值。

话题4:大壮和小强的营销方案角逐。通过迪耐雅市场部内大壮和小强两人的市场营销方案对比,提醒读者注意把话说清楚了并不能赢得客户,还需要超越对手。

话题5:全脑说服力公式。介绍了人类大脑的三个层次:爬行脑、情绪脑和理性脑。这三者的决策权重比是30000:22:1。并根据人类大脑决策权重的特点提出"全脑说服力公式"的三个步骤。

话题6:结论先行,说服爬行脑。讲解了设计主标题的九个方向、设计副标题的"四明公式",以及主标题和副标题之间的关系。呼应了"结构思考力"五个工具中的结论先行内容。

话题7:巴派克(BAPAC)完整案例公式,教给大家怎样全面详细地整理一个高说服力案例。

话题8:高效说服力要"三翻四抖"。与大家一起讨论了当面临着多品牌的激烈竞争时,如何通过真实的客户案例,分析客户选择了不同竞品后的真实体验,最终证明本公司的产品是最适合该客户的。从而在不攻击友商,又不自卖自夸的情况下,让客户真实全面地了解本企业的产品和服务。

【赤手空拳】

很多管理者都认为大客户销售团队是冲锋陷阵的勇士,大客户销售经理的工作就是企业营销的火线战场。那么企业简介、产品资料、成功案例这些信息和资料，就是大客户销售战士们手中的"武器"，也叫销售工具。

遗憾的是，现实中我们看到的这些"武器"非常简陋。已经进入信息化的现代社会，而这些"武器"还像原始社会的石头一样，缺乏精雕细琢。希望通过本章的学习，可以请各位大客户销售团队管理者多多关注相关内容，重视企业产品特性、优势、客户价值、成功案例的梳理。给销售团队成员提供优质、精良、高效的销售工具组合套餐。

【落地规划】

各位朋友，通过本章每个小节后面的自测与思考环节，你得到哪些收获？学到了哪些重要的知识和观点？又制订了哪些可落地的计划呢？请你认真规划，填写表3-10。

表3-10　表达说服落地规划表

分类	本章要点	行动计划	截止日期
表达说服			

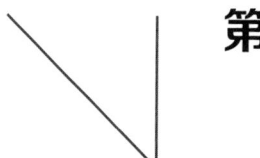

第四章　商务谈判与客户沟通

聚焦问题

各位朋友，通过第二章大客户销售多元业绩模型里面的论述，你可以感受到，在我看来商务谈判和沟通能力是最不重要的，相当于果树的树叶。而市场上相当一部分的"销售技巧"类理论、书籍都集中在这个领域。就好像要是一位销售经理掌握了高超的商务谈判能力和客户沟通技巧，什么都能卖出去一样。

其实这类技巧本身没有问题，过分放大谈判沟通技巧才是问题。这也犯了逻辑谬误的毛病。那就是假设我们的产品满足了客户的需要，假设我们已经充分向客户清楚地介绍了自己产品和服务的价值，只需要在沟通技巧上巧妙地引导客户，并化解一下客户的迷茫，就可以签单了。如果是这类的商务谈判，价值观上还是正确的。

我更害怕的是另一类的沟通谈判技巧，不光不能帮助大客户销售经理赢得客户，反而会害了大客户销售经理的工作，降低了企业品牌的美誉度。这类沟通技巧，建立在两个基础假设之上，一个基础假设是"客户很傻"，而我们很聪明，所以耍个小花招，就可以瞒过客户。另一个基础假设是"客户健忘"，就是我们今天骗过客户了，明天再见客户的时候，自以为客户已经完全忘记了昨天的事。而我本人是从事过企业采购工作的，要知道这两个假设并不成立，因为我们做采购的也会学习那些沟通谈判技巧，所以当你在使用这些技巧的时候，我就会报以礼貌的微笑，默默地看你表演，然后你在我这里就没有然后了，我不会把时间浪费在你这样的销售身上。

另外这类理论畅销的一个原因，就是市场上的真实需求。企业诚信经营、产品过硬、服务周到，但是销售团队由于缺乏系统性的专业培训，所以在客户需求、客户关系、表达说服等方面没有达到相应的专业水平，而其中具有高情商"天赋"型的销售，善于与客户沟通，业绩非常好，所以大家觉得大客户销售，主要需要提高的是商务谈判和沟通技巧，这也是基层销售员工的看法。

本章内容，就聚焦解决这些问题。重点讨论几个话题，包括陌生电话、商务谈判和如何化解与客户沟通过程中的尴尬情况。

话题1：《华尔街之狼》的陌生电话

【提问】

这一节话题讨论大客户销售经理拨打陌生电话的问题。什么是陌生电话，就是在客户对我们的企业和销售人员很陌生的情况下，销售经理给陌生客户拨打的第一通电话。线下课堂上，我会在PPT上放上一张鲤鱼跃龙门的图片，然后问大家我放这张图片想表达的意思是什么？因为我认为大客户销售经理的队伍是鱼龙混杂，有人是龙，有人是鱼，龙和鱼的分界线就是看谁敢打、会打、能打好陌生电话这项能力。敢打、会打、能打好陌生电话的大客户销售经理是龙；否则就是鱼。

我为什么要这样来分呢？因为拨打陌生电话被拒绝的概率非常

高，你不知道对方身处在一个什么样的场景和情绪状态中。客户的态度冷淡或拒绝或粗鲁回应或直接挂断电话都是会发生的事情，这些反馈，都会大大打击销售经理的情绪。即便是我这个做了二十年大客户销售的人也不喜欢拨打陌生电话。不过，作为大客户销售经理，陌生电话是第一关，也是最重要的一关，只有做好了这第一关的工作，后面的业务才会随之而来。所以，打也得打，不打也得打。因此一个敢打、会打、能打好陌生电话的大客户销售经理，就是一个基本合格的销售经理。

那么究竟怎样才能给陌生客户打好第一通电话呢？我们先来看两个案例。

【某通信公司客服电话】

第一个案例，背景是ABC通信公司的客服经理给我拨打的电话。我使用该公司的手机电话服务已经有20年了，当时使用的是每月88元的4G套餐，这位客服经理希望我能够升级到每月90元的5G套餐。通话时长是1分04秒，下面就是我们的对话内容。

ABC公司客服经理：您好！ABC通信，请问您是1XX尾号XXXX的机主吗？

客户：是的

ABC公司客服经理：先生，您好！本次联系您是ABC通信恭喜您获得了一个办理我们5G套餐升档优惠权益，可以增加您的通话分钟数和流量。我简单跟您介绍一下好吗？而且办理这个活动,,您的话费是不变的。

客户：哦，不用了！

> ABC 公司客服经理：我看到您办理的是每月 88 元的花费套餐。这个活动每月是 90 元，包含 200 分钟的通话时长，30G 的全国通用流量，比您现在的套餐权益增多了，您现在正好可以享受折扣优惠。
>
> 客户：不用了！
>
> ABC 公司客服经理：您现在的套餐内只有 10G 的流量。参加这个活动后，每个月可以增加 20G 的流量。
>
> 客户：不用了！
>
> ABC 公司客服经理：好的，那就不打扰您了，祝您生活愉快，再见！
>
> 客户：再见！

各位朋友，看完这段通话内容，如果你是这位 ABC 公司的客服经理，你有什么感受？如果我是这位客服经理，我会感觉很失败，不开心，这个客户尾号 XXXX 的机主先生不通情理，只需要增加 2 元钱，就能获得更多的通话时长和流量，多划算呀！怎么就不升档呢？换一个角度，如果你是我，作为客户，又有什么感受呢？你感受到这家公司对客户的尊重了吗？你感受到客服经理对你的尊重了吗？你愿意配合她积极升档吗？这是第一个案例，下面我们来看第二个案例。

【股票经纪人的陌生电话】

第二个案例是好莱坞影星莱昂纳多·迪卡普里奥主演的电影《华尔街之狼》里面的片段，很多影迷朋友都称呼他为"小李子"，这里也叫他"小李子"吧。在电影中，他饰演的股票经纪人，来到一家名叫仙股的小公司应聘，面试时当场给一位叫约翰的陌生客户拨打电话，并且成功销售了40000股的股票。他俩之间的电话时长为1分53秒，内容如下。

> 小李子：你好，约翰，你今天过得好吗？你几周前给我的公司寄来一张明信片，内容是想要了解潜力极大的"便士股票"的情况。它的风险非常小，想起来了吗？
>
> 约翰：对，我有兴趣。
>
> 小李子：好的，约翰。我今天打电话来是因为我刚刚看到一只股票。约翰，这是我半年来看到的最好的一只了。如果你有一分钟的空闲，我想要和你聊聊，你有空吗？
>
> 约翰：说吧，我真的很有兴趣。
>
> 小李子：这家公司的名字叫空泰国际，这是一家高端科技公司，就在中西部。马上要通过新一代雷达探测仪的审批，在军用及民用领域都将被广泛使用。现在，就现在，约翰，这只股票现在的价格是10美分一股。而且，约翰，我们的分析师预测，它的涨幅将远远超出这个价格。你只要花费6000美元的投资，就可以收获60000美元。
>
> 约翰：天啊，我可以还贷款了！
>
> 小李子：正是，你可以用它来还贷款。
>
> 约翰：这只股票很安全吧？
>
> 小李子：约翰，即便是现在这样的市场环境下，我都可以向你保证一件事，我从不要求我的客户用我的成绩来衡量我。我让他们用我的败绩来衡量，因为我几乎从未失手，而对空泰这只

> 股票来说，基于其中的科技含量和前景，约翰，这绝对是一记全垒打。
>
> 约翰：好，买吧，我买4000美元。
>
> 小李子：4000美元，那就是40000股了，约翰，我现在就把这笔交易锁定下来，然后让我的秘书把具体的信息告诉你，好吗，约翰？
>
> 约翰：太好了！
>
> 小李子：约翰，谢谢你的信任票。感谢选择仙股公司。

各位朋友，看完这段"小李子"与约翰的通话内容，如果你是"小李子"，你有什么感受？如果我是"小李子"，我会感觉很开心，很自信。约翰是一个好客户，我帮助了他，他也帮助了我。换一个角度，如果你是约翰，又有什么感受呢？你感受到仙股公司对客户的尊重了吗？你感受到"小李子"对你个人需要的关注和尊重了吗？感受到了，对不对？而且"小李子"帮助你解决了一个大问题，你很开心。

那么对比这两个陌生电话的案例，你觉得ABC公司的客服经理和"小李子"之间的相同点有哪些？不同点又有哪些？对你拨打陌生客户电话，又有哪些启发呢？

【小结】

本节话题，通过展示两个陌生电话案例的真实场景，触发各位朋友的感受，并引导理性思考。

【自测与思考】

各位朋友，亲身体验了这两个陌生电话场景后，请你把自己或者团队伙伴给陌生客户拨打电话的场景录制下来，或者你可以到你们团队中最优秀的那位销售经理旁边，把他给陌生客户拨打电话的内容录制下来，跟你自己的陌生电话对比一下，看看有没有差距？都有哪些差距？

💡 话题2：两个陌生电话案例对比

【提问】

同样是陌生电话，为什么通信公司推销价值2元的5G升值业务没有成功？而"小李子"推销价值10美分一股的股票，能成功收获4000美金的大单呢？这两个案例中打电话的技巧都有什么不同呢？本节就来讨论一下这两个案例的区别，方便大家比较和获得启发。

【相同点】

一共有两个相同点：第一点是目标，通信公司的客服经理和"小李子"，都是想通过电话向陌生客户推荐产品，期待成交；第二点是礼仪，两个人都是彬彬有礼，收放自如。

【不同点】

不同点一共有七个，分别是自信、地位、卖点、控场、语气、认同和结果。如表4-1所示：

表4-1 两个陌生电话案例对比表

序号	分类	客服经理	"小李子"
1	自信	廉价感：88元升90元，价值2元	价值感：给约翰带来高价值帮助
2	地位	心里是弱势，表面强势	平等："约翰"和"你"20次，"我"20次
3	卖点	以产品为中心，价格诱惑	以客户为中心，强调价值

续表

序号	分类	客服经理	"小李子"
4	控场	自己控场，客户3次表示"不用了"，仍继续讲	客户控场，2次征询客户意见
5	语气	职业化、标准化	语气诚恳，发自肺腑
6	认同	忽视客户明确的拒绝信号	支持客户，"是"说了9次，"好"说了10次
7	结果	推荐2元升级套餐，结果失败了	推荐6000美金，成交4000美金

第一点是自信，通信公司客服经理所推荐的产品价值不高，客户本来已经在使用88元4G套餐，升级到90元5G套餐，价值是每个月2元，因为价值感不高，所以通信公司客服经理缺乏自信。而"小李子"推荐的产品价值几千美金，电影的年代背景是二十世纪八十年代，那个时候的几千美金对普通美国人来说，那也是相当大的一笔投资，从约翰可以还房贷了这里可以看出。所以，"小李子"打电话时非常自信，价值感很高。

第二点是地位，客服经理与客户之间的关系很纠结，客服经理表面上很强势，而内心又很弱势。表面强势：客服经理根本不尊重客户，不把客户当成一个"人"来看待，而是一个"机主"。我使用这家公司的服务已经20年了，购买手机的时候，登记了我详细的个人信息。但是20年来，他们每次打电话都不知道我姓张，只称呼我为"机主"。我想这个可能是他们为了保护客户隐私，但是作为客户的我，真实的体验非常糟糕。

内心弱势：我从这个客服彬彬有礼具有一定距离感的话语里，隐约能感到他的内心在对我呼唤，"哥呀，帮帮我吧，每个月2元钱的套餐，帮我完成一个指标吧。"他其实是渴望成交，完成任务的。再看"小李子"，他与客户的地位完全平等，在 2 分钟的通话过程中，提到"约翰"10 次，"你"10 次，"我"20 次。"约翰"加"你"的次数，跟"我"的次数相当。

第三点是卖点，客服经理以产品为中心，强调价格，通过更大流量，更多通话时间来诱惑客户。"小李子"以客户为中心，强调价值，如果约翰买了股票，升值后就可以还房贷了。

第四点是控场，客服经理始终自己控场，尽管客户已经态度冷淡地三次回应"不用了"，但是客服经理仍然继续讲。为什么会这样呢？我估计是因为客户经理考核的 KPI 里面有一项是"有效通话"次数，而"有效通话"的定义是必须打够一定的时长，估计是 1 分钟，所以我俩的通话时长是 1 分 04 秒。而"小李子"让客户控场，两次征询客户的意见。

第五点是语气，客服经理的语气是非常职业化、标准化的，给人一种彬彬有礼的距离感。而"小李子"的语气诚恳，发自肺腑，让人感觉就像是熟人间的聊天，亲切、自然。

第六点是认同，客服经理，忽视客户明确的拒绝信号。而"小李子"2 分钟的通话时间里面，都是支持客户的，他说了 9 次"是"，10 次"好"。这样的通话，客户的感受不断被认同，心情当然是愉快的。

最后一点是结果，客服经理推荐每个月 2 元的升级套餐，结果失败。"小李子"推荐 6000 美元的股票，成交 4000 美元。

【小结】

本节话题，通过对比通信公司客服经理与《华尔街之狼》中"小李子"两个陌生电话的通话内容，提出两个相同点，和七个不同点。这些细节对比，可以让我们从感性的角度，感受到优秀销售经理和职业销售经理的不同。

优秀销售经理以客户为中心、强调给客户带来价值、尊重客户、支持客户、让客户控场，双方地位平等。职业销售经理以产品为中心、强调价格、客户只是符号、不支持客户、自己控场、地位上很纠结。所以，二者得到的销售结果也具有很大的差异。

【自测与思考】

通过本节话题的案例对比，请你想一想，作为大客户销售经理，你在拨打客户电话的过程中，如果跟"小李子"从自信、地位、卖点、控场、语气、认同这六个角度进行比较的话，你觉得自己做得怎么样呢？还有哪些可以提升的空间？

话题3：生人要熟、熟人要亲、亲人要生

【提问】

各位朋友，从客服经理和"小李子"的两人拨打陌生电话的案例中，如果我们提纲挈领，只用一句话来概括优秀陌生电话和普通陌生电话的区别，那么这句话，应该怎么说呢？

通过这两个陌生电话对比，关于人际关系、沟通技巧，你能得到什么样的规律？如果掌握了这个规律之后，是不是我们与人打交道的水平，沟通能力，都会大幅提升呢？

本节话题，就讨论一下人和人的三层关系和相处之道。先说三层关系，就是生人、熟人和亲人。生人指陌生人，素不相识，萍水相逢，本书指初次联系或者见面的客户。熟人，就是同学、同事、熟悉的客户、合作伙伴等。亲人，指配偶、父母和子女。那么我们该怎样跟这三种远近关系不同的人群和睦相处，建立舒适、顺畅的人际关系

呢?相处之道,用十二个字概括就是"生人要熟、熟人要亲、亲人要生"。

【生人要熟】

生人要熟,就是跟陌生人沟通的时候,要把对方当成熟人一样来对待。举个最常见的例子,就是房地产中介,读者朋友如果跟房地产中介公司的员工打过交道,你会发现,他们管客户不叫"先生"和"女士"。统统称呼为"哥"和"姐"。就感觉,你们不是初次相见,而是相交很久,是老熟人了。同样的,"小李子"不是把约翰称呼为"机主",而是直呼其名——约翰,亲切的称呼,让约翰也感觉遇到了熟人。所以,在条件允许的情况下,大客户销售人员对客户的称呼要诚恳亲切,就像老熟人一样,让客户心里升起一股暖流,这样才能更好推进后面的沟通内容。

【熟人要亲】

熟人要亲,就是我们跟自己的好哥们、好闺蜜、关系亲近的同事、好友在人际交往和沟通的时候,要亲热,就像亲人一样。举个例子,最好的朋友之间往往会给对方起个"昵称"。当两个人在一起的时候,互相用这种"昵称"来称呼对方,彼此内心舒服,感到心贴心的温暖。如果两个好哥们、好闺蜜之间突然客气起来了,那他俩的关系一定是出现了误会,或者隔阂。

【催产素】

当你用生人要熟,熟人要亲的原则去相处的时候,你也舒服,对方也舒服。为什么会这样呢?这背后,有什么科学道理呢?这里,我要跟你分享一个心理学的实验。

工作人员把刚出生的小猴子放到一个大铁笼子里面。左边放上一个用铁丝做的圆柱体,中上部固定一个奶瓶,简称"铁丝妈妈"。右边也放上一个包裹了绒布材质的圆柱体,简称"绒布妈妈"。那请你来猜一猜,小猴子肚子饿了的时候,去找哪一个妈妈?当小猴子不饿的时候,需要玩耍时,会找哪一个妈妈?突然打雷了,小猴子受到惊吓时,它又会找哪个妈妈呢?

答案是,当小猴子饿了的时候,会找铁丝妈妈吃奶;当玩耍的时候,会找绒布妈妈玩耍;突然打雷了,小猴子受到惊吓的时候,仍然会找绒布妈妈。也就是说,除了吃奶之外,小猴子大部分时间都是跟绒布妈妈在一起。

小猴子为什么会这样选择呢?生物学家发现,当我们人类彼此之间发生以下这些场景的时候,在我们的身体内部会分泌一种激素,叫作催产素。催产素,让我们感受到安全和舒适。这些场景包括,感受到对方的真诚的关心、肢体的接触、热忱的目光注视、亲切的称呼等。小猴子的"绒布妈妈",让小猴子感受到了安全和舒适。这就是为什么生人要熟,熟人要亲背后的科学道理。

【亲人要生】

讲完生人要熟和熟人要亲,可能有的朋友会想,那亲人怎么办?亲人应该亲上加亲,才对。这么想有道理,但是这么做,就会把亲人间的关系搞复杂。为什么呢?亲人是世上彼此最在乎的人,越是在乎,越是为对方好,越容易把自己的想法强加到对方的头上,越想控制对方。你越想控制对方,对方越想逃离你的控制,反而在彼此内心之间竖起了一堵隔离的墙。所以,亲人之间,反而要生。就是要像陌生人一样理性客观,不带个人情感。只有这样,彼此之间,才更能感受到心灵的自由,才能开心做自己。

举个例子，你的孩子要考大学，在填报志愿的时候，你如果遵循熟人要亲的原则，可能对方考虑到你的感受，就会做出违背自己意志的选择。而聪明的父母，就会像生人一样，给孩子客观理性的利弊分析，然后说我的意见仅供参考，最终的决定请你听从自己的内心。

【小结】

本节话题，把人际关系分成了生人、熟人和亲人三个层次。针对这三层关系的人，成功和舒服的交往之道是生人要熟、熟人要亲、亲人要生。

【自测与思考】

（一）你在人际关系中的相处之道是什么？

（二）学习了本节话题的三个原则，你有什么收获？你打算做出哪些改变？

话题4：陌生电话六步法

【提问】

通过前面两个话题的讨论，我们对比了客服经理和"小李子"给陌生客户拨打电话的差异。那么销售经理到底该怎样给陌生客户拨打电话呢？

我觉得前两个话题讨论的是原因和原则，属于大道理。具体怎么做，还需要更进一步阐明。所以，本节话题，就是要逐字逐句地进行分析和学习。只有这样，才能帮助每一个阅读本书的朋友，真正给陌生客户打好电话。

我们的学习方法是标杆学习法，就是针对优秀案例进行对标学习，本节的学习对象就是《华尔街之狼》里面的"小李子"。

【陌生电话六步法】

从这个案例研究中，我把陌生电话给分成了六个步骤，所以起了一个名字叫"陌生电话六步法"。包括建立连接、请求时间、交换价值、解除疑虑、后续安排和表达感谢。

【第一步　建立连接】

第一步建立连接，就是电话接通后，成功引起对方的注意，建立沟通的连接，进入沟通的状态。

（一）案例

"小李子"：你好，约翰！你今天过得好吗？你几周前给我的公司寄来一张明信片，内容是想要了解潜力极大的"便士股票"的情况。它的风险非常小，想起来了吗？

约翰：对，我有兴趣。

在这段内容里面，包含了三个部分，分别是打招呼，打电话的缘由，和建立连接。我觉得还不够，又增加了一个部分是自我介绍，如表4-2所示。

表4-2　第一步建立连接

分类	内容
打招呼	你好，约翰！你今天过得好吗？
自我介绍	我是仙股公司的小李
电话缘由	你几周前给我的公司寄来一张明信片，内容是想要了解潜力极大的"便士股票"的情况
建立连接	它的风险非常小，想起来了吗？

（二）标杆学习

为此我为我们培训机构的销售经理们，设计了表4-3的电话营销脚本。

表4-3 第一步建立连接练习

分类	内容
打招呼	李四老师，您好！
自我介绍	我是ABC培训机构的张三
电话缘由	公司总机给我您的电话，听说您负责公司的培训工作
建立连接	李四老师，是这样的吗？

（三）注意事项

第一，给客户打电话的缘由，要真实可信，不要撒谎或者编造。真实的理由包括，朋友或者客户介绍；展会交换过名片；对方曾经主动咨询过；以前见过面；网上搜索到的；一起参加过行业活动等等。一定要真实，因为人和人建立信任的最基础的原则就是诚实。如果一开始就不诚实，那么以后怎么让客户相信你呢？

第二，设计一个符合公司行业特点的亲切的称呼。比如我们是培训行业，这个行业叫"老师"是大家的惯例。如果叫"哥"和"姐"反而有些奇怪。当然，如果跟客户已经成为熟人了，从熟人要亲的角度，就可以叫"哥"和"姐"了。这个模仿里面李四老师的名字是两个字，所以叫"李四老师"，如果对方名叫赵建国，就可以叫"建国老师"。

【第二步 请求时间】

第二步请求时间，双方建立连接进入沟通状态后，征询对方是否愿意花时间与你简单沟通。

（一）案例

"小李子"：好的，很好，我今天打电话来是因为我刚刚看到一只股票，约翰，这是我半年来看到的最好的一支了。如果你有一分钟的空闲，我想要和你聊聊，你有空吗？

约翰：说吧，我真的很有兴趣。

在这段内容里面，包含了四个部分，分别是电话目标、沟通理由、请求时间和等待确认（表4-4）。

表4-4 第二步请求时间

分类	内容
电话目标	好的，约翰。我今天打电话来是因为我刚刚看到一只股票
沟通理由	约翰，这是我半年来看到的最好的一只了
请求时间	如果你有一分钟的空闲，我想要和你聊聊，你有空吗？
等待确认	约翰积极回应

（二）标杆学习

这一步，我为我们机构的小伙伴，设计了下面的电话脚本（表4-5）。

表4-5 第二步请求时间练习

分类	内容
电话目标	李四老师，我今天打电话时想跟您建立一个联系
沟通理由	因为ABC的产品，可以帮助您提升培训效果
请求时间	李四老师，可以占用您一分钟时间吗？
等待确认	等待对方回复

（三）注意事项

第一，每次跟客户沟通之前，都要做好准备，准备好通过本次沟通，你打算为对方带来哪些价值。如果这个问题没有想清楚，最好不要沟通。为了沟通而沟通，或者为了你的利益和价值而沟通，对方是能感受到的。这就是为什么很多陌生电话被称为"垃圾电话"的原因。

第二，如果对方没有时间，那么销售可以问对方什么时间方便，以便再致电。

第三，等待确认这个环节很重要，这是一个考验销售自信程度的时刻。很多不自信的销售，害怕客户没时间、更害怕客户直接拒绝，所以不等对方确认就继续往下讲，希望后面的内容可以吸引对方，这是一种廉价的推销方式。而高价值感的销售，首先应该自我尊重，有一种自己是"大人物"对方也是"大人物"，彼此在谈"大生意"的感觉。这样一个大生意，必须得等待对方的同意。因为彼此的时间都很重要。而且，很多时候，当电话接通后，对方习惯性地以为又是一个"垃圾"电话，所以，根本就没有认真接听。当你停下来等待对方确认时间的时候，对方会意识到，这是一通重要的电话，对方好像有重要的事情要找我。所以，等待对方的确认，非常重要。只有这样，才是真正尊重、平等、高价值的电话沟通。

【第三步　价值交换】

第三步是价值交换，获得对方电话沟通同意后，向对方展现自己的价值，并请求对方的帮助。

（一）案例

"小李子"：这家公司的名字，空泰国际，这是一家高端科技公司，就在中西部，马上要通过新一代雷达探测仪的审批，在军用及民用领域都将被广泛使用。现在，就现在，约翰，这只股票现在的价格是 10 美分一股，而且，约翰，我们的分析师预测，它涨幅将远远超出这个价格。你只要花费 6000 美元的投资，就可以收获 60000 美元。

约翰：天啊，我可以还贷款了。

"小李子"：正是，你可以用它来还贷款。

在这段内容里面，包含了四个部分，分别是价值陈述、价值证明、请求交换和等待确认（表4-6）。

表4-6　第三步价值交换

分类	内容
价值陈述	这家公司的名字，空泰国际，这是一家高端科技公司，就在中西部，马上要通过新一代雷达探测仪的审批，在军用及民用领域都将被广泛使用
价值证明	现在，就现在，约翰，这只股票现在的价格是10美分一股。而且，约翰，我们的分析师预测，它的涨幅将远远超出这个价格
价值交换	你只要花费6000美元的投资，就可以收获60000美元
等待确认	约翰：（天啊，我可以还贷款了）正是，你可以用它来还贷款

（二）标杆学习

这一步，我为我们机构的小伙伴，设计了下面的电话脚本（表4-7）。

表4-7　第三步价值交换练习

分类	内容
价值陈述	李四老师，ABC的产品可以将培训效果提升30%
价值证明	很多知名国企、央企、银行都是我们的客户
价值交换	李四老师，我可以给您发送一份服务介绍吗？电子邮件还是加微信
等待确认	等待对方回复

（三）注意事项

第一，价值陈述的方法，在第三章表达说服力里面，我们学习的FABE利益推销法，这里正好可以派上用场。

第二，控制时间，既然前面跟对方争取的是一分钟沟通时间，就要言简意赅，在一分钟内表达清楚。

第三，价值证明的部分，可以列举同类客户，这个叫"锚定效应"，就是告诉客户，与您同类的公司都已经选择了我们，说明我们的产品非常适合您的公司。

【第四步　解除疑虑】

第四步解除疑虑，就是解除客户对你企业服务，以及对你个人的疑虑和担心。

（一）案例

约翰：这只股票很安全吧？

"小李子"：约翰，即便是现在这样的市场环境下，我都可以向你保证一件事，我从不要求我的客户用我的成绩来衡量我。我让他们用我的败绩来衡量，因为我几乎从未失手，而对空泰这只股票来说，基于其中的科技含量和前景，约翰，这绝对是一记全垒打。

约翰：好，买吧，我买 4000 美元。

"小李子"：4000 美元，那就是 40000 万股了。

在这段内容里面，包含了三个部分，分别是客户疑虑、解除疑虑和等待确认（表4-8）。

表4-8　第四步解除疑虑

分类	内容
客户疑虑	这只股票很安全吧？
解除疑虑	约翰，即便是现在这样的市场环境下，我都可以向你保证一件事，我从不要求我的客户用我的成绩来衡量我。我让他们用我的败绩来衡量，因为我几乎从未失手，而对空泰这只股票来说，基于其中的科技含量和前景，约翰，这绝对是一记全垒打
等待确认	好，买吧，我买 4000 美元

（二）标杆学习

我为销售经理们，设计了下面的电话脚本（表4-9）。

表4-9　第四步解除疑虑练习

分类	内容
客户疑虑	你会不会强迫我购买？你会不会对我穷追不舍？会不会向我滥发信息？
解除疑虑	我的目标就是给您发简介。李四老师，等你看完简介后，咱们再细聊，如何？
等待确认	等待客户回复

（三）注意事项

第一，门槛效应，如果需要别人帮一个大忙，那么先请对方帮一个小忙后再请对方帮大忙，对方答应的可能性相比于直接请对方帮一个大忙的可能性会大大提高。就像我们谈恋爱的时候，你不能直接向对方求婚，这样会把对方吓跑。而应该先跟对方认识、做普通朋友，在交往中加深友谊，循序渐进成为男女朋友、见双方父母、规划未来，这个时候再进行求婚，就是水到渠成的事情了。所以，第一次拨打陌生电话，只要能建立联系，加个微信、发个简介就成功了。

第二，如果对方说，不需要，但是发送个企业产品和服务的简介，一般情况下对方都不会拒绝。

第三，如果对方说，我们已经有供应商了，销售可以说您选择的供应商一定是非常合适的供应商。我们的信息您也可以了解一下，我们时刻准备着，和您选择的供应商一起为您提供更加全面的服务。

【第五步　后续安排】

第五步后续安排，就是消除了客户疑虑后，与对方一起安排下一步的工作。

（一）案例

"小李子"：约翰，我现在就把这笔交易锁定下来，然后让我的秘书把具体的信息告诉你，好吗，约翰。

约翰：太好了！

在这段内容里面，包含了两个部分，分别是后续安排和等待确认（表4-10）。

表4-10　第五步后续安排

分类	内容
后续安排	约翰，我现在就把这笔交易锁定下来，然后让我的秘书把具体的信息告诉你，好吗？
等待确认	约翰回应：太好了

（二）标杆学习

我为我们机构的小伙伴，设计了下面的电话脚本（表4-11）。

表4-11　第五步后续安排练习

分类	内容
后续安排	好的，我把您的邮箱重复一下，是 abcd@efg.com 对吗？我会尽快将我的简介发给您。李四老师，等您看过之后，我再跟您联系。好吗？
等待确认	等待对方回复

（三）注意事项

第一，一定要认真细致地跟客户核对邮箱或者微信。这个是专业人士和非专业人士的区别。举个例子，到派出所办身份证，你会发现警官同志为了确保不出现失误，会用手指一个字一个字地核对。为什么要这样做，因为如果不这样做，失误率将大大提高。当你跟客户再次核对对方的邮箱或者微信的时候，既避免了你真的记错了，同时，对方对你的感受会加分，认为你非常认真、细致，值得信任。

第二，添加对方微信，发送加好友请求后，一定要注意对方是否通过。因为当通话的时候，对方不好意思拒绝你，但是放下电话后，对方可能会改变主意。所以，如果半个小时内，对方还没有通过，你再追加一个电话过去，第二次添加，对方一般就不会再拒绝了。

第三，如果对方对你公司的产品表达了兴趣，也可以随机应变，安排拜访和见面。

【第六步　表达感谢】

第六步表达感谢，就是向对方表达感谢，结束通话。

（一）案例

"小李子"：约翰，谢谢你的信任票。欢迎选择仙股公司。

在这段内容里面，包含了两个部分，分别是表达感谢和电话礼仪（表4-12）。

表4-12　第六步表达感谢

分类	内容
表达感谢	约翰，谢谢你的信任票。感谢选择仙股公司
电话礼仪	在客户后面挂掉电话

（二）标杆学习

我设计的电话脚本（表4-13）。

表4-13　第六步表达感谢练习

分类	内容
表达感谢	好的，李四老师，今天打扰您了。祝您工作愉快 李四老师，马上就到春节了，给您拜个早年 李四老师，明天是周末，祝您周末愉快
电话礼仪	在客户后面挂掉电话

（三）注意事项：

第一，做事情有头有尾，最后表达对客户的感谢。

第二，从电话礼仪的角度，等客户挂掉电话后，再挂电话。

【小结】

本节话题使用标杆学习法，详细分析了《华尔街之狼》里面"小李子"给陌生客户拨打电话的方法。总结出来针对大客户销售可用到的"陌生电话六步法"，包括六个步骤，分别是建立连接、请求时间、价值交换、解除疑虑、后续安排和表达感谢。

【自测与思考】

（一）通过本节话题的学习，你掌握陌生电话六步法了吗？相比于你自己打电话的习惯，你觉得自己需要对哪些步骤进行优化和提升呢？

（二）请你假选一个你们公司的典型客户，撰写一份自己的陌生电话脚本，填入表4-14。

表4-14　陌生电话六步法练习表

分类	脚本内容
第一步建立连接	
第二步请求时间	
第三步价值交换	
第四步解除疑虑	
第五步后续安排	
第六步表达感谢	

（三）找一个你的同事，用角色扮演的形式，一起演练"陌生电话六步法"，切磋和打磨打电话的技巧。

话题5：马关谈判怎样谈？

【提问】

大客户销售必然要跟客户面对面地沟通，商务谈判是必不可少的场景。很多文艺作品里面，都有"商场如战场"的说法，让人感觉商场上充满了竞争，属于勇敢者的游戏。厉害的角色，在商场上驰骋畋猎，与对手针锋相对，激烈厮杀，最后大获全胜。

其实，这种说法和观点本身是有问题的。最大的问题是把商务合作变成了一种零和游戏。零和游戏就是一胜一负，我所得即你所失。这是一种对立思维，而真正的商务合作是双赢思维，是正和思维，就是你赢我也赢。

我们培训师有一个口号，叫"讲我所做，做我所讲"，顾名思义，就是把我自己的亲身经验总结归纳出来，讲给学员。然后自己做的，与自己讲得一致。那我就来谈谈，我自己以前是怎么进行商务谈判的。

【我自己的谈判经验】

我做过国际采购经理，每年的采购金额有几千万美元。还做过十几年的大客户销售和团队管理工作，经常进行商务谈判。我的谈判经验总结下来就是九个字："一诚实、二关系、三专业"。

一是诚实，就是实话实说。社会上有些人对销售这个工作，是有一些看法的。因为一说到"销售"这个职业，往往跟"忽悠""善变"联系在一起。我自己也遇到过很多不靠谱的销售，他们通过一些语言上的技巧，夸大其词，虚假承诺，忽悠客户购买。当客户遇到问题的时候，他们就敷衍搪塞，翻脸比翻书还快。这些不诚实的从业人士，确实影响了我们销售的职业形象。所以，我一直坚持诚实守信的原则，将心比心，如果我不想被善变的销售忽悠，那么我自己首先要做一个不忽悠的销售。如果每个人都像我这样想、这样做，那么我们销售的职业形象就会大大改观，我改变不了别人，只能从我自己做起。

怎么才能做到诚实呢？就是把自己产品的优点、缺点，都诚实地告诉客户。如果只讲优点不讲缺点，那么客户买了你的产品，使用中出现问题，这个时候，客户的感受，就是你"欺骗""忽悠"了他。你们之间的信任就崩塌了，你不是一个诚实的销售。

假设一个场景，甲公司销售员张三和乙公司销售员李四去拜访同一个客户。甲公司认为自己公司的产品在市场上可以打80分，但是张三很诚实，把优点和缺点都告诉客户，客户给甲公司产品打60分。乙公司认为自己公司的产品在市场上可以打60分，但李四不诚实，只讲优点不讲缺点，或者把缺点敷衍过去，客户听后给乙公司产品打80分。那么自然，客户会选择先跟乙公司的李四合作。可是在合作的过程中，逐渐发现了乙公司产品的问题，对李四的敷衍和解释，客户很不满意，乙公司在客户心中的分值从80分直线下降。这个时候，客户回过头来选择张三所在的甲公司，在使用的过程中，逐渐发现了甲公司产品的优势，打分从60分逐渐上升，甚至超过了80分，在沟通协作的过程中，也逐渐发现了张三是一个专业、靠谱的销售，慢慢与其建立了信任的关系。

二是关系，商务谈判的首要目的不是成交，而是建立信任关系。很多人都认为，商务谈判的目的就是为了胜利，为了签单，如果不能完成签单，那么这个谈判就是失败的。所以，为了签单，不惜采取各种各样的手段，就感觉"短时间签单"，是一种了不起的能力一样。而我从采购、销售的角度来看，这种说法是很幼稚的，本质上是对客户不尊重，对商务合作不严肃。要知道大客户销售的过程非常复杂，客户内部的组织结构、发展战略、人际协调都是复杂的，只有充分尊重客户，接纳客户，积极服务客户，与客户建立长期的信任关系，双方才能长久合作。所以，我每次见客户的时候，首要目标，就是与客户建立信任关系。如果能合作成功，就是意外收获。要知道，只要信任关系建立了，早晚都有合作的机会。而如果带着强烈的签单目标，销售会因为这种功利性而做事急躁。客户也会感受到销售经理的目的性，感受到一种无形的压迫，反而提高了警惕，更加难以建立信任关系。

三是专业，销售经理要对自己从事的行业，销售的产品，客户的需求，具有非常高的专业水平。俗话说"买的没有卖的精"，你得比客户更懂你的产品，更了解客户的需求。在这个方面，我在自己的大客户销售工作中，总结出来很多的模型、方法和规律。举个简单的例子，2015年的时候，有个客户向我咨询某个产品的情况。我说我已经不做那个行业很多年了，是谁推荐你联系我的。他说是北京某个公司的朋友。我想了半天，才想起来，那个朋友我还是在2005年的时候见过，而且只见过一次。那个朋友之所以向这位客户介绍我，是他认为在那个产品领域里面，我是他心目中最专业的销售经理。

上面这三点，一诚实二关系三专业，就是我自己的商务谈判经验总结。可以说，有得有失，有的客户不喜欢诚实的销售，因为他们喜欢听爱听的话。注重长期关系，个别的公司领导就不喜欢，因为他们希望销售出去拜访客户，就要拿订单回来。但是，总体来说，我觉得这就是我自己的风格，这样做，我自己很开心，对得起自己的良心，而且确实交到了很多知心的、信任的朋友。这些朋友，也支持我，我们一起得到了更多的合作机会。

如果作为一个老销售来分享经验，讲了我的"一诚实二关系三专业"就可以了。但是我现在是商业培训师，必须给各位学员，和本书的读者朋友，提供更好、更高、更强的商务谈判方法论。所以，我在这个方面，做了很多的研究。学习了很多关于商务谈判的理论，深入分析了上百个商务谈判案例。然后，才总结出了本节及后面几节要讨论的"成功谈判五步法"。

【谈判背景】

1894年，中日甲午战争爆发，日本胜利，大清国失败。日本要求：确认朝鲜独立；赔偿白银三亿两；割让台湾岛、辽东半岛等；向日本开放北京、重庆、苏州、杭州等七处通商口岸。为此，在1895年，双方要举行停战谈判。清政府派了3批大臣去与日本首相伊藤博文谈判，都没有成功，伊藤博文后来指名要求请李鸿章来日本马关进行谈判。那么问题来了，如果你是李鸿章李中堂，现在清政府要派你代表国家去与伊藤博文谈判，你该怎么谈呢？

很多朋友会说，日本侵略者太可恶了，我一定据理力争，义正词严。首先痛斥侵略者的丑恶嘴脸，然后寸土不让，争取少给钱，不割地。各位朋友们，从情绪上，我完全认同你的看法，如果是突然让我代表大清国去谈判，我可能也会这样谈，无论使用什么手段，抛头颅洒热血，只要能够维护国家和民族利益，不惜一切手段和方法。可是这么情绪化，能解决问题吗？能更好地保护大清国的利益吗？能顺利完成谈判吗？

【电视剧中的马关谈判】

2003年上映的电视连续剧《走向共和》中有一个4分钟左右的

桥段，内容是"李鸿章"与"伊藤博文"谈判的片段。我们先看看他们是怎么谈的，是不是符合前面你我在情绪上的设想。下面是电视剧中的台词。

"伊藤博文"：这是我国政府提出的谈判条款，请中堂大人过目。

"李鸿章"（冷声说）：念！

"伊藤博文"（冷声说）：其实不必念，中堂想必知道，所谓文本，多是虚文。为中日友谊，清国需赔我军费；为中日敦睦，清国要割让土地。我的意思是，这等虚文不必念了。

"李鸿章"（冷声说）：哼！首相大人，你说得真好。菊花与剑，贵国双宝。此时此刻，就把剑亮出来吧。

"伊藤博文"（冷声说）：其实也就两招，请贵国割地赔款。地吗，我大日本帝国看重的是辽东半岛、台湾全岛，还有澎湖列岛。款么，不多，请赔偿日本军费3亿两白银。

"李鸿章"（一拍桌子，厉声说）：江洋大盗，豺狗不如。

"伊藤博文"（冷声说）：豺有豺道，狗有狗道。盗亦有道，清国即使败了，也只有遵我日本之道。

"李鸿章"（大声说）：真是道可道，非常道。好吧，做买卖还有个讨价还价，何况割地赔款呢。我方的价码是，地不可割；赔款嘛，最多一亿两白银。

"伊藤博文"（大声说）：我大日本帝国，口无二价。

"李鸿章"（冷声说）：诶，我说首相大人，这不合外交规矩嘛。

"伊藤博文"（冷声说）：城下之盟，根本没什么规矩。

"李鸿章"（冷声说）：事在人为，外交规矩都是一次次谈出来的。

"伊藤博文"（冷声说）：中堂是外交前辈，两国力量相等，外交就是力量；两国力量悬殊，力量就是外交。这才是外交上的真规矩。

"李鸿章"（冷声说）：老夫老矣，手无缚鸡之力，但要在谈判桌上逼老夫就范，你们日本的武士剑，还不够锋利。

"伊藤博文"（冷声说）：可日本的武士剑，已经遥指贵国东三省，中堂，尽可在此安居，我大日本帝国是不着急的。

"李鸿章"（站起身，冷声说）：那咱们就耗下去，看谁耗得过谁。

"伊藤博文"（站起身，冷声说）：中堂大人，樱花已含苞待放，我希望樱花开放的时候，贵我两国，能轻松地结束我们的谈判。否则，我们的合约条款，那就不是现在的条款了。

你看，电视剧中的谈判，是否符合电视观众的情绪需要。一要表达情绪，二要释放情绪。李鸿章的"就请亮剑""江洋大盗、豺狗不如"这些措辞非常严厉，充分表达了中华民族对日本侵略者的痛恨。而伊藤博文的"中日友谊，赔我军费""中日敦睦，给我割地""豺有豺道、狗有狗道""城下之盟，没有规矩""力量相等，外交就是力量；力量悬殊，力量才是外交"，是不是充分表现了侵略者的厚颜无耻？在这个过程中，你看看是不是针锋相对，剑拔弩张啊？演员说的话，是不是观众想说的话？通过演员的表演，表达了情绪，也释放了情绪。可是，表达和释放情绪，能解决问题吗？答案是不能。

那么历史上真实的马关谈判，是什么样子的呢？我查阅了很多的资料，终于获得了很多珍贵的信息。《马关议和中日谈话录》里面记录了他们双方谈判过程中的每一次对话内容，我摘选了三个典型的场景（图4-1），请大家跟我一起来研究和分析，看那些谈判高手是怎么进行复杂项目的谈判的。

图4-1 马关谈判历史照片

（一）第一幕　开场　互相欣赏倾慕

伊藤博文：今天再次见到中堂大人，看到您的枪伤已经康复，令人高兴呀。

李鸿章：这是贵国佐藤医生的功劳啊。

伊藤博文：佐藤医生给中堂治疗，见效真快，真令人欣慰。

李鸿章：听佐藤医生说，陆奥大臣（指陆奥宗光）发烧了，是吗？

伊藤博文：他的身体一向不好，现在春天，他患了流行感冒，我挺惦记他的。

李鸿章：他吃药了吗？有疗效吗？

伊藤博文：今天烧稍微退了些。

李鸿章：吃饭有胃口不？

伊藤博文：吃得不多，一个月之前，我也发烧了，现在已经好了，中堂您今天身体感觉怎么样？

李鸿章：还好，就是双腿有点发软。

伊藤博文：我的父母都八十岁了，身体都还挺好。

李鸿章：他们住在哪里？

伊藤博文：现在他们住在东京，我出生和成长都是在这里（指山口县）。

李鸿章：是长门市吗？离山口县（城）有多远？

伊藤博文：大约二十英里。

李鸿章：你们长门市出了好多人才啊。

伊藤博文：比不上贵国湖南和安徽两地出的人才多。

李鸿章：我们中国湖南有点像贵国的萨摩藩，人民最尚武；安徽则是有点像你们的长门市，可还是不能比，差得远了。

伊藤博文：这次（甲午）战争，是中国打输了，又不是安徽打输的。

李鸿章：我要是坐你的位置，恐怕办事成效比不上你啊。

伊藤博文：如果是你干我的工作，你一定能干得比我更好。

李鸿章：你在日本所做的一切，就是我想在中国做的，可是如果你要是我，你就会发现在中国改革之难，真是一言难尽。

伊藤博文：换了我在中国做事，那些当官的也不会服我，总之职位高了，总有这样那样难办的事情，怕这怕那的，我们日本其实也是一样的。

李鸿章：贵国官场上下都是一条心，做什么事都容易。

（二）第二幕 我没钱我不管

李鸿章：赔款两亿两白银，数额太大，我国做不到。

伊藤博文：两亿两白银已经是减到不能再减了，如果仗继续打下去，贵国只会赔得更多。

…………

伊藤博文：你们中国领土有日本十倍那么大，而且中国的人口有四亿，财源广得很，创造财富很容易，现在贵国患难，更是人才辈出，正好利用他们的才智，来开发财源。

李鸿章：索性我们中国请你来当我们的首相好了。

伊藤博文：这个要请示我们天皇了，我个人倒是挺乐意去的。

李鸿章：如果贵国天皇不批准你去当我们中国的首相，你就去不了，我们都是给皇帝打工的，所以也请你设身处地、将心比心，体谅我的处境，如果照二亿两白银这个数字，写进条约，外国就知道我们必须找他们借钱才能还债，到时候他们一定要挟我们、支付昂贵的利息，到时候我们借不到钱，还不上赔款，最终又是失信于贵国，到时候我们两国又只能重新开战，你又何苦对我国相逼太甚呢。

伊藤博文：借钱还债，这是你们中国的事情，与我无关啊。

李鸿章：还是要请您再减少一些。

伊藤博文：实在是减不了。

（三）第三幕　只付利息行不行

李鸿章：首期赔款缴纳之后，剩下的款子以每年5%的利率收取利息，德国对法国就是这样算的。

伊藤博文：如果全部赔款都能付清，自然不用计算利息。

李鸿章：但是二亿两白银，我国实在是给不起，这样好吗？每年给贵国支付5%的利息，本金就不用还了，可以吗？

伊藤博文：这种做法实质上就是相当于找我国（日本）借二亿两白银，我国没有这么多的钱出借。

李鸿章：贵国根本不需要实际借出本金，贵国只管收取利息即可。

伊藤博文：这个办不到。

如上，这三幕内容，就是我从《马关议和中日谈话录》里面精选的三个片段。各位朋友们，读完这三个片段，你有什么感受呢？你感受到针锋相对、剑拔弩张和刀光剑影了吗？你感受到表达情绪、释放情绪了吗？我想大多数朋友，跟我的感受应该差不多。我的感受就是，双方在一种和睦、友好、真诚、专业的氛围中，举重若轻，四两拨千斤地，谈好了一个标的二亿两白银的大项目。感觉这不是两个大国的总理在就国家版图割地赔款的项目在谈判，而是民间村头大槐树下，两位老人在为双方儿女的嫁妆和聘礼讨价还价。见面聊聊身体，聊聊家人，然后步入正题，希望对方多多体谅。

不过，谈判的核心仍然是伊藤博文那句话，**力量相等，外交就是力量；力量悬殊，力量才是外交**。当时日本由于明治维新走上了工业化的道路，而大清国还处于农业社会，所以力量对比悬殊，在这样的情况下，李鸿章也只能竭尽全力地减少损失。

【小结】

本节话题讨论了三项内容，一项是我的商务谈判经验九个字总结："一诚实""二关系""三专业"；第二项是在《走向共和》电视剧里演员在"马关谈判"这个桥段中的情绪表达；第三项是从《马关议和中日谈话录》中摘选的三个历史片段。

通过真实的片段摘选，我想请各位朋友们感受的是真实的谈判，应该在和平、友好、亲切、专业的氛围中开展，而不能像文艺作品中那样剑拔弩张、针锋相对。

【自测与思考】

（一）如果总结你自己的商务谈判经验，你觉得是什么风格呢？你能总结哪几条谈判原则呢？

（二）通过《走向共和》电视剧桥段和《马关议和中日谈话录》

摘录片段的对比，关于大客户销售商务谈判技巧，你又有哪些启发和收获呢？

💡 话题6：对人情理法、对事法理情

【提问】

有一句俗语，叫"做事先做人。"人做好了，事才能做好；人做不好，事肯定做不好。那么到底，该怎么做人？怎么做事呢？

从《马关议和中日谈话录》中可以看到李鸿章和伊藤博文，都是既会做人，又会做事的人。从这个案例中，我们可以总结出哪些作为大客户销售经理做人和做事的方法呢？

答案是十个字，**"对人情理法，对事法理情"**。情，就是人情和情绪；理就是道理，就是有理有据，客观公正；法就是法律、权威、力量对比。下面，我们就结合《马关议和中日谈话录》的片段摘录，来一起分析一下。

【对人情理法】

对人情理法，就是一人情二道理三法律。这三者是逐渐升级的关系，就是能用人情解决的问题，就不要讲道理；能讲道理解决的问题，就不动用法律和暴力。国家与国家之间是这样，人和人之间，也是这样。

你看，在我选择的这三个片段中，第一个片段，他们双方讨论奥陆的发烧、出生地、湖南和安徽，都是在讲人情。这就像两个老朋友在聊天。第一个片段中，两个人互相比较职场环境，李鸿章说："你在日本所做的就是我想在中国做的。"第二个片段，李鸿章说："索性请你来我们中国当首相好了。"伊藤博文说："如果天皇同意，我还挺

乐意去的。"这些就是对人在讲道理。

【对事法理情】

对事法理情的意思，就是针对具体的事情，首先考虑是否符合法律，然后再讲道理，最后考虑人情。

在《马关议和中日谈话录》里，你可以看到，伊藤博文仍然处于强势的一方。谈判的精髓仍然是，力量相等，外交就是力量；力量悬殊，力量才是外交。虽然双方在和睦、友好的氛围中谈判。但是一涉及国家利益，伊藤博文毫不留情地拒绝，李鸿章客气请求，也是毫无结果。这个就是法，就是法律，就是弱肉强食的国际政治规则。

在道理方面，李鸿章做足了功课。你可以看到他精通国际战争赔款规则，力争减少大清国的损失，仅仅在这个片段就借鉴了德国和法国的赔偿方案。并且为了减少赔款，提出只付利息不付本金的方案。

在人情的方面，这次谈判中也是有所体现的。细心的读者可以发现我在前面话题中，日本要求清政府赔偿三亿两白银，可是在谈判实录里面变成了二亿两。为什么呢？因为，在马关谈判期间，有一次李鸿章在去谈判会场的路上，遭到一个日本青年的刺杀，脸部中弹流血不止。日本人要求李鸿章先去包扎休养，然后再谈判，但是李鸿章拒绝了，而是在血流不止的情况下坚持谈判。最后日本人同意把三亿两白银，降低到了二亿两白银。

对事法理情，我们还可以参考一下《三国演义》里面，诸葛亮挥泪斩马谡的故事。

第一法律，马谡为了争取守街亭的命令，立下了军令状。结果丢了街亭，被斩，这个就是法律。

第二道理，马谡要求去守街亭前，诸葛亮不让他去，他非要去。

同去的王平提出了安营扎寨的合理建议，马谡不听，犯下大错给国家造成巨大损失，当受惩罚。这个就是道理。

第三人情，马谡的哥哥马良是诸葛亮的好朋友，诸葛亮答应照顾马谡。诸葛亮跟马谡说，你死之后，你的父母、妻子和孩子，我来照顾。你是我的学生，我非常舍不得你，要是杀了你我很痛心。这个就是人情。所以，诸葛亮挥泪斩马谡，是对事法理情兼顾的典型案例。

【小结】

本节话题讲解了"对人情理法"和"对事法理情"两大处事原则，希望可以帮助各位朋友，分得清"人"和"事"，既能解决好人的问题，也能解决好事的问题。

【自测与思考】

（一）在你自己经历的商务谈判中，是否关注到"人"的因素？你是怎样处理的？

（二）在对待"事"的方面，你有没有兼顾人情？你又是怎样做的呢？

话题7："李鸿章"和李鸿章对比

【提问】

前面话题中我们谈的是总原则，"对人情理法，对事法理情"。本节话题，需要从更多的角度，对《走向共和》中的"李鸿章"和《马关议和中日谈话录》中的李鸿章的谈判过程进行比较。以便各位朋友更加深入地掌握谈判方法。

【相同点】

先说相同点，电视剧版"李鸿章"和历史上的李鸿章，都是立场坚定，寸土不让。

【不同点】

我从七个角度，来比较不同点，如表4-15所示。

表4-15 电视剧版"李鸿章"与历史上的李鸿章谈判对比

分类	《走向共和》"李鸿章"	《马关议和中日谈话录》李鸿章
方向	正义 VS 邪恶、表达情绪	从实际出发，没有对错，解决问题
关系	敌我关系紧张、剑拔弩张	朋友关系、嘘寒问暖
地位	不平等：居高临下，就请亮剑	平等：都是给皇帝打工的
方法	气势汹汹，表达愤怒、不屈、鄙夷	人情引路，专业认真
人情	把对方当成了豺和狗	全面丰富
专业	/	兼顾现实、国际惯例、有理有据
结果	根本谈不下去	拼命争取，减少损失

第一，谈判方向。电视剧版"李鸿章"的大方向是正义对邪恶的审判，表达愤怒的情绪；而历史上的李鸿章接受国际政治上弱肉强食的规则，从实际出发，对错放一边，目标就是要解决问题。

第二，人际关系。电视剧版"李鸿章"是敌我关系，剑拔弩张；历史上的李鸿章是朋友关系、嘘寒问暖。

第三，地位不同。电视剧版"李鸿章"与对方不平等，居高临下；而历史上的李鸿章表现出与对方地位平等，互相尊重。

第四，谈判方法。电视剧版"李鸿章"靠气势唬人，表达愤怒、不屈和鄙夷；历史上的李鸿章则是人情引路，专业认真。

第五，人情方面。电视剧版"李鸿章"只有自己的人情，把对方当成了豺和狗；历史上的李鸿章则全面丰富，问身体、问家乡、问家人等等。

第六，专业方面。电视剧版"李鸿章"没有体现出专业；历史上的李鸿章兼顾现实、国际惯例、有理有据。

第七，谈判结果。电视剧版"李鸿章"根本谈不下去，谈了几分钟就结束了。历史上的李鸿章据理力争、争取到了最小的损失。

【小结】

本节话题，对比了电视剧《走向共和》中的"李鸿章"与《马关议和中日谈话录》中的李鸿章，在谈判过程中的相同点和不同点。

【自测与思考】

（一）如果从这七个角度来分析你自己的谈判方法，你觉得你跟电视剧版的"李鸿章"更接近？还是跟历史上的李鸿章更接近呢？

（二）方向、关系、地位、方法、人情、专业，这六个维度之间，你觉得有逻辑或因果关系吗？哪个最重要？

话题8：成功谈判五步法

【提问】

怎样提高自己的商务谈判能力呢？我总结了一个"成功谈判五步法"，本节话题，就与大家一起详细讲解这个方法。

【成功谈判五步法】

其实，成功谈判的过程，就像把大象放到冰箱里，就是把你自己的想法，放到对方的脑袋里，让对方接受。有一个脑筋急转弯，说把大象放冰箱里，一共需要几步？答案是三步，第一步，打开冰箱门；第二步，放入大象；第三步，关上冰箱门。在这个基础上，我又增加了两步，在前面增加一步，要问问冰箱的需要，大象放冰箱的一个前提，就是冰箱得同意。在后面再增加一步，就是得经常打开冰箱门，给大象透透气，否则大象会窒息而死。

五步法具体的内容就是：事前准备、打开心扉、价值交换、温情收尾和保持温度。

【第一步 事前准备】

事前准备，就是谈判前要做好各项准备。包括以下四个方面：打造销售人设、销售工具准备、客户需求挖掘、商务礼仪准备。

（一）打造销售人设

就是你希望自己在客户心目中是一个什么样的人。你对客户是尊重，还是不够尊重？是诚实，还是巧言令色的？是专业，还是流于表面？是关注签单，还是关注客户需求？比如，我给自己的人设就是"一诚实二关系三专业"。这个人设不能变，要保持稳定，保持长期的一致性。只有这样，客户跟你合作，才有安全感。

（二）销售工具准备

在面对客户之前，要研究客户公司所在的行业都有哪些竞争对手，其中哪些公司已经成了我们的客户。这些成功案例，对现在这家客户是否有借鉴意义？我们的产品，对这家客户从 FABE 利益推销法的角度，针对管理层、中层和执行层都能提供什么价值？谈判中需要携带哪些产品资料？是否要携带笔记本电脑做 PPT 演示？名片准备好了吗？这些都是销售经理的销售工具，见客户之前，要做好充分准备。

（三）客户需求挖掘

通过前期与客户的沟通，对客户个人需求的挖掘，得到哪些信息？客户组织架构中每个人的工作目标、个人性格、人际关系和工作态度都是什么情况？与客户企业接触，需要准备哪些资料？该公司在产品和服务、合作类型、决策流程和发展战略上，各有什么特点？

（四）商务礼仪准备

根据自己的人设，以及客户的特点，你需要怎样着装？如果客户来你公司拜访，是否要提前检查茶水准备情况？是否要安排客户来参观公司？是否要准备午餐？午餐选择哪个餐馆？是否需要预订？客户在饮食上有什么禁忌？是否需要安排公司其他部门的人员一起参与谈判？如果需要，你们彼此之间如何配合？这些都需要大客户销售经理提前做好准备。

【第二步　打开心扉】

第二步，打开心扉，就是在进入正式商务谈判内容之前的嘘寒问暖，为双方沟通创造一个轻松愉快、舒适的氛围。主要有以下四种方式，包括聊家常、给赞美、找共同点和善模仿。

（一）聊家常，就是聊一些个人话题，比如籍贯、专业、学校、交通、天气等等。就像李鸿章与伊藤博文，聊聊胃口、聊聊家乡等等。给大家一些不同类型人群的倾向性热点话题，男人喜欢聊赚钱、女人喜欢聊气质、老板喜欢聊忠心、下属喜欢聊未来、渠道喜欢聊佣金、客户喜欢聊质量、老人喜欢聊健康、小孩喜欢聊游戏、兄妹喜欢聊亲情。

（二）给予赞美，就是通过观察对方身上的一些细节，给予独特性或唯一性的欣赏和赞美。独特性，就是你这点跟别人不一样。唯一性，就是除了你，别人都不行。如果你觉得这个很难。网上也有一些例子，这里供大家参考：遇到病人一律夸气色好，很快就会康复；遇到带孩子的人，一律夸孩子带得好、聪明；遇到企业家，一律夸他有情怀；遇到职工，一律夸有格局；遇到富人，一律夸有眼光、有品位；遇到位高权重者，一律夸平易近人；遇到话多的，一律夸性格开朗；遇到顽固的，一律夸意志坚强；遇到性急的，一律夸有爆发力；遇到冷漠的，一律夸警惕性强；遇到蛮横无理的，一律夸直率；遇到做事冲动的，一律夸行动力强；遇到爱生气的，一律夸性情中人；遇到处事圆滑的，一律夸擅于社交；遇到爱管闲事的，一律夸乐于助人；遇到爱讲道理的，一律夸有逻辑性；遇到男人，一律夸有才华、有风度；遇到女人，一律夸对方瘦了、更漂亮了；遇到穷人，一律说钱不重要，快乐就好。

（三）找共同点，就是寻找彼此之间的共同点。可以从专业、学校、籍贯、兴趣爱好等方面入手。一旦发现彼此间的共同点，心理距离一下子就拉近了。李鸿章和伊藤博文，通过对彼此职场身份的认同，来拉近相互之间的心理距离。

（四）善模仿，如果找不到共同点，模仿对方的动作，使用对方公司的惯用词汇等，都可以拉近彼此间的心理距离。

【第三步　价值交换】

谈判是在平等尊重、互利互惠的基础上，进行一定的价值交换。这里面有五个方法，分别是波浪式沟通法、表达说服、无限游戏、高情商化解争议和微表情观察。

（一）波浪式沟通法：就是把一个大的项目，拆解为若干个小问题。一个问题一个问题地解决，一个波浪解决一个问题，波峰是舒缓双方的情绪，让彼此的神经放松一下，波谷解决问题。解决掉所有小问题，那么大项目的合作就谈成了。如果你通读《马关议和中日谈话录》的全文，你就会发现李鸿章和伊藤博文，就是这样波浪式谈判的。

（二）表达说服：就是使用上一章学习的"结构思考力"五个工具、FABE 利益推销法、BAPAC 完整案例公式、"三翻四抖"案例结构，以及专业模型思维等方式，充分展现公司的产品和服务价值，说服并打动客户。

（三）无限游戏：因为大客户销售与客户的合作是长期的，多次重复的，所以，无限游戏的意思是，企业与客户的合作游戏，是无限进行的，所以总体上，必须追求双赢，否则合作无法继续。与无限游戏相对的是有限游戏，就是传统上说的"一锤子买卖"。

（四）高情商化解争议：当客户出现质疑、犹豫、拖延和敷衍等情况时，能够平等尊重、不卑不亢地化解争议，推进谈判的进行。具体的化解方法，在本章后面的话题展开讨论。

（五）微表情观察：就是根据对方的肢体动作，判断出对方心中的感受和想法。以下内容，供参考。眯着眼，表示怀疑；摸后脑，表示犹豫；擦眼睛，表示反对；摸小腿，表示思考；摸鼻子，表示隐瞒；睁大眼睛，表示被吸引；摸手掌，表示有兴趣；单手插口袋，耍帅；双手插口袋，自信；闭眼低头，表示不感兴趣。

【第四步　温情收尾】

温情收尾：就是给本次谈判画上一个圆满的句号。这个阶段包括三项内容，分别是要点总结、下一步计划和照顾人情。

（一）要点总结，就是对本次会议的内容，做一个简单的回顾。

（二）下一步计划，就是把下一步要做的工作，向全体与会人员再重复一下，请对方查漏补缺。

（三）照顾人情，就是回到人情的话题，邀请对方一起就餐，或者约对方一起去钓鱼、打球等。

【第五步　保持温度】

保持温度：就是与客户有合作的时候，保持友谊的温度，没有合作的时候，仍然保持友谊的温度。谦谦君子，温润如玉。要君子之交淡如水，不要小人之交甘若醴。避免成为一个精致的利己主义者。关于客户关系的内容，在后面章节中，还会具体展开。

【精致的利己主义者】

北京大学钱理群教授的课堂上，有一天多了一名学生，上课的时候与教授积极互动，课下还找教授答疑。之后，这名学生经常来上钱教授的课，慢慢地就熟悉了，钱教授非常欣赏这名学生。有一次，该学生请钱教授帮忙写一封推荐信，钱教授欣然应允。结果，拿到推荐信后，这个学生就在钱教授的世界里面消失不见了。后来钱教授总结出这个词叫作"精致的利己主义者"。就是需要你的时候，他就殷勤奉承，不需要你的时候，就一脚踢开。大客户销售与客户之间的关系是一场无限游戏，要坚持长期的互利双赢。

【小结】

本节话题，详细介绍了我总结出的"成功谈判五步法"。包括：

第一步，需求准备，要在个人人设、销售工具、客户需求和商务礼仪四个方面进行准备；

第二步，打开心扉，提供了四套方法，分别是聊家常、给赞美、找共同点、善于模仿；

第三步，价值交换，讨论了波浪式沟通法、表达说服、无限游戏、高情商化解和微表情观察；

第四步，温情收尾，要安排好下一步工作，和照顾人情；

第五步，保持温度，要避免成为精致的利己主义者，坚持与客户建立朋友关系，坚持长期的互利双赢。

通过这些步骤，向各位朋友全面地分析了如何在谈判过程中，贯彻"生人要熟、熟人要亲、亲人要生"和"对人情理法、对事法理情"的两大原则。

【自测与思考】

（一）通过本节话题的阅读和学习，你有哪些收获和启发？

（二）为了更好地与客户进行谈判沟通，你觉得自己需要在哪些方面进行提升？

话题9：高情商沟通四个关键词

【提问】

我在线下培训的时候，关于客户沟通，企业学员提出最多的四个问题如下。

第一个问题：明明我们的产品物美价廉，可客户就认为是物丑价高，怎么办？

第二个问题：如果跟客户的观点不同，应不应该当面表达？当面表达，客户不开心就不买产品了；不表达，事情无法向前推进。

第三个问题：如果客户表达模糊，一直要研究，让我们等消息，怎么办？如果我们主动联系客户，联系早了，客户说还在研究，确定后再给反馈意见；如果联系晚了，客户说刚刚选择了别人，还责怪我们没有早点联系。对这类客户，我们该如何跟进？

第四个问题：经过长时间的跟进和艰苦的谈判，结果我们的产品和服务不能满足客户需要怎么办？怎样在不得罪客户的情况下，让客户仍然相信我们？

本节话题，就讨论如何化解前面这几种尴尬的、左右为难的沟通场景。只需要用四个高情商沟通的关键词，就可以做到完美化解。这四个词分别是：是的、同时、做到和但是。

【是的，你是对的】

我在网上看到过一个图片，上面一只拟人化的犀牛对着美丽的风景，正在画画，地上零乱放着几幅 TA 画好的画。稍加观察，可以看到 TA 所有画的中间，都有一个犀牛角。在犀牛的眼中，不管看到什么样的美景，中间都有一个犀牛角，这就是犀牛眼中的世界。我们不可能改变犀牛眼中的世界，这就意味着，我们也不能改变客户的看法。我们首先能做的是接纳犀牛眼中的世界。这个方法就是，无论客户说什么，我们都要说，"是的，你是对的，你说得有道理。"

比如，明明我们的产品物美价廉，可客户认为是物丑价高，怎么办？我们应该说，是的，你是对的，我们的产品确实不够完美，我们的价格确实存在利润空间。为什么我们不能跟客户说，你错了，我们的产品其实物美价廉？如果你这样说，就是忽视了犀牛角，会触发客户的逆火效应。

逆火效应（Backfire Effect）：当人们遇上与自身信念相抵触的观点或证据时，除非它们足以完全摧毁原信念，否则，人们会忽略或反驳它们，原信念反而更加强化。这就解释了为什么我们经常看到，一些人受骗后非要打钱给骗子，警察和银行怎么解释都不信，怎么拦都拦不住。从记忆生成的角度来看，是因为大脑中有无数的神经元相连接，而神经元在一次次接受刺激后就会逐渐被强化。当我们坚信一个观点时，也就是反复强化了神经元的连接，从而形成了根深蒂固的思维。当自身的观念被攻击时，就跟自己被攻击差不多，所以我们就会想要捍卫自己的观点。这意味着，**你越是说客户错了，客户越会坚持自己的观点，你越难以说服对方。**

所以，无论对方说什么，我们都说，"是的，你是对的，你说得有道理。"如果能给对方再找到具体的理由就更好了。为什么要这样做呢？朋友们，你观察过人打太极拳吗？一般的武术招式是，如果对方攻击我，我或者格挡，或者反向攻击回去让对方格挡。这样的结果是双方持续争斗，最终都会受伤。而太极拳，会顺着对方攻击的力道继续拉着对方的肢体前行，把对方的攻击力量化解掉。这样，我们认可了对方，就是让对方的攻击性得到化解。后面，我们说的话，对方才能听进去。逆火效应，才能被破解。

【同时，陈述事实】

有的朋友可能就该担心了，如果对方说什么，我都同意的话，那我不是成木偶了吗？事情不就失控了吗？所以，下一个问题，如果跟客户的观点不同，应该不应该当面表达？这又是一个左右为难的问题。当面表达，客户不开心就不买产品了；不表达，事情无法向前推进。怎么办？这里就要用第二个关键词"同时"来解决。解决的方法，就是陈述事实。就是不要把跟对方不同的观点讲出来，而是要陈述自己观点的真实情况。（注意，这里面的方法与"结构思考力"里面结论先行的方法，相悖。因为那个场景是你在主动表达，目的是讲明白。而这里的场景是你要被动应对，要化解争议。场景不同，所以方法也不同）

还是刚才那个例子：明明我们的产品和服务物美价廉，可客户就是说我们的产品物丑价高，怎么办？我们应该说，是的，你是对的，我们的产品确实不够完美，我们的企业确实存在利润空间，我们的产品在市场上属于中高端产品。同时，跟您公司同类型的客户，IBM、微软和联想公司，都选择了跟我们合作。你看，你这样说，既没有否定对方的观点，同时陈述的事实是，跟客户公司同类的其他优秀公司，都选择了我们。通过这些事实，客户可以自己得出什么结论呢？那就是我们的产品质量优异，价格合理，跟客户公司同类的公司选择了跟我们合作，客户公司也可以选择跟我们合作。这样既没有与客户争辩，又让客户自己得出了双方共赢的结论。

【手机充电器的故事】

我的下属小王，老家在外地，在北京自己租房子住。有一次，他妈妈来北京看他，发现他租了一个大房子，三室一厅，同时里面还住着一个漂亮的姑娘。他妈妈就问小王，那个姑娘跟小王是不是在谈恋爱。小王矢口否认说，我俩只是单纯的合租关系，您不要多想。住了几天，小王妈妈就回老家了。妈妈回去两天后，小王发现自己的手机充电器不见了，在此期间除了自己妈妈来过，房子里没来过其他人。所以，小王怀疑是妈妈不小心拿走了手机充电器。可是如果直接跟妈妈说，你是不是不小心拿走了我的手机充电器，那老太太会不会不高兴？因为你这样问就是假设妈妈是一个不小心的人。因此，即使真的不小心拿走了，可能也不好意思承认。于是，小王就想到了，用上面"同时，陈述事实"的方法。

小王给妈妈微信上发了一段话："亲爱的妈妈，谢谢你来看我。跟你说一件事情，我不能说你不小心拿走了我的充电器，也不能说你没有不小心拿走了我的充电器。事实是，在你来看我期间，没有其他人来过，你来之前我的手机充电器是在的，你走之后，我的手机充电器就不见了。"

你看，小王通过陈述事实，提醒妈妈查看一下自己的行李。妈妈既不会生气，也会高兴帮忙，这个目的就达到了。

过了一会儿，小王妈妈回复了一段话，也用了"同时，陈述事实"的方法。她说："亲爱的儿子，看到你在北京工作很开心，我很欣慰。我不能说你和那个漂亮姑娘关系暧昧，我也不能说你和那个漂亮姑娘关系不暧昧。事实是，如果你每天都睡在自己的床上的话，那么在我离开的第一天晚上，你就会在自己的被窝里面，发现自己的充电器。"你看这对母子，都是使用"同时，陈述事实"的高手，既没有表达观点，又让对方推论出了自己想表达的观点。

这样，我们通过"是的，你是对的"和"同时，陈述事实"就解决了第一个问题和第二个问题。

【做到，提出标准】

现在讨论一下第三个问题：如果客户表达模糊，一直要研究，让你等消息，怎么办？如果你主动联系客户，联系早了，客户说我们还在研究，等我们联系你；如果联系晚了，客户说我们刚刚选择了别人，你怎么不早联系我们？

这只是这类客户模糊拖延的一种情况，还有一种情况是，客户不断地询价、提出各种要求，我们都积极回应了，但是客户总以各种理由，进行推托，就是不跟销售谈合同。我管这种情况叫"无底洞式谈判"。

举个例子，我有套房子闲置，到房地产中介挂牌，准备出租。第一天，中介联系我说，有个客户看上了我的房子，问房租能不能商量，我说可以；第二天，中介又联系我说，那个客户问，能不能多给几天免租期，我说可以；第三天，中介再联系我说，那个客户看房的时候，问能不能把浴室的莲蓬头换个新的，我说可以；这个就是"无底洞式谈判"。这样经过了五、六轮沟通，我的耐心被这个客户耗尽，我就跟中介说，我说他如果租我的房子，就把所有条件都一次性地提出来，我能满足就租，不能满足就不租。不要这样一轮一轮地耗费双方的时间和精力。

综合我租房子这个案例，针对这种无底洞式拖延型的客户，大客户销售经理应该勇敢地问客户希望我们做到或者达到哪些标准，才可以签订合同，开始合作。

比如，针对上面的第三个问题。当客户提出，我们需要研究研究的时候，作为销售经理，不能离开客户，而应该坦诚提出，您仍然需要研究研究，说明刚才我们的产品介绍，没有满足您公司对我们产品和服务的需要。能不能请您把您最关心的技术指标、重要功能、商务条件，都告诉我，我来向我们公司去协调资源，这样您就不用再研究了，既节省了您的时间，也可以让我们更快为您服务，您看如何？

你看，这样说的话，是不是就可以让这个项目"起死回生"呢？那么，新的问题又来了，客户提出几条标准，如果我们都能够满足，那么皆大欢喜。问题是，万一客户提出来的几条标准，公司暂时满足不了，那不是就掉链子了吗？前面那么自信、勇敢，结果公司在产品或者流程上不支持，是不是非常尴尬？这个问题如果化解不好，就会给客户留下你这个销售夸夸其谈，你们公司外强中干的不良印象。为了以后还能与客户开展长期的合作，你该如何做才能摆脱这种尴尬，甚至化腐朽为神奇，化被动为主动呢？就要用到第四个关键词。

【但是，表明态度】

第四个关键词是"但是，表明态度"。就是当客户提出的标准，我们不能满足的时候。用这个短语来表明本公司和销售个人，服务客户的热忱态度，是一如既往的。

这个短语，同样适用于解决第四个问题：经过长时间的跟进和艰苦的谈判，如果你的产品和服务，还不能满足客户需要怎么办？

我们的语言里面，很多连词对所连接的内容具有弱化或者强化的作用。假设，对语句内容的重要性从弱到强，可以打1分、2分、3分的话，请比较下表中的三句话，前半句和后半句可以各打几分（表4-16）。

表4-16　"虽然""但是"语气效果对比表

语句	前半句打分	后半句打分
今天天气晴朗，虽然明天会下雨	2	1
今天天气晴朗，同时明天会下雨	2	2
今天天气晴朗，但是明天会下雨	2	3

通过这三句话的比较，大家可以看到，前半句都是一样。而后半句，用了"虽然"的第一句，弱化了明天会下雨的重要性，突出了"今天天气晴朗"；第二句用了"同时"，强调了"明天会下雨"与"今天天气晴朗"同等重要；而第三句，用了"但是"，就强调了"明天会下雨"的重要性，给人留下深刻印象。

所以，当我们公司的产品和服务，不能满足客户的需求时，我们需要用"但是"，来强调我们将一直一如既往地为客户提供热忱、周到的服务态度。

比如："王总，我们这次无法马上给您公司提供产品和服务了，但是，我们回去会提高产品标准，一旦能够满足您今天提出来的需要，我们会马上向您汇报。"

这样，虽然合作不能马上开展，但是给客户留下了我们公司和销售经理专业、热情、积极进取的良好印象，客户关系会获得些许提升，为未来的合作打下良好的基础。俗话说，留得青山在，不怕没柴烧。

【小结】

本节话题，重点讨论了客户提出疑难问题时，通过四个关键词进行化解。可以帮助销售经理与客户在平等尊重、互利互惠的基础上，巧妙地化解尴尬，推动双方顺利合作。

这四个关键词短语，分别是：是的，你是对的；同时，陈述事实；做到，提出标准；但是，表明态度。

【自测与思考】

（一）本节话题讨论的四类问题，你遇到过吗？你当时是怎么化解的呢？

（二）通过这四个关键词短语的学习，跟你自己以前的方法相比较，哪个更好？

话题10：组合拳化解复杂问题

【提问】

上一个话题，讨论的是在沟通过程中见招拆招，化解尴尬场景，以此推进项目合作。但是，大客户经理在销售项目的过程中是推动两家公司的合作，双方的组织结构都很复杂，都需要多个部门的支持和配合，所以，会遇到更加棘手的复杂要求和问题。比如：

第一个、当在项目的跟进过程中与客户陷入僵局，如何化解？

第二个、当客户提出了非常难以实现的高难度问题时，怎样化解？

第三个、当客户向销售经理投诉交付部门的时候，如何处理？

那么，我们就需要用上一话题讲到的四个关键词短语的组合拳了。

【华为云的案例】

"得到"公司创始人罗振宇老师在演讲中,讲过一个"华为云"邮件的故事。背景是这样的,"华为云"的销售经理,跟进"得到"公司已经很久了,但是业务也不见进展。所以这位销售经理给"得到"的副总裁发了一封邮件。内容如下:

> "得到"屡次拒绝了我们"华为云",拒绝我们100次,也不要紧。
>
> 我们会再沟通101次,因为我们坚信"华为云"是"得到"最正确的选择。我们"华为云"的总裁和副总裁,都是"得到"的用户,他们非常关心"华为云"和"得到"的合作进展。
>
> 我们"华为云"做事情,不是要赚客户的钱,而是要帮客户赚钱。("得到"缺乏B2B业务的经验,我们有)我们为"得到"的企业知识服务,挑选了一个优质客户,只要"得到"愿意,马上就可以签500万的订单。这个合作,跟"得到"是否选择"华为云"做数据服务商,没有任何关系,请你们不必有压力。
>
> 我们没有美式装备,但是在您最需要的时候,我们一定是金刚川上的那座"人桥"。

正好罗振宇老师看到了这封邮件,后来经过与其他管理层的讨论,最终决定使用"华为云"的服务。可以说,这封邮件起到了四两拨千斤、画龙点睛的作用。这封邮件的内容,就使用了四个关键词的组合拳。

下面让我们一起进行分析,如表4-17所示。

表4-17 "华为云"给"得到"的邮件分析

"华为云"邮件	四个关键词组合拳解读
"得到"屡次拒绝了我们"华为云",拒绝我们100次,也不要紧	是的,你是对的。"得到"拒绝"华为云",一定有得到的理由。拒绝我们100次,"得到"也是对的
我们会再沟通101次,因为我们坚信"华为云"是"得到"最正确的选择。我们"华为云"的总裁和副总裁,都是"得到"的用户,他们非常关心"华为云"和"得到"的合作进展	同时,陈述事实。我们坚信选择"华为云"是最正确的选择,我们的总裁和副总裁是"得到"的用户,关心合作进展
我们"华为云"做事情,不是要赚客户的钱,而是要帮客户赚钱。("得到"缺乏B2B业务的经验,我们有)我们为得到的企业知识服务,挑选了一个优质客户,只要"得到"愿意,马上就可以签500万的订单。这个合作,跟"得到"是否选择"华为云"做数据服务商,没有任何关系,请你们不必有压力	做到,提出标准。这里"得到"没有对"华为云"提出标准。但是"华为云"自己提出了更高的标准,就是我们不是要赚你的钱,而是要帮助你赚钱。只要你愿意,一个500万订单的客户,已经帮"得到"挑好了。而且这个合作,跟"得到"是否选择与我们合作没有关系,不必有压力
我们没有美式装备,但是在您最需要的时候,我们一定是金刚川上的那座"人桥"	但是,表明态度。假设"得到"签了那个500万的客户,仍然不跟我们合作,我们仍然一如既往地、时刻准备着为"得到"提供优质的"华为云"服务

你看,经过这四个关键词短语的组合拳应用,是不是打破了项目的僵局,开创了一片新天地?这样,我们就解决了第一个问题:在项目跟进过程中,如何有效化解与客户的僵局。

【Mission Impossible】

第二个问题,当客户提出了非常难以实现的高难度问题时,怎样化解?毕竟客户是甲方,提出的需求,我们销售经理都希望能够满足,但是,有的时候提出的需求确实无法满足。比如,有的客户要求我们提供各种各样的行业数据和报告;或者要我们设计或开发市场需求前景未知的产品……我管这类任务,都叫作 Mission Impossible,就是无法完成的任务。

针对这种情况,我总结了一个通用的回答公式。如下面文本框内容所示。

> 客户：你能不能给我做一个Mission Impossible的事情啊？
>
> 销售回答：（1）【是的，您是对的】是的，您的需求非常有道理，我完全理解您的需求，因为如果我们做到了Mission Impossible，您公司就可以1/2/3了。
>
> （2）【同时，陈述事实】一直以来，我们ABC公司也一直在Mission Impossible上保持紧密关注，您关注的也是我们关注的，因为如果做到了Mission Impossible，对我们企业，也有很大的帮助。同时，我也不得不向您汇报，这个事情没有我们自己想象得那么容易。我们已经做了A/B/C的尝试，遇到了X/Y/Z的困难。我们还发现，这个Mission Impossible对我们双方的业务发展来说，属于锦上添花的需求。实际意义并没有想象中那么巨大。
>
> （3）【做到，提出标准】所以，ABC公司认为，我们的重点应该先解决雪中送炭类的关键性问题。只要我们不断超越自己，那么我们一定会把竞争对手都远远甩在后面。在这个方面，目前我们能做的事情有两个：一个是D/E/F，另一个是G/H/I。
>
> （4）【但是，表明态度】实在抱歉，您马上要的这个Mission Impossible，短时间内还不能给您满意的答案。但是，一旦ABC公司把这个事情做好了，我第一时间向您汇报。您看可以吗？

【客户投诉交付部门】

第三个不好解决的复杂问题是当客户向销售经理投诉交付部门的时候，如何处理？这里面的交付部门，指合同签订后，为客户提供企业产品和服务的服务部门，包括技术、物流、客服等。而这些部门的同事，与大客户销售经理一般是平级的关系,客户跟你投诉他们,你处理不好,就可能既得罪了客户,又得罪了同事。所以,一定要谨慎处理。

这个处理的步骤,也是使用这四个关键词短语的组合拳。如下框内容所示。

> 问题:交付团队与客户出现矛盾,客户向销售经理投诉?
>
> 销售的行为:(1)【是的,您是对的】接纳客户的情绪,代表ABC公司向客户道歉。平复客户情绪后,向客户了解事情发生的过程。
>
> (2)【同时,陈述事实】到交付团队那里了解事情经过,与交付团队一起分析事情发生原因:A.客户原因;B.交付团队个人专业原因;C.交付团队个人的个人原因;D.客户的原因(产品、流程、客户关系)。
>
> (3)【做到,提出标准】找到原因后,制定改善措施。杜绝同类事项再次发生。向客户汇报:A.调查结果的原因;B.改善措施;C.提出补偿建议。
>
> (4)【但是,表明态度】下次跟客户见面时,带个小礼物,再次表达歉意。

【小结】

本节话题,讨论了大客户销售经理工作中常见的三类复杂情况,包括项目陷入僵局、客户提出无法完成的任务,还有客户对交付团队提出投诉。

这三类复杂问题,都可以通过使用四个关键词短语的组合拳来化解。以不变,应万变。达到四两拨千斤的效果。

【自测与思考】

（一）通过本话题四个关键词组合拳的学习，你有什么收获？以前遇到这三类复杂问题，你是如何处理的？

（二）请你使用四个关键词组合拳，针对客户最近给你提出的一个 Mission Impossible 需求，给予答复。注意，态度要真诚，内容要真实。

本章回顾

【内容回顾】

本章内容，通过 10 个话题的讨论，希望解决大客户销售经理在与客户沟通、谈判过程中的各类问题。

话题 1：《华尔街之狼》的陌生电话，给各位朋友展示了两个陌生电话的案例，一个是通信公司的客服经理，另一个是电影《华尔街之狼》里面的股票经纪人"小李子"。

话题 2：两个陌生电话案例对比，通过自信程度、地位、卖点、控场、语气、认同和结果，七个角度，对两个陌生电话案例进行对比。

话题 3：生人要熟、熟人要亲、亲人要生，把人际关系分成了生人、熟人和亲人。处事原则就是生人要熟、熟人要亲、亲人要生。

话题 4：陌生电话六步法，使用标杆学习法，对"小李子"的电话进行标杆学习，我总结出来一个陌生电话六步法，包括建立连接、请求时间、价值交换、解除疑虑、后续安排和表达感谢。

话题 5：马关谈判怎样谈？分享了我以前的谈判方法，"一诚实""二关系""三专业"。

话题 6：对人情理法、对事法理情，通过马关谈判，和诸葛亮挥泪斩马谡的案例，跟各位朋友一起讨论了大客户销售经理，在做

"人"和做"事"两个方面应该如何运用人情、道理和法律。

话题7：电视剧版"李鸿章"和历史上的李鸿章的对比，对电视剧中的"李鸿章"与历史上真实的李鸿章谈判，从七个角度：方向、关系、地位、方法、人情、专业和结果进行对比。

话题8："成功谈判五步法"，通过分析历史上李鸿章谈判的内容，总结了"成功谈判五步法"，包括事前准备、打开心扉、价值交换、温情收尾和保持温度。

话题9：高情商沟通四个关键词，为了化解三个常见的沟通难题，提供了"是的，你是对的""同时，陈述事实""做到、提出标准"和"但是，表明态度"的四个关键词短语，教给销售不卑不亢，巧妙化解沟通中的难题。

话题10：组合拳化解复杂问题，通过"是的""同时""做到"和"但是"四个关键词的组合运用，解决项目陷入僵局、客户提出高难度要求和客户投诉交付部门时的解决方案。

【落地规划】

各位朋友，通过本章每个小节后面的自测与思考环节，你得到哪些收获？学到了哪些重要的知识和观点？又制订了哪些可落地的计划呢？请你认真思考，填写表4–18。

表4-18 谈判沟通落地规划表

分类	本章要点	行动计划	截止日期
谈判沟通			

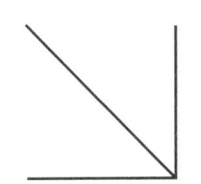

第五章 客户需求与客户关系

聚焦问题

一谈到客户需求,很多朋友都会想到一个成语,"知彼知己者,百战不殆"。这个成语来自《孙子兵法》,完整的语句是:"知彼知己者,百战不殆;不知彼而知己,一胜一负;不知彼不知己,每战必败。"这句话里面,讲述了三种类型的销售经理。第一种,既要全面深入了解客户的需求、又要精通自己的产品,能进行正确的匹配,客户成功率就很高,百战不殆。第二种,不了解客户需求,但是精通自己的产品,成功率只有50%,一胜一负。第三种,既不了解客户需求,同时也不精通自己的产品,那么客户成功率就是0,每战必败。可见,深入全面了解客户需求和精通企业的产品,这两者,都是非常重要的。那么各位朋友们,你们自己的销售团队中,这三种销售经理各占多少比例呢?你自己又是哪一种销售经理呢?

与客户需求比较接近的一个话题,是客户关系。企业客户的组织结构一般比较复杂,销售经理需要建立联系、建设关系的人,也不是一位,而是很多位。每个客户的性格、需求、特点都不一样。客户内部的人际关系、部门间的协调程度、企业文化等,也是多种多样,如何与不同性格、不同角色的客户,建立良好的人际关系,是很多大客户销售经理面临的挑战。

本章内容聚焦企业大客户需求和人际关系的建立和升级，聚焦大客户需求两个罗盘、客户需求匹配、对不同性格客户的接纳、客户购买角色、客户关系打分和客户关系积分等话题展开。希望可以帮助各位朋友，更快更好地解决企业大客户需求和客户关系问题。

话题1：左右为难的大客户招标

【提问】

很多做大客户销售的朋友都很关注客户的需求，因为只有满足了客户的需求，客户才可能跟你签订合同。可是，我们会发现，客户的需求不是标准化的，反而是复杂多变的，有时甚至是互相矛盾的。

我从事大客户销售工作很多年，也一直想摸索出一套大客户需求的规律，可总是顾此失彼，按倒葫芦又起了瓢……简直比大海捞针还难。后来在一家创业型公司工作时，企业领导要求我们几个销售团队进行业务知识比赛，我负责的小组接到的任务是要把客户的所有需求都整理出来。朋友们，大家一听就知道这是一个不可能完成的任务，正巧在当时我刚刚系统地阅读完整合心理学家肯·威尔伯的系列著作。他的AQAL全象限全层次模型[1]，深得我心。于是，急中生智，我就把这个AQAL全象限全层次模型，用来总结企业大客户需求的规律，然后再用这个整理好的模型，回顾我做的案例，发现都非常切合。通过这个模型，我整理出来的大客户需求规律是两个罗盘，一个是大客户商务需求罗盘，一个是大客户个人需求罗盘。

本节话题，就先给大家介绍一下我以前做过的一个比较复杂的项

---

[1] 肯·威尔伯.整合心理学：人类意识进化全景图[M].合肥：安徽文艺出版社，2015.

目，请大家看一看，基于我提供的这些信息，你觉得这个客户的需求有什么规律？应该怎样应对？

【背景和需求】

几年前，我在一家欧洲的外企担任北方地区销售总监，创建并领导北方地区的销售团队，当时我们为国内的企业提供一套云计算营销服务系统。这种云计算服务系统最大的特点是工具属性，就是我们提供的只是帮助企业客户开展营销活动的工具，但是不能保证客户的营销活动一定会成功。就像客户要开一家餐馆，我们提供的是铁锅。虽然我们的铁锅质量好，但不能保证客户餐馆的菜好看好吃，也不能保证餐馆的生意就一定兴隆。那时很多电子商务网站公司和有影响力的IT企业，都采用了这类的服务。虽然是行业靠前的云计算营销服务供应商，但是我们也面临着激烈的市场竞争。

当时，有一家地处北方的世界知名的IT企业网上商城营销部李经理找到我们，要进行无预算招标。就是，这个项目没有提前设定好预算，需要我们这些投标的厂商自己报价格，同时承诺在乙方报价基础上的营销活动效果数据。这意味着什么呢？就好比我们在给铁锅报价的时候，要承诺用这个锅做出来的菜得多好看多好吃，还得承诺这个饭馆的生意得多兴隆。在投标前的厂商答疑会上，我们从客户那里了解到，这次决定招标采购，也是在公司部门例会上，上级领导提到其他IT公司都在使用云计算营销系统，这家公司也不能落后，所以要开始积极研究、争取尽快上马。而营销部门李经理，非常理性客观，对我们厂商也很尊重，很好接触和沟通。

朋友们，你们遇到过这类需求吗？就是我们提供的产品功能有限，但是得从更大的范围上，给客户提供更高标准的承诺。

【左右为难的销售困境】

接到这个需求之后,我们的团队最先的感受是兴奋,因为我们跟进这个李经理好几年了。他个人一直关注云计算营销服务,但是一提到采购,他却一直明确表示,公司高层担心使用云计算服务,数据上传到云端,怕泄露公司数据,非常担心安全性。所以项目的推进,一直就僵在那里。这次终于出现了转机,可以说是铁树开花、喜从天降。

在大客户销售领域,每年会有几个影响力的大单,通常是几个最有影响力的客户的项目。这个 IT 企业的项目,可以说是那一年的最有影响力的大单。全行业所有的大客户销售经理都虎视眈眈地盯着这个项目。因为,不管是谁能拿下这个大单,都充分说明了两件事情,拿下这个大单的销售是行业的顶尖销售,拿下这个大单的公司,是行业内最牛的公司。然而,等我们头脑冷静下来,我们发现这个项目是一个左右为难、骑虎难下的销售困境。这里面有两层困境。

先说第一层困境,我们投标有两个思路。第一个思路,低价格高效果,这样可以中标,但是收不到钱。为什么呢?就像我们提供的是铁锅,保证不了厨师炒的菜好看好吃,更保证不了餐馆生意兴隆。如果没有达到我们投标书上承诺的效果,客户拒绝付款。我们收不到钱,那就像诸葛亮气周瑜一样,赔了夫人又折兵。第二个思路,正常价格低效果,这个思路根本就中不了标,我们只是为别人的鲜花做绿叶,做陪衬。所以,这两个思路,是我的第一层困境,左右为难。

再说第二层困境,也包括两个思路。第一个思路,放弃。既然低价格高效果和正常价格低效果都不行,左右都是圈套,前景都不乐观,那干脆放弃好了。不如把时间放到其他项目上。可是我自己,包括我团队的成员都不甘心。因为我们认为自己的团队、产品和能力,在行业内是最棒的。刚看到客户对标书的要求就放弃，不符合我们对自己人设的期望。如果，最后让其他厂商中标，对我们自己未来的职业发展来说，都会产生巨大的心理阴影。第二个思路，不按客户的招标书要求投标，按照我们自己的行业思路投标。这个思路，那就是抗旨不遵，人家招标书已经写得很清楚了，你不按客户的要求投标，直接就可以废标了。你看这第二层困境，也是左右为难。

所以，各位朋友，你看，大客户销售之所以是一个非常有挑战的工作。就是我们面临的困境不是一层，而是多层。而每一层困境里面，都是让我们左右为难、骑虎难下的选择。

【小结】

本节话题，聚焦于企业大客户需求的复杂性，这些需求，往往存在三大特点：一是存在多重困境，每层困境都让大客户经理左右为难；二是客户往往提出超出企业产品和服务能力范围之外的需求；三是这类项目的成败，事关销售的绩效结果，更事关销售的职业荣誉。因此大客户销售的工作，复杂且具有高难度的挑战性，要在这些左右为难的层层困境中，层层突破，在每一层困境中，都找到第三条、第四条的道路，才能最终赢得胜利。

【自测与思考】

各位朋友，基于本节话题讨论的案例：

（一）你遇到过有类似需求的项目吗？当时你是怎么突破重重困境的？

（二）可能有的朋友会说，这个时候就只能去做客户关键角色的客户关系了。那么如果不做关系，或者关系上不能获得突破，你觉得还能怎么赢得这个订单呢？

💡 话题2：大客户商务需求罗盘

【提问】

我发现企业大客户的需求之所以复杂，是因为企业客户里面的每个购买角色，都存在着两类需求。一类需求是商务需求，是他为了把这项工作做好的需求。另一类是个人需求，是他个人，作为职场打工人、在适应企业文化，为了更好地生存和发展的需求。

我们先讨论一下商务需求，都存在哪些方面？每个方面都具有哪些类型？对大客户销售经理的能力和素质，又各自有什么要求呢？对企业运营能力又有哪些要求？本节话题，我们先重点讨论一下企业大客户商务需求规律。

【企业大客户商务需求罗盘】

我把企业大客户个人方面的需求，用肯·威尔伯的全象限全层次模型进行解析后，整理出来一个如下图所示的罗盘。我起名叫大客户商务需求罗盘，包括四个象限，分别是产品和服务、合作类型、决策流程、发展战略，每个象限分别又包含三个层次的不同类型，如图5-1所示。

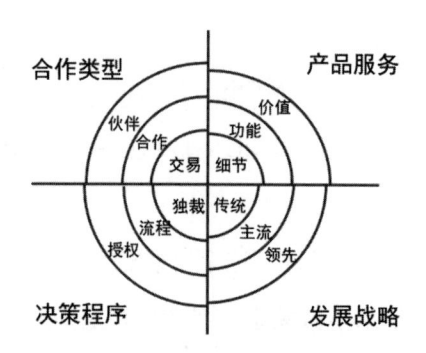

图5-1　大客户商务需求罗盘

下面，针对每个象限需求的内容和三个层次的不同分类进行解释和说明。

【产品和服务】

产品和服务象限，就是企业客户对我们公司产品和服务方面的商务需求。你会发现，俗话说"屁股决定脑袋"，就是因为身体所处的地位不同，所以每个人大脑中的立场不同。因此，在企业客户内部，不同层级的团队成员，对产品和服务的需求和价值关注点不同。因此分成了三个层次，分别是价值、功能和细节。

（一）价值：企业客户中的高层管理者，通常关注并使用了我们的产品和服务后，对企业整体带来的综合价值，包括，成本的降低、销售额或者利润的提升、效率的提升、对企业品牌和影响力的改善等。这类成员的职位通常非常高，站得高、看得远、关注全局。

（二）功能：企业客户内部的中层，通常是部门主管，也就是具体使用我们产品和服务的部门负责人。他的职位，决定了他的工作目标是做好本部门的工作，充分发挥好本部门的组织职能。他最关注的是我们的产品和服务能为他的部门解决哪些问题。帮助他的部门怎样把工作做得更高效、更出色。

（三）细节：企业客户内部的执行层，通常是亲身使用产品和服务的一线员工，他们最关心的与高层和中层都不同。他们最关心的是产品和服务的细节。包括使用难度高不高，有没有巨大的学习难度，使用后是让他们的工作变得轻松了，还是变得麻烦了。

举例：在前面学习"结构思考力"五个工具的话题里面，小王回答客户提问的时候，就是这样回答的。客户问，你们 ABC 公司的财务软件，可以给我们的团队，带来什么价值？小王回答内容如下：

> 小王的回答：
> 我们 ABC 公司的财务软件可以给您的团队带来三个层次六大价值，三个层面，分别是企业、部门和员工。
> 在企业层面，我们提供两大价值，第一是省钱，财务管理成本降低 20%；第二是增效，财务管理效率提升 30%。
> 部门层面，提供的两大价值，第一是省力，财务数据准确率大大提高；第二是省时，按照天、周、月、季度自动生成标准财务报表。
> 员工层面，提供两大价值，第一是省力，产品操作特别简单，没有学习难度；第二省时，输入票据用扫码枪扫码。这些是我们提供的三个层面六大价值。

你看这里面，小王回答的逻辑就是针对客户团队里面的企业负责人、财务总监和会计，分别进行回答。

【合作类型】

是依据公司产品在企业客户主营业务中的关键程度，我们将合作类型分为分成伙伴型、合作型和交易型。

（一）伙伴型，我们公司的产品在企业客户的主营业务中，具有举足轻重的重要地位，在客户自己的产品中占据很高的成本比例。比如，轮胎制造公司对汽车制造公司的重要性。再比如，手机屏幕对手机制造公司的重要性。甚至，很多时候，为了绑定双方合作带来的整体优势，合作双方会互相投资占股对方公司的资本，以保证本公司的利益和话语权。

（二）合作型，公司的产品可以帮助企业客户在管理效率方面获得提升，或者虽然在主营业务中，但是可替代性较强。由于产品的复杂性，双方都需要多个部门参与合作，这种合作类型就是合作型。通常双方需要多轮的沟通，与客户企业内部不同部门进行协作，签订合同后，双方长期持续合作。本书面对的销售场景，通常指的是这种合作类型。

（三）交易型，公司的产品与客户的主营业务基本没有关系，即使有关系也不重要，替代性非常强，客户随时随地都会更换供应商。比如，提供办公用品的公司，针对大部分的社会企业来说，都属于这种交易型。合作双方，不需要进行复杂的商务谈判，不需要签订合同，不需要双方团队进行沟通协作。企业客户在需要的时候，由行政部门的员工，直接在网上下单就可以完成了。

【决策程序】

决策程序，指企业客户内部，针对双方合作的重大事项，比如同意合作或者终止合作等，做出各种决定的程序。包括授权型、流程型和独裁型。

（一）授权型，就是企业客户内部的分工明确，各个层级的权限分明。通过管理机制，授权基层员工可以对相关采购作决定。比如，当年海底捞要在北京进驻第一家门店时，被人骗了300万资金，是当时全部资产的1.5倍，其中还包括一部分未结清的货款，当时张勇打电话给北京的负责人，很平静地说道：你该做什么就去做什么吧，钱会赚回来的。再比如，相比于社会上大部门的餐饮企业，海底捞授权一线的服务员，可以给客户赠品或免单。

（二）流程型，最近几年网上有一句话很流行，即"现在社会是一个抱团取暖的年代。"就是说靠单打独斗，个人打拼来获得成功，越来越难，要想取得成功，更加需要与人合作。因为使用我们的产品会涉及企业客户内部多个部门的工作和利益，所以，我们的销售团队需要跟来自企业客户不同部门的人员进行多层次，多方面的沟通和协作，打通层层关卡，通过各种流程和审批，最后才能实现合作。在此过程中，任何一个流程或者部门没有走通顺，都可能给合作带来巨大影响。

（三）独裁型，顾名思义，就是关于企业的各种决定都是由该企业的领导者做决定。通常这类的企业规模不大，大部分处于初创阶段，人力不足，而且经营风险较高，企业创始人不得不事必躬亲。

【发展战略】

发展战略，在这里面是强调企业客户采购产品时，对产品安全性和首创性方面的倾向。包括保守、主流和领先三个类型。

（一）领先型，就是这家企业的风格，倾向于独树一帜，标新立异，追求新、奇、特。别的企业都没有的，我们愿意做第一个吃螃蟹的先锋。别的企业都有，我们要做得比其他企业更先进、更超前。这样的企业，喜欢处处走在潮流的前面。这样的企业需求，总是希望看到我们产品的新概念、新功能、新方法，面对不确定，愿意承担风险。

（二）主流型，这类企业是社会上大多数的企业，他们互相学习，互相借鉴。如果其他企业都在使用某类产品和服务，我们还没有使用，那么我们就应该跟上主流。在上一话题的案例中，你可以看到，我们参与投标的那家 IT 企业，就属于这种类型。在投标之前，我们数次跟进，都没有结果。但是，当对方部门负责人听说其他同类企业都在使用营销服务平台后，马上开始研究并决定上马。

（三）保守型，就是在产品的采购上，倾向于保守的态度。宁可错过一千，不可做错一件。采购的时候，非常谨慎，唯恐因一点点的失误给企业造成损失。这类企业客户对供应商，具有严格的要求，会提出各种苛刻的条件，而且会反复讨论和验证，才能做出最终的决定。遇到这样的企业，要强调公司产品的安全性、稳定性，提供安全性、稳定性方面的成功客户和案例做参考。千万不能强调我公司产品的先进性、独特性和创新性，那就是拍马屁拍到了马脚上，客户不光不会采购，反而适得其反，会对你避而远之。

【小结】

本节话题，将企业大客户在商务方面的需求分成四个象限。分别是产品和服务、合作类型、决策流程和发展战略。

其中产品和服务包括三个层次，客户高层关注价值、中层关注功能、执行层关注操作细节；合作类型包括三种类型，伙伴型、合作型和交易型；决策流程包括三种特征，授权型、流程型和独裁型；发展战略包括三种风格，包括领先型、主流型和保守型。

【自测与思考】

（一）学习完我总结的大客户商务需求罗盘的四个象限的客户需求规律后，请你选择一个自己以前的成功案例，看一看，该客户的各个方面能否与这四个象限对号入座？

（二）把你目前正在跟进的某个重要客户的商务需求，填入表 5-1，看看他们的需求属于四个象限中的哪种类型？

表5-1 大客户商务需求整理表

象限	类型	商务需求内容	备注
产品和服务	价值		
	功能		
	细节		
合作类型	伙伴		
	合作		
	交易		
决策流程	授权		
	流程		
	独裁		
发展战略	领先		
	主流		
	保守		

话题3：大客户个人需求罗盘

【提问】

上一话题，我们讨论了大客户商务需求罗盘的四个象限。这一节话题，聚焦企业大客户个人需求。针对企业大客户采购团队的每个成员，个人需求又可以分成哪几个方面？每个方面具有哪些类型？对大客户销售经理的能力和素质又各自有什么要求？

【大客户个人需求罗盘】

我把企业大客户个人方面的需求，用肯·威尔伯的全象限全层次模型进行解析后，整理出来一个大客户个人需求罗盘，也包括四个象限，分别是工作目标、个人性格、人际关系、工作态度，每个象限也包括三种类型，如图5-2所示。

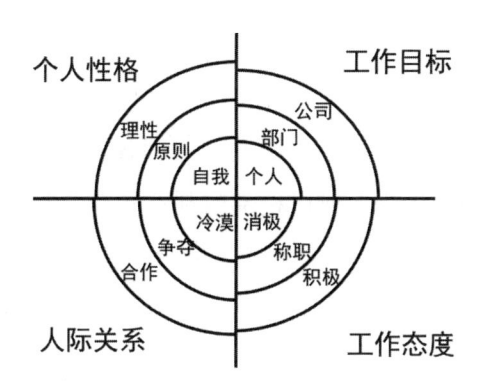

图5-2 大客户个人需求罗盘

下面针对每个象限客户的个人需求内容，四个象限和各自包括的三种类型，进行解释和说明。

【工作目标】

工作目标，就是每个人在客户企业里面的工作目的，顾名思义，就是他工作的首要目的是什么。分成三种类型，分别是公司、部门和个人。

（一）公司，就是这个人工作的首要目标是为了让企业变得更好。不管这个人身处什么样的职位，都有着很高的格局，身处深山荒野，依然忧国忧民。为了公司的利益，可以把部门利益和个人利益，置之度外。这样的员工，是公司的脊梁，不管在什么公司，都令人敬佩。

（二）部门，就是这个人工作的首要目标是为了部门利益。在一些管理仍然需要提升的企业里面，部门间的目标和利益，与公司整体发展的目标和利益，会出现一些偏差，甚至会出现"部门墙"的现象。在毛主席的《矛盾论》中提到矛盾的普遍性，在事物的内部各个组成部分之间，往往会存在着各种各样的矛盾。所以，这样的人，首要追求的是部门利益，为了部门的利益，往往会把公司利益和自己的个人利益，放到次要位置。

（三）个人，就是这个人工作的首要目标，是为了自己个人的利益。因为个人利益优先，所以把部门利益和企业利益排在次要的位置。当然，通常情况下，这样的人并不是所谓的"奸臣"，只要没有伤害部门利益，没有伤害企业利益，踏踏实实，兢兢业业工作，这样的人同样是企业的好员工。反之，如果这个人为了个人的利益，伤害了部门或者企业利益，那么这样的人，就是企业里面的害群之马了。

【个人性格】

个人性格，就是企业客户里面的特定个人，在与乙方销售经理打交道的过程中，所呈现出来的主要性格特点，包括客观理性、个人原则和自我中心这三种性格。

（一）客观理性，客户个人非常客观和理性，跟我们打交道实事求是，关注我们的产品价值，是否能满足对方业务发展的需要，是否满足对方公司的商务需求，有没有相关的成功案例，数据报告等等信息。而对人际关系和服务态度方面的需求较弱，只要我们的产品是对方的最佳选择，对方就会和我们合作。

（二）个人原则，这样的客户有自己选择合作伙伴的原则，而且每个人的习惯都不一样，甚至有时候，会有一些地域性，或者行业性的特征。比如，在有的行业里面，你要做大客户销售，想卖产品给我们公司，那你得跟我们喝酒。我们认为你的酒品就是人品。酒品好就是人品好，酒品好，我才愿意跟你谈合作。如果你不喝酒，说明你这个人跟我不是一路人，那我就得多加警惕。再比如，一些高层次、有品位的客户，会有自己的雅好。大客户销售经理都需要广泛涉猎各种方面的知识，培养多方面的兴趣。

（三）自我中心，顾名思义，这类客户在销售面前有一种居高临下的优越感。因为掌握着一定的权力，所以对销售经理态度倨傲，颐指气使，就是那种传说中不好服务的甲方。针对这样的客户，需要销售经理有耐心，多多宽容。销售的工作之所以累心，就是遇到这样的客户，不得不放低姿态，委曲求全。有一个词，叫"甲方爸爸"，说的就是这种客户。与之对应的，我想到一个词，就是"乙方妈妈"，什么意思呢？就是遇到"甲方爸爸"这种类型的客户，我们大客户销售经理，要像对待自己的孩子一样宽容，有耐心，不离不弃，才能获得这类客户的信任。不过，我觉得遇到这类客户，销售经理可以做出自己的选择，比如我个人就不喜欢这类客户，通常敬而远之。

【"三不"客户】

作为商业培训师，常常跟培训机构打交道。有一次拜访一家机构，接待我的是那家机构的老板和师资负责人。师资负责人是位女同志，上来第一句话就是"张老师，你喜欢吵架吗？"我当时就很震惊，怎么说这也是商务场合，怎么突然出现这么一个不符合成年人身份的话题呢？我一时都不知道该如何回答的时候，她接着说："张老师，你知道吗？我吵架可厉害了，从来没有输过。我百战百胜！秘诀就是三大招，你想知道是哪三招吗？"我仍然处在一种错愕的状态中，既不想知道是哪三招，也不想继续这样的话题。她继续说："我吵架百战百胜的秘诀，就是不认错、不讲理！"然后，她就放声大笑起来。这个时候，我扭头看向机构老板，老板对我说："张老师，你凡事可得让着她，她可厉害了，谁都吵不过她。"

我做了十几年的大客户销售，遇到过各种各样的以自我为中心类型的客户，这个客户对自己吵架经验的总结，还是突破了我的认知范围。不过她这个"不认错、不讲理的总结，还是提纲挈领地把这类喜欢PUA销售的客户的性格进行了全面总结。从这一点看，我很感谢她。

后来，就像我说的那样，我不喜欢这类客户。我喜欢与做人有原则，尊重销售经理的客户合作。在后来的合作中，那家机构果真出现了各种各样的非专业操作，最终我结束了与他们的合作。其实，我非常钦佩那种跟所有性格类型的客户都能搞好关系的销售经理，只是我还做不到。

【身怀利器杀心自起】

俄国皇太子送给晚清名臣李鸿章一把黄金手枪，李鸿章爱不释手，常常带在身边，并拿出来把玩观赏，可惜一直没有机会射击，检验这把手枪。一次，李鸿章和幕僚们在郊外打猎，他又拿出这把黄金手枪，幕僚们猜想，这次李大人，终于有机会要试一试这把心爱的黄金手枪了。可是，李鸿章拿出来后，在手里掂量了半天，没有开枪，又放回去了。下属们很奇怪，上前问道："我们知道您一直想试一试这把黄金手枪，今天就是个大好的机会，您怎么又放回去了呢？"李鸿章说："当我拿出这把手枪的时候，脑海中浮现出来一句话，'身怀利器，杀心自起，要慎而重之'。"李鸿章的意思是，这支手枪让他想到了权力。朝廷给大臣们的权力就像手枪一样，当你有了手枪，就总想试一试，如果不小心，可能会滥用权力，就会误伤他人。当你有了权力，如果不慎而重之地使用，那么也有可能会误伤他人，铸下大错。

【人际关系】

人际关系，就是企业客户中的个人在与销售经理建立和发展人际关系时的态度，分成平等合作、权利争夺和消极冷漠三种态度。

（一）平等合作，这类客户没有那种高高在上的"甲方"心态，对待销售经理平等尊重。这类客户是最好打交道的客户。我认为，所谓的甲方和乙方，好像甲方比乙方的地位高一些。其实，**甲方和乙方的地位是相对的。并不是谁有钱，谁就是甲方，而是谁拥有稀缺资源，谁才是甲方。** 当卖方拥有的资源，是用钱买不到的时候，卖方就成了甲方。所以这类客户，心态平稳，看得非常长远。因为双方合作过程很愉快，建立了良好的互助合作关系，那么当客户需要销售经理帮忙的时候，我们也会竭尽全力帮助对方。

（二）权利争夺，这类客户喜欢在沟通和合作的过程中，进行利益争夺。说白了，喜欢计算各种利益得失，找各种理由，争取利益。这样的做法，如果在理性的范围内，会令人肃然起敬。也有客户会超越这个范围，用撒谎、欺骗、虚假承诺等方式，来忽悠销售经理，这种做法就是算计了。还是上面"三不"师资的那家机构，在后来合作的过程中，机构老板各种虚假承诺、欺骗和谎言，加上"三不"师资负责人的PUA组合拳，最终导致了我与他们机构合作的破裂。我的感受就是，果真是人以群分、物以类聚。

（三）消极冷漠，就是这类客户不喜欢跟销售经理建立人际关系，凡事都是公事公办。他们不仅不跟合作伙伴建立人际关系，很可能跟自己的同事，也保持着职业距离。我以前就遇到过这样的同事，他们上班的时候，不苟言笑，到点就下班。在公司里面，不跟任何人讨论任何私人话题，从来不参加部门的集体活动。这样的人，如果你想请他吃饭，他根本就不理你。换个角度想，这样的客户，也是非常好的客户，只要销售经理把注意力全部都放到商务需求上，用专业打动客户就可以了，反而更轻松。可是，如果你想要跟客户交朋友的话，那么你一定会碰钉子，因为对方连自己的上级，都不想建立人际关系，何况是你呢？

【工作态度】

工作态度，顾名思义，就是客户个人对待工作的态度，就是与公司合作的态度。分成积极开拓、标准称职和消极逃避三种类型。

（一）积极开拓，就是客户个人的心态非常积极主动，爱学习，态度谦虚谨慎，喜欢个人成长。在工作中，除了认真把自己的工作做好之外，还愿意帮助别人。只要是公司、部门或者他人需要的，他都愿意帮忙。这样的客户，朝气蓬勃，热情开朗，充满正能量。

（二）标准称职，就是客户个人在工作上强调工作边界，具有强烈的界限感。在自己职责范围内的工作做好；不在自己职责范围内的工作绝不触碰。跟这样的客户打交道，对方常常会说这件事情不在他的职责范围，让你去找别人。

（三）消极逃避，这类客户个人的工作态度是消极逃避，就算是自己的本职工作，只要能推出去就推出去，只要能不做就不做。他们的工作态度就是"多做多错、少做少错、不做不错""当一天和尚撞一天钟"。销售遇到这样的客户，是最束手无策的，明明我们的产品可以帮助对方公司创造价值、帮助部门解决问题、帮助员工更高效地把工作做得更好，可以说是物美价廉，物超所值，可对方就是千方百计地逃避和拒绝，就是不需要。

【小结】

本节话题，详细介绍了我总结的企业大客户个人需求罗盘的四个象限，分别是工作目标、个人性格、人际关系和工作态度。其中工作目标分成三种类型，分别是以公司利益为首要目标、以部门利益为首要目标和以个人利益为首要目标。个人性格是客户与销售在沟通合作中的性格特点，包括客观理性、个人原则和自我中心三种性格。人际关系，是客户与我们建立人际关系的态度，包括平等合作、权利争夺和消极冷漠三种情况。最后，工作态度，是客户个人对待双方合作的态度，分成三个种类，分别是积极开拓、标准称职和消极逃避。

【自测与思考】

各位朋友，学习完企业大客户个人需求罗盘，请回答下面的问题。

（一）请你想一想，你在企业里对待自己的同事和工作，分别属于四个象限中哪种情况？

（二）找一个你目前正在跟进的企业客户里面的特定成员，请你使用表 5-2 分析一下他的个人需求，在个人需求罗盘里面的四个象限里面，各自处于哪个位置？

表5-2 大客户个人需求罗盘分析表

象限	类型	个人需求内容	备注
工作目标	公司		
	部门		
	个人		
个人性格	客观理性		
	个人原则		
	自我中心		
人际关系	平等合作		
	权利争夺		
	消极冷漠		
工作态度	积极开拓		
	标准称职		
	消极逃避		

话题4：大客户需求罗盘的落地分析

【提问】

各位朋友，刚刚两个话题，我们一同分析了企业大客户的商务需求罗盘和个人需求罗盘，每个罗盘都包括四个象限，每个象限又各自涵盖了三种类型。那么，我们究竟怎样才能使用这两个罗盘，对一个特定的企业客户的需求，和客户组织结构内部相关员工的个人需求，进行对号入座，针对性地分析呢？

本节话题，就以本章话题1中那个左右为难的招标项目来进行分析。

【情景重现】

在做这个招标项目的时候，我还是一个带领团队战斗在一线的大客户销售团队管理者，这样的项目，必然要亲自上阵。面对着两层左右为难的困境，第一层投标策略，向左，低价高效果，可以中标，但收不到钱；向右，正常价格普通效果，根本中不了标，左右为难。第二层是否做这个项目，向左，放弃这个项目，不甘心，自己的人设不允许；向右，按照我们自己行业规则，正常价格不承诺效果投标，很可能被废标，又是左右为难。为了这个项目，我当时有三个晚上没睡好，被困在局中，找不到突破口。

最后，我决定赌一把。我选择了按照自己的行业规则，按照正常价格投标。因为我隐隐感觉到，客户并不是故意要让我们投标的厂商左右为难，客户的出发点，一定是为了做好工作。基于这些判断，我在标书里面，增加了以下几项内容。

（一）在标书里面详尽地介绍了企业客户使用云计算营销服务的营销活动效果模型。就像告诉客户，要想饭馆的饭菜好看好吃，铁锅的因素有多少，食材原料、厨师手艺、其他厨具等因素又各占多少比例。

（二）例如饭馆要想获得更好的营销收入，我们就把饭菜味道、餐馆环境、餐馆地理位置、服务员服务态度、客单价等方面，给客户用一个更大的模型进行了解释。综合这两个模型分析，客户可以自己得出结论，就是把饭菜的好看好吃，以及餐馆生意兴隆的责任，都寄托到炒菜的铁锅身上是不公平的。在这里面，铁锅的因素只占到了2%～5%的比重。所以，对待铁锅供应商最公平、公正的方式，就是按照铁锅的价格，进行付费。

（三）招标答疑会上，我对客户现有数据情况的分析中，我提出了营销效果可能出现的三种情况。最乐观的情况是如果各方面条件都很理想的话，未来使用我们的铁锅，做出来的饭菜有多好看多好吃，饭馆的生意有多么兴隆。还有，最悲观的情况，以及介于两者之间的普通情况。

（四）根据客户的数据情况，我又帮助客户规划了为期一年的营销活动策划，以及相应客户数据分类、整理和升级建议。

（五）为客户提供了若干个我们在 IT 行业服务过的与客户同类型公司的成功案例。

虽然我当时抱着赌一把的心态，但是，结果证明，我赌对了。最后招标结果公布，我们以远远超越其他竞争对手很多的分数赢得了这个项目。我们的价格是最高的，但是评标得分也是最高的，赢得了同行的敬佩，获得了客户的认可，并和客户在后面的合作中成了朋友，为团队和个人完成业绩的同时，也为公司的品牌和声誉贡献了价值。

待我转型做培训师，我总结整理出来企业大客户需求的两个罗盘之后，我反过来，用两个罗盘来分析当时这个项目，结果我发现，当时的每一步都做对了。下面，我们一起来分析。

【两个需求罗盘的客户需求分析】

我们把大客户商务需求罗盘和个人需求罗盘，都放在图 5-3 中，然后我们一项一项地分析。因为客户那里负责这个项目的营销部李经理和具体负责的王老师，两个人的性格都差不多，所以，分析的时候，我们把客户个人方面，当成一个人来分析。

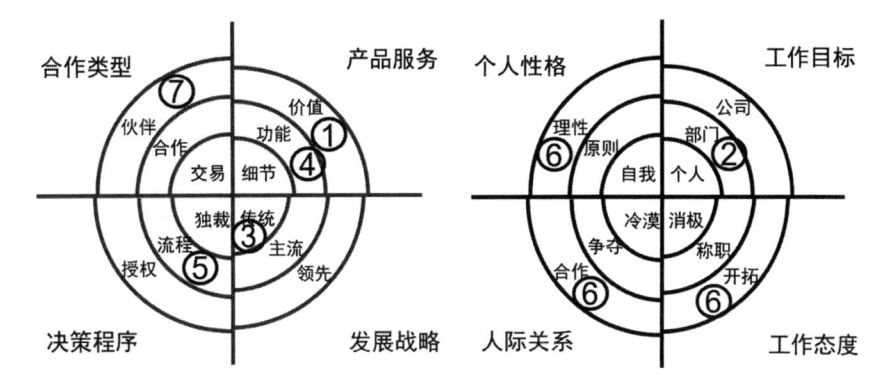

图5-3 大客户需求罗盘案例分析

（一）我当时思考的第一个问题就是，这个客户为什么在要求我们厂商报价的同时，还要保证营销效果呢？结果我想到，这么要求是为了让客户公司不吃亏。因为，如果中标厂商达到营销效果，客户付款，是理所当然的。但是，如果最后的营销效果没有达到承诺的标准，那么客户可以不付款。这样不管怎样，客户的企业都不会吃亏。所以，这个需求属于商务需求，属于在上图中左侧的商务需求罗盘里面，产品和服务象限中的价值层次。我在这里标了一个数字符号①。

（二）然后，我又想，为什么假设营销效果没有达到承诺效果，客户不付款就可以了呢？难道客户招标是为了不付款吗？我想不是，这是一家做事严谨、口碑良好的专业公司，不会这样做事情的。那为什么这样做呢？这让我想到了职场内部的竞争，这样的企业，每周都要召开例会，各个部门的负责人向上一级领导汇报本部门的工作。各位朋友，请你想一想，如果你作为营销部经理，在会议上向领导报告，某某厂商为我们提供云计算营销服务平台，效果没有达到他们承诺的标准，现在需要我们支付服务款项。你的上级领导会批准吗？你的其他同级同事，会怎么看你？所以，为了部门的荣誉，为了个人的

- 185 -

职位，为了不在同级同侪面前丢了面子，所以，一旦营销效果没有达到标准，按照规则，我们不会给对方支付服务费用。这样才说得过去。所以，这个需求属于个人需求罗盘中工作目标里面首要目标是部门的类型，在右侧个人需求罗盘里面，工作目标的象限里我标了数字符号②。

（三）我又继续深入挖掘客户的心理活动，为什么上级领导和同级同事看着，就要设计这样让厂商左右为难的条款呢？我想到在招标答疑会上了解到的情况，因为他们从来没有使用过云计算营销服务平台。就像他们从来没有开过饭馆，对饭菜好看好吃的重要构成要素，和饭馆生意兴隆的影响因素都不了解。他们以为，卖铁锅的，还要负责炒菜，同时还要会管理好饭馆的生意。这个需求，属于商务需求罗盘发展战略里面的保守型。因为他们以前很保守，所以没有相关实践经验，设计这样的条款，才能保证公司利益。所以我在这里标了一个③。

（四）为什么客户团队都没有云计算营销服务平台的实践经验呢？因为他们发展战略保守，导致部门在相关领域的知识贫乏。所以这个需求非常重要。也就是说，客户团队最需要的厂商是一个在云计算营销服务领域有着丰富成功经验，可以帮助客户团队获得经验和技能的厂商。这一点，我在商务需求罗盘中的产品和服务象限的功能类型上面，标了一个符号④。

（五）新的疑问又来了，既然自己不懂云计算营销服务，那就不怕被无良的厂商给忽悠了吗？为什么还敢招标呢？这个时候，我心中的疑惑得到了最终的解答。那就是，从商务需求罗盘决策程序象限里面，该公司的决策程序属于流程型的。只要我们设置了让投标厂商在报价时承诺营销效果，这个条件得到各个部门认可和领导的同意，招标的过程由商务部门执行，那么将来，即使事情没有做成，第一，企业不用给厂商支付费用；第二，整个流程和决策是集体通过，领导审批的。那么，我们已经尽到了最大努力，任何人都说不出什么来。所以，我在这里标了一个⑤。

（六）通过前面这五个层层递进，不断深入地分析，我已经把客户设计这样招标条款的逻辑整理通顺了。我之所以敢于赌一把，也是基于在几次跟客户的见面沟通过程中，我感觉到客户团队的思考方式是非常理性客观的，也非常尊重我们厂商，而且，两个人都是乐于助人，开拓进取型的。这三个方面，属于客户个人需求罗盘里面个人性格象限的客观理性类型、人际关系的合作尊重态度和工作态度里面的开拓进取类型。我在这三个位置，都放了一个符号⑥。

（七）综合上面（一）到（六）的分析，我们可以看到客户是希望找到一个厂商，能针对他们的团队在云计算营销服务平台的应用上，获得良好营销效果的同时，更可以帮助他们的团队获得经验和技能的提升。所以，对于商务需求罗盘的合作类型上看，对方需要一个伙伴型的服务厂商。所以，我在这里标了一个⑦。

【两个需求罗盘的客户需求匹配】

有了这两个罗盘的细致分析，再回顾我们之所以赢得了这个项目，就在于我们"误打误撞"赌一把的投标策略，都匹配到了客户的需求点上。如表5-3所示。

表5-3　与客户需求匹配的投标方案

需求	客户关注	客户需求	我的投标方案
1	企业不吃亏	报价时承诺效果	承诺三个层次的效果
2	部门的面子	掌握影响营销服务效果的因素	锅在菜中的影响比例；菜对饭馆生意的影响比例

续表

需求	客户关注	客户需求	我的投标方案
3	以前从来没有做过	如果中标厂商服务不够好怎么办	提供为期一年的活动策划，和客户数据管理建议
4	分摊项目失败风险	采用招标流程	我们投标，效果承诺范围而不是具体指标，符合流程
5	缺乏营销平台经验	获得营销平台经验	成功案例，证明我们可以提供
6	客观理性、平等合作、开拓进取	选择产品技术型厂商	模型、数据，证明我们是这样的厂商
7	团队成长而非不付款	长期深入合作的伙伴	我们就是这样的伙伴

综合上面表格中——对号入座的分析，可以说我们很幸运，误打误撞地做对了每一步。

客户的第一个需求，客户关注企业价值，如果投标厂商没有达到承诺指标，客户可以不付款。我的投标方案，提供了三个层次的效果。既回应了招标要求承诺效果的要求，又为未来的营销效果进行了三个层次的预测。

第二个需求，客户内部的部门面子问题，客户需要掌握营销服务效果的影响因素都有哪些？我通过投标书里面两个模型向客户进行说明，拿铁锅与饭馆举例，就像决定菜好看好吃的因素很多，锅在里面占有多大的比重。决定饭馆生意兴隆的因素也有很多，菜既好看又好吃占多大比重。有了这两个模型，客户在内部汇报的时候，可以全面专业地向上级领导汇报，并在同级同事面前展现自己的专业能力。

第三个需求，客户自己缺乏相关经验，担心中标厂商服务跟不上，我的投标书，提供了为期一年的活动策划方案，以及对客户企业数据的管理建议。通过策划方案，展示实力，让客户在这一点上放心。

第四个需求，客户关注项目如果失败带来的风险，所以采用多部门联合的招标流程。我们参与投标，从流程上符合客户企业的需要。细微的差异，是我们承诺的不是固定的效果，而是三个层次的效果。有了前面两个营销效果影响模型的铺垫，这样的承诺，顺理成章。

第五个需求，客户缺乏营销平台的实践经验，需要获得相应的经验，我的投标书提供了成功案例，证明我们可以做好这件事。

第六个需求，客户在性格上客观理性，人际关系上平等合作，工作态度上开拓进取，需求是选择一个产品技术型的厂商，而不是关系人情型的厂商。我们投标书里面的模型、数据、案例等，都充分证明我们是技术型的供应商。

最后，第七个需求，是前面六个需求的综合概括，客户关注的是团队成长，需要一个能长期深入合作的伙伴。我们也通过满足前面的六项需求，证明我们就是这样的合作伙伴。

【实践论】

《实践论》里面提到，我们从事工作和事业，获得进步的几个步骤。

第一步，从实践中，获得感性知识。

第二步，针对感性知识进行加工，去粗取精、去伪存真、条分缕析，总结出来理性知识。

第三步，理性知识指导实践，获得验证。只有实践才能检验理性知识的正确性。

第四步，上述三个步骤往复循环，最终改造我们的主观世界和客观世界。

我当年做这个项目的时候，就处于第一步的状态，都是在个人感性感觉的基础上，所以存在着赌一把的感觉。从事培训工作后，当我总结整理出来这两个大客户需求罗盘之后，我就进入了第二步，把感性知识总结为理性知识。下面第三步，就是理性知识指导实践，对理性知识的正确性进行检验，通过我这个投标案例，证明这两个罗盘是充分正确的。各位朋友，你也可以找一个自己以前的案例，来检验一下这两个罗盘的有效性和正确性。最后，第四步，希望可以帮到各位朋友，可以大幅提升自己挖掘、分析和满足企业大客户需求的各项能力，获得更好的客户满意度，和理想的业绩结果。

【小结】

本节话题，通过使用大客户商务需求罗盘和个人需求罗盘，条分缕析地对话题1中的招标项目进行分析。希望能够帮助各位朋友，更好地理解和使用这两个大客户需求罗盘，全面深入分析客户需求，并挖掘出表面现象背后隐藏的全方位和深层次需求。

【自测与思考一】

各位朋友们，通过本节案例的分析和两个需求罗盘的应用，

（一）请你使用这两个罗盘对自己的特定客户需求，进行分析。

（二）挖掘出背后隐藏的深层次需求后，制定相应的策略。

【自测与思考二】

ABC公司采购团队成员张三，为人豪爽仗义，善于合作；爱喝酒认为酒品就是人品；非常热爱ABC公司，为了公司利益可以牺牲个人利益；心态开放，喜欢学习，勇于承担责任；对你公司的产品，他更关注产品能为企业创造多大价值；对待供应商平等尊重；但是张三没有决策权限，所有的采购必须老板点头才行；该公司是一家传统的民营企业，老板谨慎保守。

（一）请你为张三在两个需求罗盘中，对张三的需求特点进行定位，看看 ABC 公司和张三在两个需求罗盘中每个象限中的位置在哪里？

（二）请你思考一下，怎样通过与张三的沟通和协调，最终与 ABC 公司达成合作，你需要做好哪几步工作？

话题5：接纳客户"四它"原则

【提问】

经过前面四个话题的讨论，我们系统地学习了大客户需求的两个罗盘，大客户商务需求罗盘和个人需求罗盘，每个罗盘都分成了四个象限，每个象限里面又包括三种可能性。通过这两个罗盘，可以看出来，企业大客户的需求是多么复杂，要想满足企业客户如此复杂的需求，又是一项多么艰巨的任务啊！

本节话题，将对个人需求罗盘进行讨论，我们该如何接纳并满足企业客户里面各种不同的个人需求。这个方法就是"四它"原则，包括：面对它、接纳它、处理它、放下它。这个"四它"原则，不仅可以用来处理客户需求，还可以处理各种各样的人际关系所带来的烦恼和问题。

【面对它】

面对它，就是面对客户个人需求的多样性，或者说，面对的是复杂的人性。我们敬佩理想主义者，敬佩道德高尚的人，同时，也不得不面对现实生活中那些不那么理想主义，不那么道德高尚的人。人性不是非黑即白的，而是各种灰色，黑中有白，白中有黑。所以，面对它，就是面对人性的灰度，面对人性的复杂，面对客户个人需求的复杂。为此，我把客户个人需求罗盘划分了三个层次，如图 5-4 所示，分别是外环、中环和内环。

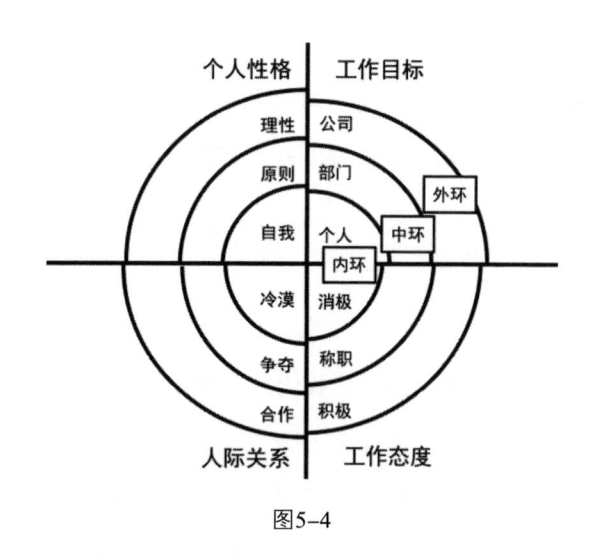

图5-4

图中内容整理后，如表 5-4 所示。

表5-4 客户需求的外环、中环和内环

位置	说明	工作目标	个人性格	人际关系	工作态度
外环	理想客户	公司	理性	合作	积极
中环	常见客户	部门	原则	争夺	称职
内环	难缠客户	个人	自我	冷漠	消极

外环的客户，是销售经理心目中理想型的客户。对方的工作目标是为了公司利益；个人性格理性客观；人际关系平等合作；工作态度积极开拓。这样的客户，不用与客户建立人际关系，只要能够充分展示本公司产品的价值，就可以促进合作了。

中环的客户，是现实中常见的客户，其工作目标是为了部门利益；个人性格有一定的原则；人际关系相处过程中，为了维护公司利益,会据理力争;工作态度方面,兢兢业业,界限分明。这样的客户,在证明我们产品价值的同时,需要建立一定的人际关系基础。

内环的客户,比较少见,但也有一定的比例,就是销售遇到的那种所谓最难伺候的客户。其工作目标是为了个人利益,我们会觉得这样的人很自私;个人性格以自我为中心,对销售经理进行PUA,在这样的客户面前,你做什么都是错的,他永远有理由批评你、指责你;人际关系上比较冷漠;工作态度上,非常消极,只要能推出去的就一定要推出去。

当然,现实中的客户,不是上面这三种典型的类型。而是,各个象限类型的组合。你可以看到,内环类型的客户,是最不理想的客户。为了做好大客户销售工作,我们首先要面对这类客户。就像鲁迅在《记念刘和珍君》中写道:"真的猛士,敢于直面惨淡的人生,敢于正视淋漓的鲜血。"罗曼·罗兰说:"这个世界上只有一种真正的英雄主义,那就是认清生活的真相,并且仍然热爱它。"

【未经他人苦】

在这里,我要跟大家深入分析一下,内环型客户的需求是怎样形成的。假设你是一位刚从大学毕业走上社会的学生,那么到工作单位后,怀揣着理想和抱负,对人对事,满腔热忱。这个时候的你,是不是属于外环理想型的人呢?工作上,一心为了公司利益,愿意加班加点;个人性格,追求理性客观;人际关系上,跟任何人都是尊重客气;工作态度上,谦虚谨慎,努力学习,不管是不是你的工作,只要叫到你,你都会认真完成。下面,我们就只以工作态度这个象限的变化为例。

作为职场新人,你工作态度积极主动,不分界限,除做好本职工作外，还帮助他人。如果企业文化健康，积极向上，那么这样的员工无疑是最好的员工。然而，很多企业的文化也是灰色的，在有的企业里面，没有一套公平、公正、公开的评价机制。当你做得越多的时候，错得就越多，被批评、指责的时候，你是什么感受？你会觉得被冤枉，如果申冤无门，为了自我保护，你就会从积极开拓型的工作态度，改变成界限分明的标准称职型工作态度。经过一段时间，你会发现部门内部的工作分配是不均匀的，有一些"狡猾"的员工，利用各种制度上的漏洞，把自己不愿做的事推给别人，自己坐享其成，还不断升职加薪。而你这类老实工作的人，不停地背锅，累得身心俱疲不说，遇到升职加薪的机会，还总被别人抢走，你就会渐渐心理不平衡，终于有一天，你发现在这个公司的生存之道不是勤恳工作，而是溜须拍马。面对生存的压力、高昂的房价、家庭的和睦、子女的幸福，你自己坚定的理想主义的做人原则，也可能被动摇。有一天，也有可能成为在工作上消极逃避的类型。

有句俗语叫："未经他人苦，莫劝他人善；你若经他苦，未必有他善。"就是这个意思。

【接纳它】

接纳它，就是接纳对方是内环型的客户。接纳他成为现在的他，是有一定原因的。更简单地说，就是接纳对方是一个普通人，是一个粗心的、懒惰的、追求简单舒适的普通人。

这里我们聊一聊"汉隆剃刀法则"，其内容是"能解释为愚蠢的，就不要解释为恶意"。汉隆剃刀法则告诉我们，当我们认为别人的行为是错误或者不合理时，不要立刻认为他们是恶意的，而要考虑他们可能是无知、粗心、糊涂或者误解等情况。

德国有个将军叫马克德，他用是否勤快和是否聪明，把自己的手下分成了四种类型。第一种既聪明又勤快，这样的军官会进入参谋部成为参谋；第二种既聪明又懒惰，这样的军官运筹帷幄、高瞻远瞩、只做最有价值的事情，可以成为领导者；第三种既懒惰又愚蠢，是90%的普通士兵，给这些人必须规定严格的纪律和动作规范，可他们还会做错；最可怕的是第四种，既勤快又愚蠢，部队里面绝大部分的失误和麻烦，都是这类人造成的，对他们要保持警惕。

当然，这个比例在企业中可能是不一样的。对我们的启发就是，很大比例的客户不是对销售经理有恶意，而是粗心、无知、疏忽或者存在误解，我们需要传递善意、信息和知识，来消除误解。

其实，在我眼里，接纳客户的懒惰，就是接纳自己的懒惰。我们为什么喜欢理想型的客户呢？因为我们自己懒惰。如果客户都是理想型的客户，我们只要会介绍产品就可以了。那大客户销售经理的工作，也没什么难度，是一个非常容易被替代的职位了。

【处理它】

处理它，就是建立自己与不同类型客户的相处之道。有人说销售是见人说人话，见鬼说鬼话，就是这个意思。就是针对外环理想型的客户，我们平等尊重、互利互惠，客观理性，有理有据，用产品和服务打动客户。针对中环常见型的客户，我们平等尊重、互利互惠，挖掘对方的原则性需求，与客户建立信任的人际关系，兼顾产品和人情打动客户。针对内环难缠型客户，我们应该虚与委蛇、委曲求全、以对方为中心随机应变。然而，前面我讲到销售经理要有自己的人设，现在又教给大家变来变去的，这两条内容不是互相矛盾了吗？

关于这个问题，我自己思索了很久。最后我的结论是，每个人首先要做自己。就是根据你自己的性格特点，人生格局来决定自己的处理方式。我自己的处理方式就是坚持自己的人设，诚实、关系和专业。很多内环型的客户不喜欢我的诚实，比如，十几年前，我曾经拜访过一家国际化的保险公司，对方营销总监的秘书就是一个内环型的客户。她咄咄逼人地给我说出 A 公司产品相比我们公司产品的优劣点。当时我们公司是一线品牌，我们自己的产品特性还学习不完呢，哪里有时间去研究二流公司的产品。所以，我就诚实地回复对方，我对自己公司的产品非常熟悉。但是对 A 公司的产品并不熟悉。她就很不满意，不仅不满意，还向我的领导投诉我不够专业。我领导跟我了解情况后，一笑了之。这个客户常常让我思索我当时那么做，对还是不对？更高级的做法，当然是煞有介事地、装模作样地，根据道听途说的只言片语，把她这个问题应付过去。因为其实她也只是装腔作势，要在她自己的领导面前体现自己的专业和掌控力，在我们厂商面前刷存在感和价值感。可是，思考之后，我觉得我还是要坚持自己诚实的人设。因为，一旦我那样做的话，我就会觉得自己是一个不诚实的人，我会鄙视我自己。

针对中环常见型的客户，往往要求销售人员具有广泛的爱好和兴趣。遇到品位高雅的客户，我们可以畅谈琴棋书画，享受诗情画意；遇到实用主义的客户，我们也可以品味人间烟火气，抚慰凡人心。

【放下它】

放下它，就是让这件事情过去。继续前行。但是，大客户销售跟进几十上百家企业客户，每个企业里面那么多的角色，每个项目都是多次沟通，每次沟通都涉及很多内容，这些内容绝对是海量的信息。放下了，心里就轻松了，可是，要是忘记了怎么办？

我的"五维销售力"课程里面,有一个客户日志表格。把客户信息、个人信息、沟通记录和重要的商务信息,其中就包括了大客户的商务需求和个人需求两个罗盘的内容。帮助大客户销售经理建立系统全面的客户档案。只有把处理方式和结果记录到客户档案中,我们才能做到真正地放下。由于篇幅原因,这个客户日志工具没有收录进本书,期待以后的版本更新或者续作中,为大家提供。

【小结】

本节话题,把企业大客户个人需求罗盘分成了外环理想型、中环常见型和内环难缠型三种类型。大客户销售经理面对难缠型客户,往往产生抵触心理,抱怨、批评,这些都于事无补,反而降低了工作效率。

我提出的"四它"原则:面对它,面对人性的灰度;接纳它,接受客户人性的复杂性;处理它,按照自己的原则决定与不同类型客户的相处之道;放下它,为客户建立档案,记录重要的沟通信息要点。能够解决复杂问题和难缠的客户。

【自测与思考】

通过本节话题的学习,

(一)在你自己经历过的客户里面,你觉得外环理想型、中环常见型和内环难缠型客户,各占多大比例?填入表5-5。

表5-5 外环、中环和内环客户比例表

分类	外环理想型	中环常见型	内环难缠型
比例(%)			

(二)在满足难缠型客户的个人需求方面,你的策略是什么?如

果让你在坚持诚实原则的前提下，同时能够满足对方的需求，你有什么建议？

💡 话题6：知彼知己者，百战不殆

【提问】

讨论完个人需求罗盘的需求解决方案，本节话题来详细讨论一下大客户商务需求罗盘里面的四个象限，对于每个象限中三种类型的需求，作为大客户销售经理，该提前做好哪些准备？怎样才能做到知彼知己，百战不殆？

针对产品和服务象限中不同层级的需求，需要准备哪些产品和服务的价值清单？针对不同合作类型的客户，该怎样提升自己的个人能力？针对决策程序里面，不同类型的客户，该对应什么样的销售流程？针对不同发展战略的客户，又需要针对产品卖点，做出怎样的调整？

【产品和服务象限】

第一个产品和服务象限，是指公司的产品和服务能给客户带来哪些价值。前面讲到企业高层管理者关注总体价值，中层部门负责人关注能否帮助他的部门解决问题，基层执行层是产品使用者，关注能给他的工作带来哪些便利。

针对客户高层管理者，你的产品提供哪些直接价值？哪些间接价值？各列三项，每一项都有哪些客户案例？针对客户部门主管，你的产品和服务通过哪些功能，解决哪些问题？是否有具体数据或者案例？针对基层客户，你的产品和服务提供哪些操作细节，能给对方工作带来便利？

根据帕累托80/20法则，80%的客户关注20%的产品和服务价值。所以，作为一名合格的大客户销售经理，至少要掌握这80%客户关注的20%的产品价值和服务。掌握了这20%的价值和服务的销售经理，只能打60分。而要想成为优秀的大客户销售经理，还需要掌握那80%客户关注的产品和服务价值。那么，就请你把自己公司的产品和服务价值，填写到表5-6中，其中20%的核心价值，要详细列举，如果能用FABE利益推销法的分类进行细分就更好了。80%的非核心价值，这里列举概念就可以。

表5-6　产品和服务的价值整理表

分类	20% 核心价值					80% 非核心价值
	No.	价值	特性	优势	证据	列举概念
高层价值	1					
	2					
	3					
	...					
中层功能	1					
	2					
	3					
	...					
基层细节	1					
	2					
	3					
	...					

【合作类型】

大客户商务需求罗盘的第二象限是合作类型，分别是伙伴型、合作型和交易型。在这个象限里面，需要销售经理考虑你对客户的业务模式了解多少？购买你产品的客户，主要是哪种合作类型？怎样把你的交易型客户升级为合作型客户？合作型客户升级为伙伴型客户？为这三种客户，你都做了哪些准备？如果你的客户都是交易型客户，那么你觉得自己欠缺什么能力？

下面我们来做个判断练习题。如表5-7所示：

表5-7　合作类型数量分布分析表

分类	张三	李四	王五	赵六
伙伴型	0	2	1	4
合作型	2	8	4	7
交易型	10	2	7	1

在表中有四名销售人员，分别是张三、李四、王五和赵六。如果你是销售团队负责人，现在需要评选优秀员工，通过他们四个人所开发和服务的客户合作类型的数量分布，请你判断一下，这四个销售里面，谁的能力最强，是最佳的优秀员工？其他几个销售各自有什么特点，需要在哪些方面提高自己的能力？

【决策程序】

商务需求罗盘第三个象限是企业大客户的购买决策程序，分成三种类型，授权、流程和独裁。在这个象限里面大客户销售经理面临的最大的挑战是公司内部，企业的政策和各个部门的支持配合，能否支持我们的流程与客户的流程相匹配。举个最简单的例子，很多公司的财务要求客户先付款，公司再给对方提供发票。而很多客户的财务要求，先看到发票再付款。

其实，不管是独裁型的，还是授权型的，本质上都是流程型的。因为独裁型和授权型表面上获得一个人的认可就可以开始合作了。但是，大客户销售工作是一项长期的合作，如果客户内部其他部门不支持和配合，那么在后期，也会遇到各种各样的问题。

针对这个象限客户的需求，销售经理需要考虑合作的客户是属于哪种决策类型？哪种类型的客户是你的能力短板？独裁型和授权型的客户，搞定一个人就可以了吗？在复杂的客户组织结构中，哪些人在采购的过程中具有重要的作用？关于购买角色的话题，我们下一个话题再展开深入讨论。

【发展战略】

商务需求罗盘的第四个象限是企业大客户在采购过程中选择供应商的发展战略，分成谨慎保守、追随主流和领先创新三种类型。这三种类型，分别体现了企业客户内部的经营态度。这种经营态度，决定了销售经理介绍公司产品和服务的方向和侧重点。

针对领先创新型的客户，销售经理需要介绍本公司产品的先进性、首创性和独特性，满足客户标新立异、勇于创新、引领潮流的企业风格。针对追随主流型的客户，需要强调我们在客户同行业的成功案例，客户评价和使用效果。针对谨慎保守型的客户，需要强调产品的安全性、稳定性，在客户同行中的成功经验，高标准的安全管理体系等等。

【小结】

本节话题，通过对大客户商务需求罗盘四个象限的类型进行分析，主要提出了，针对各个象限客户不同类型的商务需求，大客户销售经理需要提前储备好哪些知识、技能和方法。

孙子兵法上讲："知彼知己者，百战不殆；不知彼而知己，一胜一负；不知彼不知己，每战必殆。"我们通过两个需求罗盘，做到了知彼；还需要通过这四个象限的知识技能储备，做到知己。这样才能百战不殆。

【自测与思考】

本节话题主要是提出了很多结构性的问题，请你结合自己公司的产品和服务，逐项回答这些问题。

话题7：《红楼梦》里六种购买角色

【提问】

上一话题，提出在企业大客户复杂的组织结构中，哪些人对采购决策有重大的影响？我们需要针对性地满足哪些购买角色的个人需求和商务需求？

本节话题，我们就重点讨论这个内容。我先讲一个《红楼梦》里面贾芸承接大观园工程的案例。

【项目背景】

《红楼梦》主要讲述了贾、史、王、薛四大家族从兴盛走向衰落的过程，其中又以贾家荣国府为主。为了迎接皇妃贾元春回家省亲，荣国府要修建大观园，这是一个浩大的工程。贾家的远房亲戚，后街五奶奶家的子弟贾芸，在这里看到了商机，想通过建立关系，从修建大观园的项目中获得一份分包工程。图5-5是荣国府贾家的组织结构。如果你是贾芸，你觉得该从哪个人入手呢？

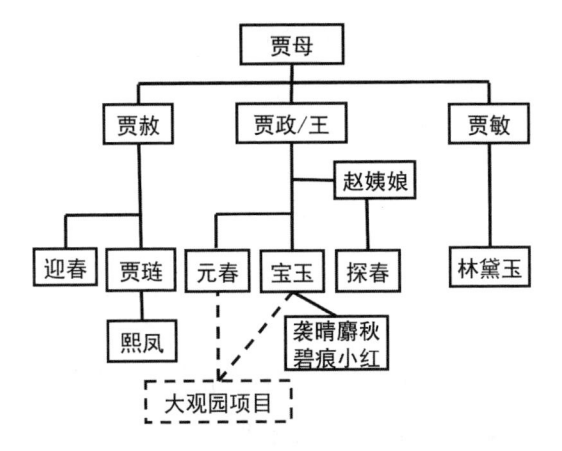

```
                    ┌──────┐
                    │ 贾母 │
                    └──┬───┘
        ┌──────────────┼──────────────┐
     ┌──┴──┐      ┌────┴────┐      ┌──┴──┐
     │贾赦 │      │贾政/王   │      │贾敏 │
     └──┬──┘      └────┬────┘      └──┬──┘
                       ├──────┐
                       │   ┌──┴───┐
                       │   │赵姨娘│
                       │   └──┬───┘
        ┌────┬─────────┼──────┤           │
      ┌─┴─┐┌─┴─┐     ┌─┴─┐┌───┴┐┌──┴─┐  ┌─┴───┐
      │迎春││贾琏│    │元春││宝玉││探春│  │林黛玉│
      └───┘└─┬─┘     └───┘└─┬──┘└────┘  └─────┘
           ┌─┴──┐         ┌─┴──────┐
           │熙凤│         │袭晴麝秋│
           └────┘         │碧痕小红│
                          └────┬───┘
                      ┌┄┄┄┄┄┄┼┄┄┄┄┄┐
                      ┆  大观园项目  ┆
                      └┄┄┄┄┄┄┄┄┄┄┄┘
```

图5-5 《红楼梦》荣国府组织结构图

从图中，你可以看到组织结构顶端是贾母史太君。第一代中，贾母有两个儿子和一个女儿。女儿贾敏外嫁；长子贾赦不受贾母待见，搬出去在荣国府旁边另住；二儿子贾政负责主政家族重大事务，二儿媳王夫人掌管家族内部事务。贾政夫妻，相当于家族的董事长和总经理。

第二代中，贾赦家儿子贾琏是荣国府外联部门的负责人，儿媳王熙凤是荣国府内部实际管理人。大观园工程，贾政授权贾琏总体负责外联。贾赦还有个儿女贾迎春，性格懦弱。贾政的女儿是贾元春，也就是即将回家省亲的皇妃。贾政的儿子是贾宝玉。贾政家除了有王夫人外，还有个妾是赵姨妈，赵姨妈生下女儿贾探春，贾探春多才多艺，非常有主见。外嫁的贾敏，生下女儿林黛玉，后林如海病重，林黛玉寄住在荣国府。

第三代，就是贾赦家的贾迎春、贾琏、王熙凤；贾政家元春在外，贾宝玉、贾探春。其中贾宝玉房内的丫鬟有袭人、晴雯、麝月和秋纹，还有二等丫鬟碧痕、茜雪、小红等。这个大观园项目是用于元春回家省亲，省亲后给贾宝玉和众姐妹们居住和学习使用。当然，红楼梦荣国府里面人物众多，这里只是简单列举几个关键人物。

那么问题来了，如果你是贾芸，想在大观园工程中获得一个商业机会，你觉得需要从哪里入手呢？哪些角色对合作成功具有重大影响呢？

【贾芸的经历】

贾芸是《红楼梦》里面少有的有为青年，在组织结构等级森严，人际关系复杂的荣国府里面，要想获得一个分包项目，是个艰巨而复杂的工作。他第一步就是制造与荣国府的外联负责人贾琏偶遇的机会。一次贾琏和贾宝玉出门，在门口遇到了贾芸。贾芸上来给贾琏请安，表明来意，希望琏二叔能够跟王熙凤说一声，给自己安排个活计，贾琏满口答应。这时，贾宝玉注意到贾芸过来打招呼，贾芸借机跟贾宝玉也建立了联系。

贾琏在与自己的妻子王熙凤晚餐的时候，提到了贾芸的想法，结果王熙凤说正好有个事情，可惜已经提前安排给其他人了，目前没有合适的工作了。

过了几天，贾芸专门带着海棠花来看望贾宝玉，作为一个富贵人家的公子哥儿，贾宝玉完全不知道贾芸的需求。只是跟他谈论谁家的戏子唱得好，谁家的丫鬟长得标致。不过，贾芸在贾宝玉这里结识了自己人生的伴侣，就是贾宝玉房里的二等丫鬟小红。

贾琏的努力没有成功。贾芸意识到决定合作机会的人是王熙凤，所以专程借款买了麝香和冰片，又制造了一次与王熙凤的偶遇。他把礼物巧妙地孝敬给了王熙凤，然后王熙凤给他安排了大观园植树栽花的分包任务。贾芸最终获得了自己想要的项目，还因此有更多机会与小红接触，最后有情人终成眷属。那么在这个项目中，购买方的贾芸、王熙凤、贾宝玉和小红，各自承担什么角色呢？对大客户销售项目中的购买角色又有什么启发呢？我把企业中对购买决策起影响作用的角色定义为六种，分别是高层、EB、TB、USER、COACH 和联系人[1]。这六个角色，每个都非常重要。

【高层】

就是在对方企业组织结构中的高层领导者。在这个项目里面，荣国府第一代的贾母、第二代的贾赦、贾政和王夫人，在这个项目里面都说得上话。如果贾芸家的上一代后街五奶奶跟这几位中的任何一位关系非常好的话，那么随便说一句话，吩咐给王熙凤，贾芸就不用跑得这么辛苦了。就像《红楼梦》里面，王夫人家的远房亲戚刘姥姥来大观园看望王夫人，可是王夫人没时间接见，让王熙凤酌情处理，结果王熙凤就给了刘姥姥好几十两银子，还有很多礼物。

在大客户销售的过程中，如果本公司的高层领导可以跟对方公司的高层领导建立信任关系，那么无疑对项目的推进具有重要意义。尤其是，如果合作双方出现了误解、误会，导致项目陷入僵局的时候，通过高层外交，往往能够使项目起死回生、化干戈为玉帛。因为双方高层能够从更高的维度，和更长远的视角，更深层次的合作方面化解误会和冲突。

【EB】

EB 是英文 Economy Buyer Influencer 的简写，中文是经济购买影响者，就是具有采购最终决定权的人。在贾芸这个案例里面，王熙凤就是 EB，是这个项目的决策人。在所有的购买角色里面，EB 是最重

---

[1] Miller, Robert B., et al. *The New Strategic Selling*. Business Plus, 2005.

要的角色，是项目里面承担最大直接责任的人。

【TB】

TB是英文Technology Buyer Influencer的简写，中文是技术购买影响者，就是从技术角度具有采购选择权。他们不能决定购买，但是可以从技术的角度否决你的产品。在贾芸案例里面，贾琏就是这样的角色。在大客户销售项目里面，来自企业客户不同部门的参与者大部分是这个类型。他们可能来自技术部、研发部、品质部、法务部或者财务部，会从不同的角度，对公司的产品细节进行审核。如果我们提供的条件不能满足对方企业的需要，TB这一关就不能通过，那么EB那里也不会决定采购。

【USER】

USER是英文USER Influencer的简写，中文是产品和服务的使用者，就是直接使用产品的基层员工。他们的意见也非常重要，如果我们的产品不符合对方的使用习惯，或者让对方的工作变得烦琐，那么他们也会提出反对意见。即使TB、EB都同意了，那么这个合作也不能顺利进行。贾芸案例中，贾宝玉是大观园未来的主人，如果他跟王熙凤抱怨，说贾芸给大观园栽的树，种的花都太丑了，那么也会导致贾芸项目的夭折。同样的，林黛玉、贾迎春、贾探春，也都是大观园的USER。

【COACH】

COACH中文是教练的意思，在项目里面，更像香港影视剧里面的"线人"和"卧底"。就是在对方的组织结构中，属于不见得直接参与项目采购，但可以给销售经理提供有价值信息的人。在贾芸项目中，贾宝玉房中的二等丫鬟小红就是贾芸发展的COACH。同样的，贾芸也可以发展其他人做自己的COACH。

其实这个COAH未必是在客户企业内部，也可以在客户企业外部，甚至是在我们企业内部。我有个朋友在一家外企销售商用打印机和复印机，他发现一个规律，就是这类采购，在公司搬家的时候发生的概率特别高。他就跟自己所辖区域写字楼里的所有保安们建立了联系，因为无论是搬出还是搬入，保安都能得到消息，只要保安把这个搬家消息告诉我的朋友，就会得到固定金额的经济报酬，我朋友就会马上去搬家的公司进行拜访。我原来在企业中工作的时候，如果有陌生客户的需求电话打到公司的前台总机，一般的情况下，前台的同事都会转接给我。为什么呢？因为我对每个人都是一样尊重，而有的人觉得前台的工作比较简单，因而在前台面前高傲无礼。你看，我只是做了我自己，做一个尊重每个人的人，就能得到别人的尊重，还能额外获得前台同事的销售信息支持。

【联系人】

联系人是负责联系项目合作的人，有的时候是企业客户采购部的人，有的时候是商务部的人，有的时候是技术部的人，还有的时候是第三方招标公司的人。没有这个角色的上传下达和及时的信息往来，都会严重影响项目的成败。

【小结】

本节话题，将《红楼梦》里面贾芸争取大观园分包工程的过程作为研究案例，详细讲解了企业大客户项目中六种重要的购买角色：高层、EB、TB、USER、COACH和联系人。

【自测与思考】

各位朋友们，通过本节内容学习了企业大客户购买过程中的六种角色，分别是高层、EB、TB、USER、COACH和联系人。请你在自己目前跟进的项目中，找到每一个对应角色。看一看每个角色的关注点是什么。

💡 话题8：客户关系打分和客户关系积分

【提问】

在线下培训的时候，学员常常提出这样的问题，客户明明有钱，为什么不愿意给我们付款？怎样让客户在有需求的时候，首先想到我们？在与竞品品牌的产品和价格差不多的情况下，怎样让客户优先选择我们呢？

回答就是两个字：关系。具体的意思，就是当你跟客户的关系足够友好和坚固的时候，上面的问题就会迎刃而解。那么怎样才能衡量你和一个客户彼此之间的关系程度？又怎样衡量你公司团队和企业客户团队间关系的友好和坚固程度呢？本节就详细讨论一下这几个话题。

【客户关系打分】

销售经理和客户的关系，我分成了七个等级，分别是未知姓名、联系方式、建立联系、相谈甚欢、商务合作、成为朋友和信赖忠诚。

（一）第一个等级：未知姓名。就是你连这个角色的姓名都不知道。如果是这样，我给打0分。

（二）第二个等级：联系方式。你掌握了对方的姓名和有效的联系方式。打0.2分。

（三）第三个等级：建立联系。就是你跟对方建立了最基本的联系，对方知道你是谁，是哪家公司的，提供什么类型的产品和服务。打 0.4 分。

（四）第四个等级：相谈甚欢。就是你跟对方面对面做过深入、细致、专业的沟通，我们的产品和服务在大方向上，满足对方的需求。打 0.6 分。

（五）第五个等级：商务合作。就是对方同意跟咱你的公司签订合作协议，双方开始正式的商务合作。打 0.8 分。

（六）第六个等级：成为朋友。在商务合作之余，你们可以分享个人生活，在工作之外一起活动，彼此性格相吸引、趣味相投，建立私人交往。打 1.0 分。

（七）第七个等级：信赖忠诚。你们在职场上、合作上、生活上一起经历了很多重大考验，彼此深度信赖。打 1.2 分。

【客户关系需求】

说到这里，可能有朋友又产生新的疑问了。看起来跟客户最好的关系就是信赖和忠诚的关系，这样客户的回款问题，有需求就想到我们的问题……都能很好地解决了。

但是，信赖忠诚的客户关系，不是一朝一夕能建立的。而客户的规模又有大有小，如果每个客户的每个购买角色，我们都去建立信赖忠诚的关系，那我们可能根本完成不了销售任务了。

所以，我认为，应该根据企业客户的商业价值，来给客户的关系需求划分等级。在此之前，需要先对客户的商业价值划分等级。比如，原来我们公司的客户等级划分是这样的：根据企业客户潜在的商业价值，我们把客户的关系需求划分为 S 级、A 级、B 级、C 级、D 级和 E 级。如表 5-8 所示。

表5-8 客户等级、关系需求与关系积分

分类	商业价值	关系需求	购买角色关系打分（举例）						关系积分	关系差距
			高层	EB	TB	USER	COACH	联系人		
S级	大于50万	5分	0.8	1.0	0.8	0.8	0.8	0.6	4.8	0.2
A级	大于20万	4分	0.6	1.0	1.0	0.6	0.0	0.8	4.0	0.0
B级	大于10万	3分	0.0	0.6	0.6	0.2	0.0	0.6	2.0	1.0
C级	大于2万	2分	1.0	0.6	0.6	0.4	0.4	0.0	2.8	-0.8
D级	大于0	1分	0.0	0.8	0.0	0.0	0.0	0.0	0.8	0.2
E级	0	0分	0.0	0.0	0.0	0.8	0.0	0.0	0.8	-0.8

第一行，某S级客户的商业价值是每年的销售额大于50万元，这样的客户我们需要与对方建立5分的关系积分。表中以六个采购角色的评分举例，那么这个客户关系的积分就是这六个角色的打分之和，是4.8分，你可以看到，距离5分的关系积分，还有0.2分的差距，如果想把这个客户的客户关系做得更完美，需要升级和联系人的关系，从0.6上升到0.8分。

第二行，某个A级客户的商业价值是每年的销售额大于20万元。关系需求得4分。表中六个采购角色得分之和是4.0分，正好满足了关系需求，所以暂时不需要对这个客户投入更多工作。

第三行，某个B级客户的商业价值是每年的销售额大于10万元，关系需求3分。表中六个采购角色打分之和是2.0分，距离B级客户的关系需求3分，还有1.0分的差距。如果想和这个客户成功合作，还需要升级EB、TB，尤其是USER的客户关系。

第四行，某C级客户的商业价值是每年的销售额大于2万元，关系需求2分。表中六个采购角色得分之和是2.8分，已经超过这一级别客户的关系需求。所以，不用再在这个客户项目上继续投入资源了。

第五行，某D级客户的商业价值是每年的销售额在2万以下，关系需求1分。表中六个采购角色打分之和为0.8分，鉴于客户价值不高，销售经理不必主动投入资源开拓客户，在客户有需求的时候，积极回应就可以了。

最后一行，某E级客户，这类客户不需要本公司的产品和服务，不必建立客户关系。

【小结】

本节话题，通过对企业客户的商业价值进行分级，然后引出不同商业价值等级的客户，对应的关系需求分数也不同。把六类购买角色的打分求和，得到该客户的实际关系积分。然后，把实际关系积分与关系需求相比较，可以发现在客户关系方面，大客户销售经理需要与客户里面哪些购买角色提升人际关系。帮助销售经理对客户关系的认识从模糊的感性感受，上升到数据测量的理性分析。

客户分级，分别是S级、A级、B级、C级、D级和E级。对应的关系需求，分别是5分、4分、3分、2分、1分和0分。关系积分是该客户六个购买角色的积分求和。

【自测和思考】

各位朋友，通过话题8中学习的六种购买角色，和本话题学习的关系打分、关系需求、关系积分和关系差距等概念，请完成以下问题。

（一）请你选择几个真实客户，填写表5-9。在表中为每个购买角色进行打分，并计算关系积分和关系差距。

表5-9 客户等级、关系需求与关系积分练习

客户名称	客户等级	关系需求	购买角色关系打分					关系积分	关系差距
^	^	^	高层	EB	TB	USER	COACH	联系人	^	^

（二）针对上表中关系差距较大的S级或者A级客户，请你根据本章讲到的个人需求罗盘内容和本节关系打分方法，填写表5-10，并写出自己的客户关系升级行动计划。

表5-10 客户关系升级行动计划

购买角色	客户姓名	工作目标	个人性格	人际关系	工作态度	关系打分	行动计划
高层							
EB							
TB							
USER							
COACH							
联系人							

本章回顾

【内容回顾】

本章内容分为八个小节，详细分析了企业客户的需求。主要包括三个部分，分别是客户个人需求罗盘、商务需求罗盘和客户关系积分。

话题1：左右为难的大客户招标，通过某家IT企业招标的真实案

例，揭示了大客户销售经理经常面对的各种各样左右为难的困境。

话题2：大客户商务需求罗盘，详细介绍了商务需求罗盘的四个象限，分别是产品和服务、合作类型、决策流程、发展战略，以及每个象限包括的三种类型。

话题3：介绍了个人需求罗盘中的四个象限，工作目标、个人性格、人际关系和工作态度，以及各自包括的三种类型。

话题4：大客户需求罗盘的落地分析，通过使用两个罗盘对话题1中的客户招标项目进行分析和应用，充分证明了两个罗盘的有效性和正确性。

话题5：接纳客户"四它"原则，通过对个人需求罗盘分成外环、中环和内环三类典型客户进行分析，帮助销售经理面对和接纳难缠型的客户，提高项目推进效率。

话题6：知彼知己者，百战不殆，主要针对商务需求罗盘里面各种类型的客户，销售经理需要提前做好哪些知识、技能方面的储备。

话题7：《红楼梦》六种购买角色，通过《红楼梦》里面贾芸在荣国府获得分包工程的案例分析，介绍了六种购买角色，分别是高层、EB、TB、USER、COACH和联系人。

话题8：客户关系打分和客户关系积分，对客户关系进行量化打分，然后对企业客户的商业价值进行分级，不同级别的客户关系需求程度不同，然后计算两家企业之间的关系积分，找到关系需求与关系积分之间的差距。可以帮助销售经理，有的放矢、高效科学地升级客户关系，确保双方的合作顺利推进，并建立长期稳定的合作关系。

【和尚和棉被】

在一座破旧的庙宇里。

一个小和尚沮丧地对老和尚说:"这个小庙里只有我们两个和尚,我下山去化缘的时候,人家都是对我恶语相向,经常说我是野和尚,给我们的香火钱更是少得可怜。今天去化缘,这么冷的天都没什么人给我开门,化到的斋饭也少得可怜。师父,我们菩提寺要想成为你所说的庙宇千间、钟声不绝的大寺,恐怕是不可能了。"

老和尚披着袈裟什么话也没有说,只是闭着眼睛静静地听着。

小和尚絮絮叨叨地说着,最后老和尚终于睁开眼睛问道:"这北风吹得紧,外边又冰天雪地的,你冷不冷啊?"

小和尚浑身哆嗦着说道:"我冷呀,双脚都冻麻了。"

老和尚说道:"那不如我们早些睡觉吧!"

老和尚和小和尚熄灭了灯钻进了被窝,过了一个多小时,老和尚问道:"现在你暖和了吗?"

小和尚说道:"当然暖和了,就像睡在阳光下一样。"

老和尚说道:"棉被放在床上一直是冰凉的,可是人一躺进去就变得暖和了,你说是棉被把人焐暖了,还是人把棉被焐暖了?"

小和尚一听,笑了:"师傅你真糊涂啊,棉被怎么可能把人暖和了,当然是人把棉被焐暖了。"

老和尚说道:"既然棉被给不了我们温暖,反而要靠我们去暖和它,那么我们还盖着棉被做什么?"

小和尚想了想说道:"虽然棉被给不了我们温暖,可是厚厚的棉被却可以保存我们的温度,让我们在被窝里睡得舒服啊!"

黑暗中,老僧会心一笑:"我们撞钟诵经的僧人何尝不是躺在厚厚棉被下的人,而那些芸芸众生又何尝不是我们厚厚的棉被呢!只要我们一心向善,那么冰冷的棉被终究会被我们焐热的,我们睡在这样的被窝里不是很温暖吗？庙宇千间、钟声不绝的寺庙还会是梦想吗？"

小和尚听了恍然大悟。

从第二天开始，小和尚每天很早就下山去化缘了，依然碰到很多恶语相加的人，可是小和尚却始终彬彬有礼地对待每一个人。

十年以后，菩提寺成了方圆十几公里的大寺，有了许多僧人，香客更是络绎不绝，而当年的小和尚也成了住持。

其实在这个世界上，我们都生活在"棉被"里，别人就是我们的棉被，当我们用心去暖棉被的时候，棉被也会给我们温暖。努力去做一个温暖的人，用真心对世界微笑。

从这个故事里，我看到，其实我们每一位大客户销售经理，就是那个小和尚。我们通过挖掘客户需求，满足客户需求，不断与企业客户建立关系，升级关系，让自己的客户资源的大棉被逐渐暖和起来。在帮助客户成功的同时，实现了自我的成长，业绩的提升，和企业的进步。

【落地规划】

各位朋友，通过本章每个小节后面的自测与思考环节，你得到哪些收获？学到了哪些重要的知识和观点？又制订了哪些可落地的计划呢？请你认真规划，填写表5-11。

表5-11 需求和关系模块落地规划

分类	本章要点	行动计划	截止日期
需求和关系			

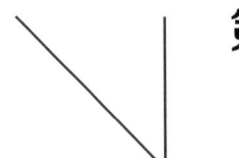

第六章　客户和项目管理体系

聚焦问题

在农业社会时代，打造一把宝剑，需要铸剑大师多年的锤炼和打磨。大师精湛的技艺，是他独有的天赋，这样的大师凤毛麟角，这样的宝剑成为珍宝，只能给帝王和名将使用。而到了现代工业社会，已经有了工业化、规模化的自动生产线，普通人只要经过相对简单的、专业化的培训，每个人都可以打造出成百上千把同样质量的宝剑，宝剑不再是帝王名将的专配，也可以是每个普通人都可以拥有的武器。

很多人都认为，大客户销售的工作主要靠情商，靠天赋。但是，情商高、天赋高的人，毕竟是少数。就像古代的铸剑大师一样，凤毛麟角，可遇不可求。那么，作为普通的销售经理，如何能做出了不起的业绩呢？能不能像工业社会的自动化生产线一样，让每个普通的销售经理，都可以高质量、高效率地完成自己的销售任务呢？如何**把靠个人天赋的技艺，转化为每个人都可以熟练操作的技术**呢？

在我以前带领的团队里面，有人情商和智商都特别高，跟客户侃侃而谈，企业产品介绍也讲得很精彩，可是纪律比较散漫，不能按照我的要求工作，结果业绩很差，我只能婉言请他另谋高就。而另外一部分员工，学历较低、能力较差、跟客户面谈的时候都哆嗦，讲不好我们的产品介绍，只能被动地回答客户的问题，可是他能够严格按照我的要求和计划工作，结果这样的员工，反而是团队里面业绩最好的。

本章话题就聚焦解决大客户销售项目与客户管理体系的问题。通过这样的体系，可以把靠天赋的技艺，转变成每个人都可以熟练操作的技术。

💡 话题1：搞对象的"恋爱魔法"

【提问】

每一位大客户销售经理都希望业绩可以突飞猛进，出色完成销售任务，可是路要一步一步地走，单子要一个一个地做，客户要一个一个地谈，天上不会掉馅饼，合同也不会送上门，在月底签好最后一个合同之前，谁也不知道自己能不能完成销售任务。大部分的销售经理总是焦虑如何完成销售任务。那么有没有办法可以让销售经理，或者团队管理者能提前并准确地预测出销售业绩的完成情况？

其实开发客户和项目的过程，很像谈恋爱的过程。都是一个从陌生到熟悉，从熟悉到接纳、再到深度合作的过程。那么一个客户项目需要经历哪些阶段？与谈恋爱的具体相似之处，到底是哪些呢？

读者里面如果有单身的朋友，本章节内容，看看能否在解决项目管理体系的同时，也解决一下你自己的恋爱问题呢？

【恋爱达人】

我年轻时，跟大多数普通青年一样，谈过几次恋爱。谈恋爱不一定成功，失败也很正常，原因往往是觉得对方与自己的默契程度没有达到理想的状态。总觉得，找个理想的灵魂伴侣怎么就那么难呢？

而我们有个同事，各方面的条件，跟我们大家都差不多。同样地，我们都积极寻找爱情，积极地去相亲，可人家相亲几次之后，就找到一个我们大家都觉得很完美的对象。不仅他觉得对方是自己理想的伴侣。我们作为旁观者，也觉得他的女朋友非常完美。同样的人，同样的相亲频率，为什么人家的运气这么好呢？我们怎么就总是遇不到合适的人呢？

有一次，他酒后吐真言，告诉我们他搞对象的"恋爱魔法"。那就是，使用项目漏斗的方法，来管理谈恋爱的人生大事。

他说，表面上看，我们没有区别。如图6-1所示。

见面相亲	18
情投意合	3
决定交往	1

图6-1 相亲数量

例如我们都相亲了18次，结果情投意合可以见第二面的都是3个，最终都选择了其中1个最合眼缘的人作为女朋友，进入恋爱阶段。可是，为什么我的女朋友，显得更完美一些，而你们与自己的女朋友总有这样那样的矛盾呢？因为，你们只看到了表面现象。

销售漏斗，把一个项目的过程分成了客户筛选、建立联系、客户跟进、挖掘需求、建议方案、合同签订和售后服务七个阶段。谈恋爱，也可以分成筛选对象、建立联系、逐步了解、深入了解、见面相亲、情投意合和决定交往七个阶段，二者一一对应。如表6-1所示。

表6-1 客户开发与恋爱过程比较表

步骤	第一步	第二步	第三步	第四步	第五步	第六步	第七步
项目漏斗	客户筛选	建立联系	客户跟进	挖掘需求	建议方案	合同签订	售后服务
恋爱过程	筛选对象	建立联系	简单了解	深入了解	见面相亲	情投意合	决定交往
数量	20000	2000	70	28	18	3	1
成功率	10%	10%	3.5%	40%	64%	17%	33%

如你们看到的情况，我们的相同点是第五步到第七步，都是相亲了18个人，第二次见3个人，最后选择了1个人进入恋爱。然而你们没有看到的是，我在第五步，见面相亲这18个人前面，我所做的第一步到第四步的工作。

第一步，筛选对象。你们找对象，是亲朋好友介绍的。对方对你们双方的情况，模糊地了解，感性地匹配。关于学历、工作、婚史、住房、身材等等方面，都没有具体的标准。而我是在婚恋网站上筛选对象，关于学历、工作、婚史、住房、身高、体重、区域等等情况，都可以设定严格的范围标准。在这个阶段，符合你们这些模糊条件的人数有20万。而符合我的标准的人数只有2万人。我可以从婚恋网站上，找到这些人，看到她们的照片、独白和资料。这是第一步，我已经筛选掉了90%的不合适的潜在对象。

第二步，建立联系。我也不可能去和2万人相亲和谈恋爱，就算我想，人家也不见得愿意跟我相亲。所以第二步，我要在这2万人里面，选择自己喜欢的人，俗话说就是有眼缘的人。通过照片的风格和个人独白，我们可以迅速判断这个人是坦诚的，还是虚伪的；是有爱心的，还是自私的。然后，我就会给自己喜欢的人，在婚恋网站上发送站内信息。不用特别花心思，就是一个标准的模板，复制粘贴，点击发送就可以了。内容包括自我介绍，自己对未来婚姻和家庭的设想，留下自己的联系方式微信和QQ。这个阶段，再次筛选掉90%的自己不喜欢的潜在对象，这样计算的话，我主动搭讪的人大概有2000个。

第三步，简单了解。请你们猜一猜，我主动发站内信息去搭讪的2000人里面，会有多少人主动加我的微信或者QQ呢？答案是只有70人，成功率只有3.5%。为什么呢？因为在此期间，很多潜在对象没有登录婚恋网站；很多人登录了却没看到你的信息，因为你看上的人，别人也看上了，对方会收到很多的站内搭讪信息，你的信息被淹没了；很多人看到了你的信息，但是相比之下，你的竞争力还是稍显不足；很多人也觉得你不错，但是没有勇气添加你的联系方式；很多人，害怕你是个骗子……总之各种原因，最后只有3.5%的人看了我的搭讪信息后，主动添加了我的联系方式。我们可以就谈婚论嫁的话题，交换彼此的看法，进行简单了解。

第四步，深入了解。添加了联系方式后，也不是每个人都会正经地跟你聊天。你就会发现这70人里面，真的有骗子，她们容貌姣好、家境优渥、时间充裕，对你保持着若即若离的距离，但就是不提供精确的个人信息。识别骗子的标准特别简单，就是是否同意线下见面，成功见面的就不是骗子。还有的人，聊天时对你爱答不理；还有的人，逻辑混乱，条理不清。双方能够平等尊重、认真聊天的也就28人左右。成功率只有40%，又筛选掉了60%的人。

第五步，见面相亲。与这28个人认真聊天，经过交流，你会发现其中10人左右不适合在一起，见面相亲没有意义。比如你住在北京大兴，她住在怀柔，虽然同在一个城市，但是相距80多公里，和异地恋差不多。这样，28个人里面，就只剩下18个人可以见面相亲了。成功率 64%，又筛选掉 36% 的潜在对象。

所以，你们看，同样是相亲 18 个人，我是从 20 万人里面，使用理性和数据的方法通过五层严格筛选，才约出来 18 个人来相亲。而你们可能只是从你们亲朋好友的朋友圈子里面，最多也不超过几百人，使用感性的方法筛选出来的 18 个人相亲。那你们觉得，我是 20 万挑一，你们是百里挑一，这个结果能一样吗？

【小结】

本节话题，通过搞对象"恋爱魔法"把销售项目漏斗思想应用在恋爱过程的案例。简单介绍了项目漏斗的七个阶段，希望通过成功恋爱的案例，能够引起读者深入思考销售项目过程中各个阶段所具有的数量递减规律。

销售项目漏斗，分成七个阶段，分别是客户筛选、建立联系、客户跟进、挖掘需求、建议方案、合同签订和售后服务。

【自测与思考】

通过本节话题的案例研究，简单对比了项目漏斗和恋爱过程的七个阶段。

（一）对比恋爱过程的七个阶段，你觉得项目漏斗的每个阶段，其主要任务是什么？各自要解决哪些问题？

（二）请你拿自己谈恋爱的经历与案例中的"恋爱魔法"相比较，你觉得哪种方法更好？

话题2：项目漏斗七个阶段

【提问】

话题 1 讨论了项目漏斗和恋爱过程的比较。提出项目漏斗的七个阶段，分别是客户筛选、建立联系、客户跟进、挖掘需求、建议方案、合同签订和售后服务。

那么在这七个阶段，每个阶段中大客户销售经理需要考虑哪些问题，做好哪些工作呢？本节话题，重点讨论这些内容。

【第一阶段　客户筛选】

很多大客户销售管理者，都怀揣着伟大的梦想，总想服务知名企业客户。年轻人有理想是好的，但是，**人不能一步就登天，就是登天也得一步一步来**。你的目标是登上珠穆朗玛峰，而你现在的能力只是爬上村边的小土坡，还要气喘吁吁地歇三次，如果罔顾现实，你打算明天就出发去攀登珠穆朗玛峰的话，为了你的安全，我们只能祝福你及早回头。然而，现实中，这样的大客户销售管理者实在是多如牛毛，这也是为什么很多创业企业坚持不了多久的重要原因。

所以，成熟的大客户销售管理者都知道的一个原则，就是量力而行。**选择客户的时候，要做到门当户对**。我们把客户分成 A 类客户、B 类客户和 C 类客户。其实，供应商，也要分成 A 类公司、B 类公司和 C 类公司。门当户对的原则就是，A 类公司服务 A 类客户、B 类公司服务 B 类客户、C 类公司服务 C 类客户。**如果 C 类公司，非要服务 A 类客户的话，那么就像爬土坡还气喘的人，非要去攀登珠穆朗玛峰一样，劳累辛苦不说，弄不好有去无回。**

那具体该怎么区分 ABC 三类客户和三类公司呢？在本章其他话题详细展开。

【第二阶段　建立联系】

找到门当户对的企业客户之后，大客户销售经理下一步的工作，就是与对方建立商务联系。在对方企业的组织结构中，我们该与哪些人建立联系？他的联系方式是什么？我们该通过什么渠道跟他建立联系。建立联系时，怎样介绍我们公司的产品和服务？需要发送哪些资料？对方会提出哪些问题？让客户喜欢的第一通陌生电话该怎样拨打？

这是第二阶段，建立联系需要考虑的主要任务。

【第三阶段　客户跟进】

跟客户建立联系之后，进入客户持续跟进的阶段。这个阶段，销售经理要寻找机会，拜访客户企业内部各个不同的相关部门，认识不同的采购角色，包括高层、EB、TB、USER、联系人，并发展自己的COACH。目标是打破人际关系的坚冰，与各个购买角色，建立亲和、友好的人际关系。

【第四阶段　挖掘需求】

在跟进客户的过程中，基于大客户需求的两个罗盘，深入挖掘每个购买角色的个人需求，包括工作目标、个人性格、人际关系和工作态度。深入挖掘该企业的商务需求，包括不同层级所关注的产品和服务的价值点、合作类型、决策程序和发展战略。

【第五阶段　建议方案】

根据挖掘客户需求规律，结合客户的预算规模、项目落地实施时间表以及商务流程上的要求，设计和制作解决方案建议书。这里面要应用到本书学习过的"结构思考力"五个工具、全脑说服力公式、完整案例公式和"三翻四抖"案例结构等。还需要使用客户成功多元模型等方法论提高建议书的专业权威性，成功多元模型由于篇幅关系，未收录到本书中，期待续作可以与各位朋友一起学习。

【第六阶段　合同签订】

提交解决方案建议书后，双方进入商务谈判和沟通环节。这里就需要用到本书中大客户销售谈判与客户沟通章节所提到的"成功谈判五步法"（事前准备、打开心扉、价值交换、温情收尾和保持温度），化解客户争议的四个高情商关键词（是的、同时、做到和但是）等技巧和方法。

【第七阶段　售后服务】

很多人认为合同签订后，就万事大吉，销售经理可以奔向新的客户了。然而，我认为，在合同签订的那一时刻，销售的工作才真正开始。因为在此之前，我们的所有行为都停留在口头承诺上，而从此刻开始，口头承诺才真正落实到行动上。

企业的品牌、销售经理的人设，是不是徒有其表，都是合同签订后的行为所决定的。如何把承诺落实到产品和服务的质量上，落实到客户的真实感受上，落地到客户的满意度上，决定了客户的回款，决定了客户关系的维护和升级，更决定了企业长远的营销业绩增长。

【小结】

本节话题详细介绍了大客户销售项目漏斗七个阶段的主要任务和需要解决的问题。

客户筛选阶段，解决客户选择门当户对的问题；建立联系阶段，解决找到正确的联系人，成功实现破冰的问题；客户跟进阶段，深入了解客户的组织结构，寻找潜在的六个购买角色；挖掘需求阶段，通过使用大客户需求罗盘，深入挖掘各个购买角色的个人需求和企业的商务需求，建立并升级客户关系；方案建议阶段，根据客户需求和企业特点，制订结构清晰、高说服力的方案；合同签订阶段，使用情理兼顾的成功谈判五步法和高情商沟通关键词，推进双方合同的签订；售后服务阶段，把口头承诺落实到行动上，追求客户对你提供的产品和服务满意、满足、感动甚至被称赞，获得客户的迅速回款、复购和转介绍。

【自测与思考】

通过本节话题，了解大客户销售项目漏斗的七个阶段的主要任务，请你完成以下问题：

（一）把自己目前跟进的项目全部列出来，看一看它们分别处在项目漏斗的哪个阶段上？

（二）本季度你的销售任务是多少？这些项目哪些是本季度一定可以签订合同的？哪些是没有把握的？你觉得你完成本季度任务指标的概率有多大？

话题3：项目漏斗数量分析

【提问】

通过话题1中恋爱达人找对象的经历，我们可以发现，在项目漏斗的每个阶段，都是有一定的成功率的。**阶段越靠前，成功率越低，越往后，成功率越高**。这意味着，不同阶段的项目，对销售经理完成业绩指标的价值来说是不一样的。

那么针对所处不同阶段的项目，该如何衡量其商业价值？大客户销售经理能否根据自己正在跟进的项目漏斗，提前预测个人业绩完成的情况？

【项目漏斗权重分配】

假设销售经理张三的项目漏斗数据如表6-2所示。

表6-2 张三的项目漏斗数据表

漏斗阶段	项目数量	成功率计算	成功率	阶段权重	CRM名称
客户筛选	500	5/500	1%	0%	线索
建立联系	250	5/250	2%	0%	
客户跟进	150	5/150	3%	0%	
挖掘需求	50	5/50	10%	10%	客户
建议方案	9	5/9	56%	50%	项目
合同签订	6	5/6	83%	80%	
售后服务	5	5/5	100%	100%	成单

从表中你可以看到张三在客户筛选阶段的客户数有500个，建立联系阶段有250个，跟进阶段有150个，挖掘需求的有50个，建议方案的有9个，合同签订的有6个，售后服务的有5个，总计970个客户。当然，这个表中的数据是静态数据，就是说目前这970个客户彼此是不重复的。我们也可以认为，这一系列数据之间有一个逐层向下筛选，向上进阶的过程。就是对张三来说，如果他筛选了500个客户，那么经过努力工作，可以有250个客户建立联系；其中又有150个可以进入跟进阶段；150个里面，50个可以进入挖掘需求阶段；又有9个有机会进入建议方案阶段；其中有6个有机会进入合同签订阶段，最后签订成功5个，进入售后服务阶段。这个逻辑就是在实际操作中的逻辑，充分说明了张三这个销售在每个阶段的客户项目转化的成功率。

那么用最终成功的5个项目来倒推张三项目漏斗中各阶段项

目的价值权重，就是表中第二列的数据，分别是5/500、5/250、5/150、5/50、5/9、5/6和5/5。得到第三列，张三各个阶段的转化成功率，分别是1%、2%、3%、10%、56%、83%和100%。你可以看到前三个阶段的成功率非常低，所以四舍五入，在表中第四列我给这三个阶段分配的权重是0%。后面挖掘需求、建议方案、合同签订和售后服务阶段，分配的阶段权重比例分别是10%、50%、80%和100%。

表中最后一列是当该项目在不同阶段时，客户或者项目的名称变化。处于客户筛选、建立联系和客户跟进这三个阶段时，在企业CRM管理系统中都叫作"线索"，或者"项目商机"，英文是lead。当从客户那里挖掘到需求后，CRM管理系统里面就将名称改为"客户"，英文是account。进入建议方案和合同签订阶段，改名叫"项目"，英文是deal。最后售后服务阶段，会把这个项目标记为赢单状态，英文是close won。如果没有赢单，会标记为close lost。

【项目漏斗和企业CRM管理系统】

讲到销售项目漏斗，就不得不提到企业CRM管理系统。如今，从事B2B服务的企业，大部分都上马了该系统，我以前服务过的公司也是一样。这类系统的设计、原理都非常好，技术也很先进，但是我发现，在实际应用的过程中，很多企业的落地不够到位，因此导致这个系统的应用不够充分，形同虚设。项目漏斗的精髓与CRM管理系统中的项目管理方法是高度一致的。真心期待更多的企业可以更好地使用好这个系统，为销售经理的工作提高效率，为企业的发展腾飞助力。

【小结】

本节话题，给销售漏斗中的每个阶段进行权重的百分比赋值。可以帮助销售经理，对未签订合同的各个项目，进行价值预估，进而提前预测业绩完成的可能性。

【自测与思考】

（一）通过本节话题的学习，请你预测一下自己本季度能否完成销售业绩指标？能完成多大比例？

（二）现在是季度中期，已知大客户销售经理张三本季度的业绩指标是100万，平均每个订单的金额是10万。表6-3是张三销售漏斗目前的数据，请你帮助张三预测一下，他能完成本季度的业绩指标吗？他可能完成的比例是多少？如果不能完成，为了完成业绩，他短期应该在哪些阶段的项目上多加努力？长期看，他应该在哪些阶段上的客户上增加数量？

表6-3　销售项目漏斗预测业绩练习表

阶段	客户筛选	建立联系	客户跟进	挖掘需求	建议方案	合同签订	售后服务
权重	0%	0%	0%	10%	50%	80%	100%
数量	50	30	20	20	4	5	1

话题4：大客户销售个人能力分析

【提问】

通过题1恋爱达人找对象的过程可以看到，我的同事在该过程七个阶段中的主要任务是不一样的。为了完成不同阶段的任务，需要具备不同的能力。

因此，在话题2中，我详细阐述了销售项目漏斗七个阶段，每个阶段的主要任务和需要解决的问题。这就对大客户销售的个人能力提出了多方面的要求。那么，有没有可能，通过大客户销售项目漏斗的数据，分析出来每一位销售经理各自的能力短板，进而帮助其获得专向性的改善和提高呢？

这个话题，就是本节要讨论的内容。

【案例判断】

ABC公司的销售团队中，有张三、李四、王五和赵六4位大客户销售经理，表6-4的数据是他们4人的销售漏斗数据。其中李四经理各方面的能力在4个人中都非常优秀和突出。如果以李四作为学习标兵的话，那么请你分析一下，张三、王五和赵六3位经理在各个阶段的转化率怎样？每个人在哪些阶段存在能力短板？

表6-4 用项目漏斗评估个人能力短板

项目漏斗	张三	李四	王五	赵六
客户筛选	300	200	200	300
建立联系	40	100	100	150
客户跟进	32	80	40	120
需求挖掘	16	50	24	70
建议方案	6	20	4	60
合同签订	3	10	2	5
售后服务	1	3	1	2

【能力评估】

我们一起来分析张三、王五和赵六这3位销售经理在各个阶段的能力都有什么短板。如表6-5所示。

表6-5 用项目漏斗评估个人能力短板的分析表

项目漏斗	张三	转化率	李四	转化率	王五	转化率	赵六	转化率
客户筛选	300	/	200	/	200	/	300	/
建立联系	40	13%	100	50%	100	50%	150	50%
客户跟进	32	80%	80	80%	40	40%	120	80%
需求挖掘	16	50%	50	63%	24	60%	70	60%
建议方案	6	40%	20	40%	4	17%	60	86%
合同签订	3	50%	10	50%	2	50%	5	8%
售后服务	1	33%	3	30%	1	50%	2	40%

首先，计算一下李四在各个阶段的转化成功率，可以看到他的这些转化成功率分别是50%、80%、63%、40%、50%和30%。然后，同样的方法，我们可以计算出来张三、王五和赵六的这些阶段转化成功率，如表6-5所示。把这些成功率数字，与张三在同一阶段的数字进行比较，可以得出以下结论。

第一，对张三来说，有两个阶段的能力需要得到提高。第一个阶段是建立联系阶段：张三筛选出来300个客户，但是建立联系的客户只有40个，转化率只有13%。而李四的转化率是50%。这说明张三与客户建立联系的能力还需要提高。更具体地讲，是需要提高张三给陌生客户拨打电话的能力。第二个阶段是需求挖掘阶段：在此阶段李四的转化率是63%，80个跟进客户中，有50个挖掘出了需求。而张三的转化率是50%，还有上升的空间。张三需要好好学习我的大客户需求罗盘，充分挖掘大客户的需求。

第二，对王五来讲，也有两个方面的能力短板。第一个是在客户跟进阶段，同样是100个客户，李四跟进了80个，而王五只跟进了

40个。这说明王五对客户的跟进不够全面。第二个是在建议方案阶段，李四在这个阶段的转化率是40%，50个需求，有20个进入建议方案阶段，而王五24个需求，只有4个进入建议方案阶段。这说明王五有可能挖掘不出来客户的需求，也有可能不会制作建议方案。因此这两方面的能力，都需要提升。

第三，对赵六来讲，他的销售漏斗存在一处短板，同时也存在一处长板。短板是在合同签订阶段存在巨大的问题，你看他在建议方案阶段有60个项目，只有5个签订合同，转化率是8%，对比李四的50%，相距甚远。这说明赵六给客户提供的解决方案建议书质量太低，或者赵六非常不善于商务谈判，很多项目由于赵六沟通能力受限，所以失败。赵六的长板是在建议方案阶段，他这里的转化率却高达86%，远远高于李四的40%。那就存在两种情况，一种情况是赵六并没有挖掘到客户的需求，而自以为挖掘到了需求，属于盲目乐观；还有一种情况就是确实挖掘到了需求，但是由于解决方案建议书千篇一律，缺乏针对性，导致下一阶段的转化率过低。

【小结】

本节话题，通过分析4位大客户销售经理销售漏斗的数据分布，同时对比销售标兵，总结出每位销售经理的能力短板。

【自测与思考】

通过本话题的学习，请你思考：

（一）你们销售团队的标兵是谁？你觉得自己跟他在哪个阶段的能力存在差距？

（二）请你按照本节话题中第二张表格，把你们销售团队的每个人的项目漏斗数据都填写进去，按照本节的分析方法，看一看每个人的能力短板各自在哪里？

话题5：门当户对五个步骤

【提问】

本章话题2中，销售项目漏斗第一阶段客户筛选，我提到找客户要门当户对。找对象，可以从学历、性格、工作等客观条件来对比。那么筛选门当户对的客户，又该从哪些条件来对比呢？

【成功恋爱的故事一：列举清晰筛选条件】

现实生活中，很多年轻人想谈恋爱却找不到合适的对象。你问他对对方有什么要求，他的要求往往特别简单模糊，可是如果你给他介绍个符合他要求的对象，他又觉得这也不好，那也不合适。其实，他心里的想法有两个，一个是侥幸心理，他希望遇到一个多方面都非常棒的理想的对象，肤白貌美赛明星，家境优渥有情调，还对他一见钟情。另一个是不甘心，觉得自己值得更好的对象，不能随便就决定了终身大事，如果提出了更具体的条件，既显得自己俗气，也失去了遇到完美女生的机会。所以，宁可错过一棵大树，也不放弃整个森林。有了这两个想法，使他不能对自己的理想对象的筛选条件进行理性客观地思考。我觉得，这是社会上很多年轻人在恋爱之路上蹒跚徘徊的根本原因。

其实对大客户销售经理来讲，很可能也存在着上面这两个想法，一个是侥幸心理，要是直接开发一个超级大客户该多好啊。另一个是不甘心，要是把时间精力都花在不知名的小客户身上，自己怎么才能升职加薪呢？这样的想法，合情合理，但最大的问题，就是不现实。首先要知道自己公司的产品和服务，现阶段最适合什么类型的客户，如果不能正确匹配，就会变成大客户做不下来，小客户不愿意做。高不成、低不就，最后浪费了时间，错失商机，事倍功半。

2020年，我在网上看到一个华东地区25岁姑娘成功找到对象的案例，我深受启发。这位姑娘居住在一个省会城市，起初她的相亲经历也不顺利，别人给她介绍的对象，她也不满意。为了找到合适的对象，她把自己"理想对象"的条件整理出来，发到了所住社区的论坛上。如图6-2所示。

个人介绍	我	期望你（方案一）	期望你（方案二）
年龄	25岁（1995年出生，属猪）	1990–1996年出生	
身高（净）	160cm	172+	
体重	46kg	偏瘦或匀称都可	
学历	本科（全日制）	全日制大专及以上学历	全日制本科及以上学历
工作/收入	在市区上班，工作稳定，税前年收入10w左右	工作稳定，税前年收入10w+	工作稳定，税前年收入15w+
外形（综合颜值、身材、衣品）	中上（各花入各眼，大概率不会让你失望）	一般即可，衣品不土	中上（是客观的中上，并非你自身主观的中上；从初中至今至少有10个以上的女生明确跟你表示好感或表白，走在路上有不低的回头率，鲜少收到好人卡）
独立婚房	郊区有安置房	市区有房（安置房或商品房都可）	郊区有房（安置房或商品房都可）
代步车	暂无（暂时没买是因为摇不到号，婚前一定会买）	有	
其他	独生女；无婚史	独生子或有一个姐姐都可；无婚史	

图6-2

在表中，你可以看到她基于自己的客观条件，对理想对象的期望提出了两套非常理性的解决方案。从年龄、身高、体重、学历、收入、外形、婚房、代步车、家庭和婚史等情况，都提出了详细的候选范围。结果两天内,符合条件的候选人邮件挤满了姑娘的邮箱。由此,她也很快找到了心仪的对象,开启了甜蜜的爱情之旅。

所以,对大客户销售经理来讲,一定要全面、客观地认识自己公司的市场地位,理性地选择客户。只有这样才能事半功倍。

那究竟什么样的企业是门当户对的优质客户呢?本节话题,通过五个步骤来帮助你建立自己公司,或者团队的门当户对的优质客户清单。这五个步骤包括:框定目标初级条件、初步筛选商机、竞争矩阵分析、定义终极筛选条件和列举目标商机清单。

【第一步 框定目标范围】

框定目标范围,企业大客户销售往往是会划分销售区域的。有的公司按照地域划分,分为东北、华北、华东等区域;有的公司按照行业划分,分成制造业、IT业、建筑业等;有的按照客户规模划分,分成中小企业、大企业和战略客户等。

请你在你们公司给定的区域划分条件下,定义自己的客户划分范围,并把内容填写到下面的表6-6中。

表6-6 目标客户初级条件表

分类	内容(举例)	备注
地理区域	公司总部在华北地区,包括北京、天津、河北、山西和内蒙古	
行业细分	军工、制造、化工等行业	
客户规模	年销售额100亿元以上,人员规模超过2万人	
销售产品	自动化生产线装备	

这个表格中的各项内容,都是基于你的感觉判断来整理归纳的。

【第二步 初步筛选商机】

第二步就是根据第一步列举的目标范围,列举几十个符合条件的目标客户。把客户信息填写到表6–7中。

表6-7　商机初步筛选表

企业名称	区域	行业	年销售额（亿元）	人员规模（万人）	现用产品	商业价值（万元）
A 公司	北京	制造	600	8	A1 公司	500
B 公司	天津	军工	60	0.9	A2 公司	300
C 集团	河北	化工	100	4	A3 公司	300
D 集团	内蒙古	建筑	300	2	A1 公司	250
E 企业	山西	汽车	120	3	A3 公司	500
……	……	……	……	……	……	……

表格中第六栏，现用产品，是该企业目前所使用的厂商的产品。我们的任务是把自己公司的产品卖到企业里，取代客户目前合作的厂商，或者与现有厂商一起服务客户。表中第七栏商业价值是指，如果该企业购买了我们的产品，那么每年可以给我们带来的销售额。

【第三步　竞争矩阵分析】

第三步竞争矩阵分析，就是全面客观地分析你所负责的销售区域里面，各个竞争对手的综合实力。图6-3是市场竞争矩阵图。

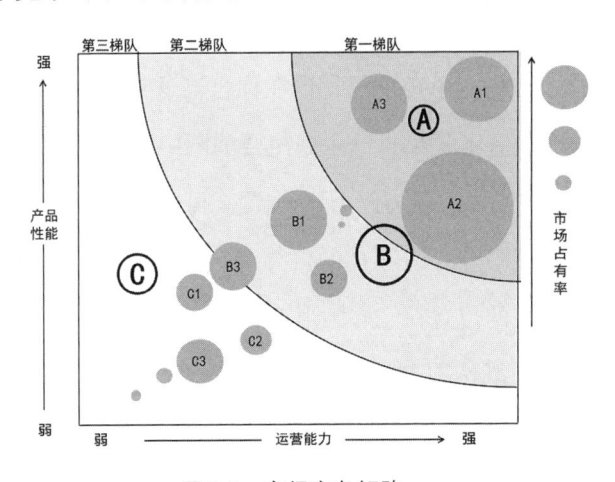

图6-3　市场竞争矩阵

图中元素说明如下。

（一）坐标横轴，表示企业的运营能力，包括品牌、营销、交付、服务等，从左到右是从弱到强。在这里，代表销售经理的能力。

（二）坐标纵轴，表示企业的产品性能，包括各项指标、功能、给客户带来的价值等，从下到上是从弱到强。就是你公司的产品性能，与竞争对手相比产生的优势和劣势。

（三）第三个维度是市场占有率，代表企业在市场和客户中的影响力，用圆形表示，从小到大代表影响力从弱到强。就是在你所负责的区域内，各个不同品牌所占有的市场份额。

（四）图中的品牌分成了三个梯队，其中A1、A2、A3代表第一梯队，这些企业产品性能强、运营能力强，市场影响力大，服务的也都是市场里面规模最大，品牌影响力大的优质客户。B1、B2、B3这三家企业产品性能较强，运营能力较强，代表市场中的第二梯队，他们服务的客户规模较大，知名度较大，但是远不如第一梯队的客户质量。C1、C2、C3产品性能一般，运营能力也一般，代表第三梯队，他们服务的主要是市场上一些中小客户。

有了这个市场竞争矩阵图，请在你自己这片区域里面，找到自己的位置。这个位置不是你自己主观想要的图中空心圆形A的位置，而是你客户真实的规模和影响力所在位置。可能是图中空心圆形B的位置，也可能是图中空心圆形C的位置。

假设你现在的位置在空心圆形B的位置，那么你的竞争对手就是A2、B1和B2。既然要与这些企业展开竞争，那么请你填写表6-8，看看你自己的优势都有哪些？需要弥补哪些劣势？

表6-8　市场竞争策略整理表

竞品名称	典型客户	市场占有率	优势比较	内容	竞争策略
A2	X集团、Y企业、Z公司等	8%	产品优势		
			产品劣势		
			运营优势		
			运营劣势		
B1	α集团、β公司、γ企业等	6%	产品优势		
			产品劣势		
			运营优势		
			运营劣势		
B2	I集团、II公司、III企业等	5%	产品优势		
			产品劣势		
			运营优势		
			运营劣势		

表中第五栏，内容的部分，填写你公司与竞争对手公司，在产品功能和运营服务能力两方面各自的优势和劣势比较。发现差距，可以有针对性地提高本公司产品功能和运营服务方面的水平和质量，从而提高整体的销售能力。第六栏，竞争策略一栏，是在现有条件下，作为大客户销售经理该如何制订相应的营销策略，才能更好地赢得客户的信任和订单。

【第四步　定义筛选条件】

通过第三个步骤，比较市场竞争矩阵后，你就会发现你的竞争对手A2、B1和B2的客户，主要符合以下这些条件。如表6-9所示。

表6-9 目标客户终极条件表

分类	内容（举例）	备注
地理区域	公司总部在华北地区，包括北京、天津、河北、山西和内蒙古	
行业细分	军工、制造、化工等行业	
客户规模	年销售额 50 亿–80 亿元，人员规模超过 5000—20000 人	
销售产品	自动化生产线装备	

在客户规模一行，目标客户的规模是年销售额 50 亿–80 亿元，人员规模是 5000—20000 人。跟你【第一步框定目标范围】时，所定义的年销售额 100 亿元以上，人员规模 20000 人以上，有很大的出入。现在这个过程，就是一个门当户对的过程。通过这个过程，咱们重新定义了门当户对的客户筛选条件。

【第五步 列举商机清单】

根据第四步列举的客户筛选条件，我们可以重新列举潜在的客户商机清单了，如表 6-10 所示。

表6-10 门当户对的潜在客户列表

企业名称	区域	行业	年销售额（亿元）	人员规模（千人）	现用产品	商业价值（万元）
X 集团	北京	制造	50	5	A2 公司	300
B 公司	天津	军工	60	9	A2 公司	300
α 集团	河北	化工	70	12	B1 公司	180
I 集团	内蒙古	建筑	75	10	B2 公司	250
Y 企业	山西	汽车	68	8	A2 公司	200
……	……	……	……	……	……	……

【成功恋爱的故事二：做个甜蜜小卧底】

再讲一个恋爱故事，我有一个女性朋友。说起来她的恋爱经历简直有些传奇色彩。开始的时候，她也有上面的两种心理，一是侥幸，一是不甘心。因此，很长时间也没有找到合适的对象。

这位朋友经常玩大型的网络游戏，隶属不同国家的战团经常发生团战。有时，战团会向敌对国家的战团安插卧底，这样就能在对方制定作战计划时提前布局。这件事情，给了她一个巨大的启发。所以，她在婚恋网站上按照自己的"理想对象"的条件，注册了一个男性身份的账号。她就是想看看，都是什么样的女生会跟自己的"理想对象"打招呼。这意味着，她可以知道，在她"理想对象"的眼中，与众多的竞争对手相比较，她自己会排在什么位置。结果她发现，如果按照自己"理想对象"的条件，她面对的竞争异常激烈，跟他竞争的女生，无论颜值、身材、学历、工作等等方面都远超自己，结论是，她根本就没有任何机会。因此，她调低了自己的预期，降低了物质方面的要求，提高了精神方面的要求，结果很快就找到了合适的对象。现在夫妻恩爱、生活幸福，活泼可爱的宝宝已经上了幼儿园了。

对大客户销售经理来说，这个故事的启发就是，不管你多么喜欢自己公司的产品和服务，但是在"理想客户"那里，还有很多公司的产品和服务，以及其他公司的大客户销售经理在跟你竞争。你超越了自己、超越了同事，固然很好，但是，最重要的是在客户眼里，你能不能超越所有的竞争对手，脱颖而出，是客户所需要的最理想、最匹配的理想供应商。

【小结】

各位朋友，本节话题聚焦销售漏斗的第一个步骤，就是筛选门当户对的企业客户。包括五个步骤，第一步框定目标范围、第二步初步筛选商机、第三步竞争矩阵分析、第四步定义筛选条件、第五步列举商机清单。同时还给大家讲述了两位女生谈恋爱的案例，核心目标是帮助大家抛弃侥幸和不甘心的两种心理。帮助大客户销售经理把原来理想化、模糊化的目标客户清单，升级为现实化、清晰化的目标客户清单。让大家的工作从事倍功半变成事半功倍。

【自测与思考】

俗话说："方向不对，努力白费；方法不对，受苦受累。"本节话题提出的选择门当户对客户的方法非常重要。门当户对的客户是方向，筛选目标客户的五个步骤是方法。是选择方向的方法。

（一）请你按照话题中的五个步骤，为你自己负责的区域填写五个表格，最终得出自己区域门当户对的潜在客户筛选条件，和目标商机清单。

（二）本节话题，你觉得对年轻人找对象有什么启发？

💡 话题6：星星之火可以燎原

【提问】

各位朋友们，本章话题5讨论的是当公司身处第二梯队时，如何选择门当户对客户的方法。而很多时候，当我们进入一个陌生的地区，或者一个陌生行业的时候，我们的产品和服务都极具竞争力，但是目标客户就是不认可，那又该怎么办呢？

本书第三章的大客户销售商务表达与说服力的话题里面，就讲了这么一个案例。有一次我在深圳为一家顶尖的物流公司开展企业内训课程，他们正打算进军一个新的行业领域，企业总裁钱总问了我一个问题，他说："我们的产品比那个行业所有供应商的产品都好、都专业，可是那些大客户为什么不愿意跟我们合作呢？"

我给他画了一张市场竞争矩阵图，如图6-4所示。

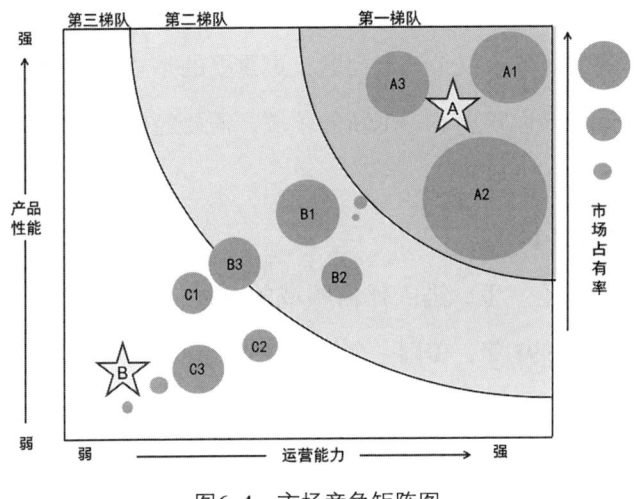

图6-4 市场竞争矩阵图

这个图中的元素，本书已经详细介绍过了，这里不再赘述。介绍完这个市场竞争矩阵之后，我跟钱总说："第一，你认为你们公司在图中这个五角星A的位置，对不对？你们的产品性能和运营能力，比现在的A1、A2和A3都强，价格也更有竞争力，那些大客户应该对你们公司的产品青睐有加，甚至竞相购买，对不对？假设你以为的这些都是真的。但是你没有考虑第三个因素，就是市场影响力。代表你们公司在该行业影响力的圆形太小，人家根本没听说过你们公司，哪个企业管理者会愿意冒风险第一个去尝试？第二，你自以为图上五角星A代表你公司，在没有进入那个行业之前，你会觉得那个行业很简单，而每个行业都有自己的门槛，一旦你们进入那个行业，也许你会发现你们的位置在图中的五角星 B 的位置。这也是那些企业管理者为什么不愿意跟你们合作。"听了我的回答，钱总心服口服。

那么问题来了，我的回答只是解释了物流公司钱总的疑问，引发他思考。但是，他具体该怎样制定营销策略，才能让那些理想中的目标客户逐渐接受他们公司，并与之开展业务合作呢？

培训师的任务不仅是解释问题，更重要的是解决问题。所以，本节重点讨论如果你要进入一个新的领域，需要经历哪些阶段，怎样才能更快更高效地成长？

【达克效应】

我们先讨论一下，进入任何领域的时候，每个人都可能遇到的"达克效应"。1995 年，美国一名男子在光天化日之下抢劫银行，最后被警察逮捕时，这名歹徒说的话让人哭笑不得。歹徒说："我的身上涂了隐形药水，你们是怎么找到我的？"而这名歹徒说的隐形药水，其实是柠檬水，根本没有任何隐形的功能。

后来，大卫·邓宁和贾斯汀·克鲁格这两名心理学家根据这个抢劫事件，又做了一个实验：在学校的某个班级里，他们让学生们去预测自己的成绩，于是，心理学家们发现，那些排名垫底的学生对自己的成绩往往迷之自信，成绩差的学生普遍认为自己的成绩能够进入班级的前三分之一，而那些成绩考得较好的人大多都认为自己考得不太好。因此，这两名心理学家发现，能力越差的人，越容易高估自己，对自己有着一种迷之自信。这就是我今天要说的"达克效应"。

达克效应（D-K effect），也叫作邓宁—克鲁格效应（Dunning-Kruger effect）。它是指，那些能力不足的人，会容易在自己缺乏考虑的情况下得出错误的结论，不能客观地认识到自己的错误和不足。经常高估了自己的能力,也无法对他人进行客观评价。就像达尔文说的那样:"无知要比知识更容易产生自信。"而那些真正有能力的人,却总是觉得自己所知有限,时刻保持着谦卑和谨慎。正是"愚者自以慧、智者自以愚"。

那么该如何克服"达克效应",进而可以少走弯路呢?通常我们的成长要经历四个阶段,分别是愚昧区、崩溃区、成长区和成熟区。如图 6-5 所示。

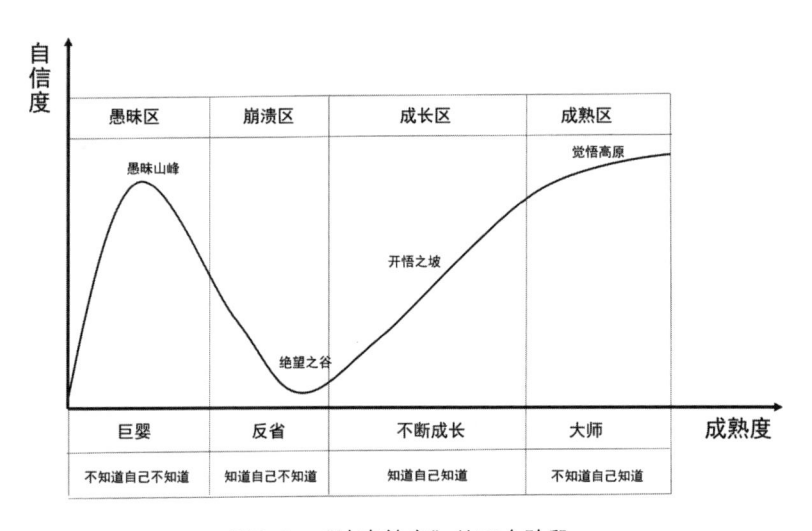

图6-5 "达克效应"的四个阶段

图中纵轴是个人的自信程度,越往上越自信;横轴是成熟程度,越往右越成熟。

(一)第一阶段,愚昧区,在巨婴的位置,是不知道自己不知道,是我们自我感觉良好的状态。很多销售经理对自己公司的产品非常自信,对自己的能力也非常有把握。把自己公司的位置放到了市场竞争矩阵图中 A 的位置,自认为自己的产品绝对在第一梯队。美国贝恩公司做过一个调查,询问了几百家企业,请他们评价自己的产品带给客户的感受。其中80%的企业都认为自己的产品和服务给客户带来了绝佳的体验。而贝恩公司调查了几千名客户，从客户的数据反馈，得到的结论是，在这几百家企业里面，只有8%的企业为客户提供了绝佳的服务体验。所以，销售方的主观感受与客户购买方的客观感受是有巨大差距的。

（二）第二阶段，崩溃区，从愚昧山巅逐步下到绝望之谷，是知道自己不知道的过程。此阶段是不断学习的过程，学得越多，越感觉自己知道得越少，人们渐渐处于极度丧失信心的状态，走入绝望之谷。对大客户销售经理来讲，在第一阶段，信心满满地设定了A类企业作为自己的目标客户，一头扎进市场，结果四处碰壁，客户根本没听说过你们公司，见都不想见。好不容易见到了客户，面对客户提出的要求，根本就不知道怎么应对，不停地遭受打击，当然，在被打击的过程中，他们也认识到自己的认知短板。但是，在遭受接连不断的打击后，他们自己也越来越觉得企业的产品和服务不适合市场，前途渺茫，陷入绝望。这个时候，很多创业者和大客户销售经理选择放弃。然后，进入其他领域，重新进入新领域的第一阶段。

（三）第三阶段，成长区，第三阶段是从绝望之谷走向开悟之道，通过不断实践，他们的能力得到显著提升，这个阶段是知道自己知道。对大客户销售经理来说，就是能够开始面对现实，既然服务不了A类客户，那么就先服务C类客户。就像我们玩电脑游戏一样，打不了大BOSS，就先从小怪开始打起，逐步升级。

（四）第四个阶段，成熟区，他们从最初的"自以为是"走到了"敬畏谦卑"，不知道自己知道。对销售经理来讲，即使经历千锤百炼后已经经验丰富，但是在进入任何一个新领域的时候，仍然需要保持敬畏之心。

【我的培训师入门之路】

这里跟大家讲一讲我转型成为培训师经历的四个阶段,也符合"达克效应"的规律。

第一阶段,愚昧的山峰,不知道自己不知道。我刚打算做商业培训师的时候,觉得培训师的工作多简单啊,不就是做个讲义,跟学员谈谈自己的见解,然后做做小游戏吗?我常年给客户讲方案,什么样的客户都见过,让我做培训师,简直是降维打击啊。那个时候的我盲目自信。我觉得,只要我进入培训市场,肯定是深受欢迎,马上就会走上成功的巅峰。现在回想起来,那个时候的自己是多么的可笑。

第二阶段,绝望之谷,知道自己不知道。培训师行业需要与机构合作。机构需要老师进行课程试讲,如果试讲通过,才能把老师推荐给客户。我就信心满满地去机构试讲,结果是屡战屡败。开始我还觉得是机构不懂得欣赏,没有眼光。可是在每个机构的试讲都失败了,说明问题在我自己的身上,每次试讲失败之后,我都觉得眼前一黑,不知道在黑暗中摸索时光的日子还要坚持多久,才能解决掉自己的问题,才能被机构和市场接纳。

第三阶段,开悟之坡,知道自己知道。后来一个朋友给我推荐了两位成熟老师的视频,说这样的课程就是好课程。我认真观摩研究后发现,原来自己的大方向是错误的。我原来以为作为商业培训师要有高度,要提出自己的独家的理论体系,越完善越好。结果,发现人家优秀老师是聚焦着解决企业问题,用通俗易懂的方式进行讲解。跟我原来的想法大相径庭,我原来的方向绝对是南辕北辙,错误理解了培训师的工作。所以,我马上调整了方向,围绕着解决问题和简单落地的两条标准重新开发课程,然后就迅速通过了机构的试讲,进入培训行业，快速积累经验。

第四阶段，觉悟高原，不知道自己知道。我现在主讲大客户销售、通用管理和TTT三个系列的课程。不能说自己已经成为一个成熟的培训师，因为自己知道很多方面的技能都有巨大的上升空间。市场上的反馈、企业的反馈、学员的反馈，都是正向积极的。我也会在不断成长的道路上继续提高和完善自己的课程。

以上就是我自己，从一个企业的大客户销售团队管理者，转型成为商业培训师的过程，完全符合"达克效应"的四个阶段。

【我的市场开拓之路】

前面的经历，只是讲述了我从门外汉到入门的过程，经历了"达克效应"的四个阶段。当我的课程通过机构的考核后，可以被推荐进入市场的时候，我又进入了第二次的"达克效应"。

在商业培训市场上，也存在着A、B、C三类客户，对应着A、B、C三类老师。其中A类客户主要是商学院和总裁班，这样的课程学员素质高，资源广，可以帮助老师更快成长；B类客户是大型国有企业，课程需求量大，主要培训通用管理技能；C类客户，主要是上市公司、民营企业，课程需求量小，但是对课程要求特别高，要求老师必须能真正解决企业的问题。对应的A类老师主要服务A类客户，这样的老师理论和实践经验都很丰富，排课量大，课酬也很丰厚；B类老师主要服务国有企业，这样的老师技能和方法论积累很多，课堂互动热烈，排课量也很大；C类老师，面对的C类客户，需求复杂，解决问题难度高，客户缺乏经验和理解，是最难讲好的课程。

第一阶段，愚昧山峰。我想机构可以把我作为A类老师推荐给A类客户。那样，我就能直接走上了职业的巅峰，多好啊！我自认为，或者说机构的师资老师也认为，我的课程质量是非常高，我的配合程度也是最高的。也就是说，我的综合能力，决定我的位置应该在A类老师的第一梯队。

第二阶段，绝望之谷。结果我发现机构的销售，不光A类客户不给我推荐，B类客户也不给我推荐，甚至C类客户都不给我推荐。为什么呢？因为培训这个行业，是一个"用熟不用生"的行业。如果一个销售已经跟某老师合作过，该老师的课程经受住了市场检验，那他首推的自然是自己熟悉的这位老师，而不是一个新老师。所以，这个时期，我又坐了很长时间的冷板凳，再次陷入绝望的低谷。

第三阶段，开悟之坡。作为新老师，连C类老师都不是，只能算C类候补老师。我们的价值就是"救场"。就是当B类老师或者C类老师临时有事，或者实在没有时间去讲课，需要一个候补的老师来替补的时候，我们新老师的机会才会来。如果，这次救场的课程，你讲好了，这家企业认可了你的课程，而且你的课程比你替补的那位老师的课程质量还好，他们以后就会复购你的课程。客户就是这样一家一家救场，救出来的。等到你救场的次数多了，认可你的课程销售也会越来越多，那么他们就会主动把你推给C类的客户、B类的客户。等你把B类的客户服务得越来越多，那么A类客户也会向你抛出橄榄枝。

第四阶段，觉悟高原。我目前的状态是A、B、C类三类课程都有，只要是企业需要，我都会努力提供能解决问题，能简单落地的课程。但是仍然不能说自己在商业上就成熟了，只能说，企业客户的需求是无限的，而我自己的能力是有限的，继续努力，继续成长。

【星火燎原】

各位朋友，我讲述的自己在培训市场开拓中所经历的"达克效应"四个阶段，正是对物流公司钱总提出的"如何进入一个陌生市场"这一问题的完整回答。那就是，走农村包围城市的道路，星星之火可以燎原。如图6-6所示：

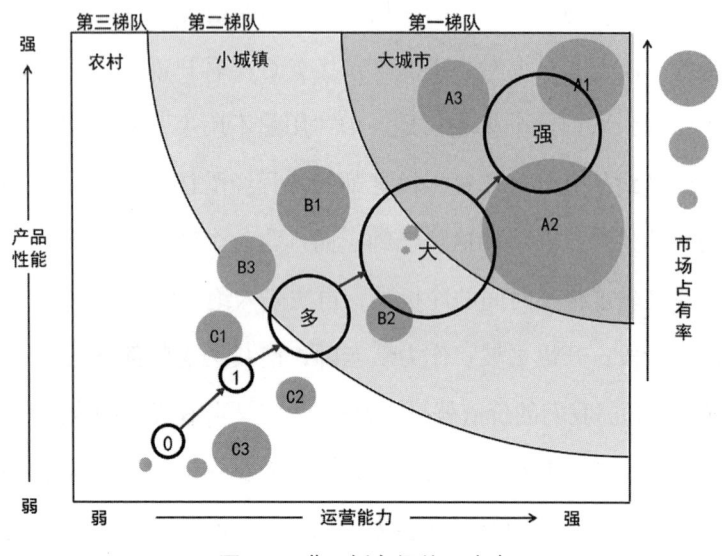

图6-6 进入新市场的四步走

这个市场竞争矩阵图，我在前面已经提过多次，这里不再赘述。不同的地方是，我把第三梯队服务的客户定义为农村，第二梯队服务的客户定义为小城镇，第一梯队服务的客户定义为大城市。进入一个新市场，需要四个步骤，分别是从零到一、从一到多、从多到大、从大到强。

第一步、从零到一。就是在C类客户里面，在广大的农村地区，实现从零到一的突破。因为你的产品性能和运营能力是否远远超过C类竞争对手，这里就可以得到实践的检验。如果超过对手很多，那么很多救场、替补的机会，和未开发的客户，都很容易开拓成功。

第二步、从一到多。就是在C类客户和B类客户的区域，如农村和小城镇，实现从一到多，开拓越来越多的客户，提高和扩大自己的市场占有率和影响力。

第三步、从多到大。在 B 类客户的小城镇扩张，同时开发一部分 A 类客户，市场占有率越来越大。企业收入越来越多。

第四步、从大到强。逐渐聚焦 A 类客户，成为产品性能、运营能力和市场占有率三个方面都最强的领军企业。

【小结】

本节话题详细讨论了进入新领域、新市场经历"达克效应"的四个阶段，包括愚昧区、绝望区、成长区和成熟区。针对第三阶段的成长区，又提出了农村包围城市，星星之火可以燎原的成长路径四个步骤：从零到一、从一到多、从多到大和从大到强。

网上看到一句话，让我非常有感触。是这样写的，"你在人群中看到每一个耀眼的人，都是踩着刀尖过来的，你如履平地般的舒服，当然不配拥有任何光芒。"

【自测与思考】

（一）如果你正打算进入一个新的市场，那么在"达克效应"的四个阶段里面，请思考一下，你正处于哪个阶段？

（二）如果你已经身处在第三阶段的成长区，那么在客户开拓的四个步骤里面，你又在哪个步骤上？

话题7：背靠着金山在乞讨

【提问】

很多团队销售管理者非常注重"拉新"，就是开拓新客户。但是，市场毕竟是有限的，销售把能找到的企业都联系过了一遍，没有新客户可以开拓了，那怎么办呢？于是开始加大营销力度，用更高成本继续"拉新"，开展各类市场活动，用网络营销等方式，希望通过这些营销活动获得更多商机。

有研究表明，开发一个新客户的成本，是维护一个老客户成本的6倍。因此，这大大提高了营销的成本。这些方式，固然可取，但是还有没有更高效、更快捷、更经济地获客的方式和方法呢？

本节话题，就重点讨论这个问题。

【背靠着金山在乞讨】

我提出的方法是**对已经联系过未达成合作，以及已经合作的客户进行精耕细作**。我把销售经理区域里面的客户，分成了九个类型。如图6-7所示。

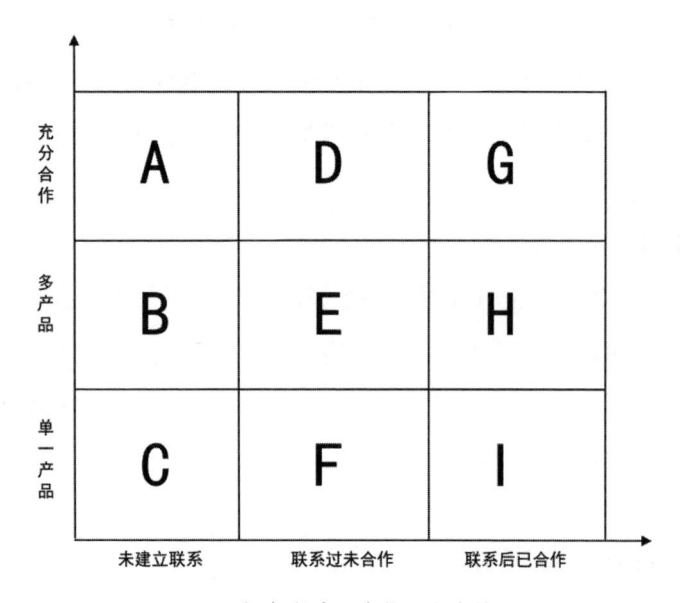

	未建立联系	联系过未合作	联系后已合作
充分合作	A	D	G
多产品	B	E	H
单一产品	C	F	I

图6-7　与客户建立合作的九宫格

先看图中纵轴，我把跟客户合作的程度从低到高排列，分别是单一产品合作、多产品合作和充分合作。前两个等级很容易理解，第三个等级就是充分挖掘了企业客户的购买潜力。

图中横轴，基于跟客户建立联系和是否能达成合作，分成三个阶段，分别是未建立联系、联系过未达成合作，和联系后已合作。这样就形成了一个九宫格，把客户分成了 A、B、C、D、E、F、G、H、I 一共九种类型。

我遇到的很多管理者，聚焦于拉新，就是想方设法与上图中的 C 类客户，建立联系，把这些客户转化为 I 类客户。然后继续拉新，增加营销成本。但是，在上图中，你可以看到，有很多的商机，就存在于那些联系过未达成合作的客户，以及已合作的客户里面。

第一类，包括 D、E、F，这些已经建立了联系的客户，如果能够时时保持双方信息的互通有无，就可以低成本地转化为合作的客户。把 D、E、F 客户转化为 I 类客户。第二类，已经合作的 I 类客户里面，还可以充分挖掘潜力，从单一产品合作、变成多产品合作，从多产品合作，变成充分合作，把 I 类客户转化为 H、G 类客户。

相比于拉新来讲，这些客户就是企业大客户销售客户资源的金山银山，而团队管理者，却视而不见，一味聚焦于拉新。所以本节的话题，叫作"背靠着金山去乞讨"。

【客户鱼池】

那么怎样才能充分地从这座金山里面挖掘出更多的黄金？怎样对这些客户资源进行精耕细作呢？

经过多年的大客户销售管理实践，我总结了一个文件，叫作客户鱼池。简单讲，就是把一位销售经理所有联系过的客户全部都放到一个文件中，进行统一管理和分析。一共包括 24 个字段，分别是序号、客户公司名称、区域、联系人、来源、登记日期、更新日期、商业价值、前年销售额、去年销售额、最近一年销售额、客户等级、关系需求、客户关系打分（高层、EB、TB、USER、COACH 和联系人）、关系积分、成交变化、待挖掘价值、关系差距、行动指针。如表 6-11 所示。

表6-11 客户鱼池文件

序号	公司	联系人	区域	登记日期	更新日期	来源	商业价值	前年销售额	去年销售额	最近1年销售额	成交变化	待挖掘价值	客户等级	关系需求等级	高层关系分值	EB关系分值	TB关系分值	USER关系分值	COACH关系分值	联系人关系分值	关系积分	关系差距	行动指针
1	Fctrip	赵一	东北	2019/2/2	2023/2/15	个人开发	1000	300	200	230	(20)	770	A	5	0	0.2	0.2	0.2	1	1	2.6	2.4	321
2	海洋会展	钱二	东北	2018/3/5	2023/2/15	个人开发	400	280	290	300	15	100	A	4	0.4	0.4	0.6	0.6	0.8	0.4	3.2	0.8	125
3	中航嘉信	孙三	东北	2017/7/7	2023/2/15	市场活动	200	150	180	200	35	0	B	3	0.8	1	0.6	0.6	0.2	0.6	3.8	(0.8)	problem
4	ABC协会	李四	东北	2018/2/3	2023/2/15	个人开发	2000	1500	80	100	(690)	1900	C	5	0.4	0.6	0.8	0.6	1	0.8	4.4	0.6	3167
5	上海辛巴	周五	华东	2009/10/1	2023/2/15	市场活动	500	300	400	250	(100)	250	A	4	0.8	0.8	0.6	0.4	0.2	0.8	3.8	0.2	1250
6	数据中心联盟	吴六	华东	2010/8/8	2023/2/15	老客转介	200	150	120	220	85	(20)	A	3	1	1	0.8	1	1	1	5.8	(2.8)	problem
7	建材协会	郑七	华南	2012/3/5	2023/2/15	个人开发	400	300	200	100	(150)	300	C	4	0	0.2	0.2	0.2	0.8	1	2.4	1.6	188
8	睿智弘扬	王九	华南	2013/8/7	2023/2/15	个人开发	1000	300	400	500	150	500	A	5	0.4	0.4	0.6	0.6	0.8	0.4	3.2	1.8	278
9	SCHS	冯一	东北	2013/9/9	2023/2/15	老客转介	400	200	300	200	(50)	200	B	4	0.8	1	0.8	0.6	0.2	0.6	3.8	0.2	1000
10	中青旅	陈二	华中	2014/7/6	2023/2/15	个人开发	200	120	130	150	25	50	C	3	0.4	0.6	0.6	0.4	1	1	4.4	(1.4)	problem
11	医药行业协会	褚三	华中	2015/8/7	2023/2/15	个人开发	2000	300	100	50	(150)	1950	C	5	1	0.8	0.8	1	0.2	0.8	3.8	1.2	1625
12	药物滥用协会	卫四	华南	2019/9/9	2023/2/15	老客转介	500	250	100	18	(157)	482	D	4	0.4	0.2	0.8	0.2	1	1	5.8	(1.8)	problem
13	产学研	蒋五	西五	2020/2/3	2023/2/15	个人开发	300	0	10	20	15	280	D	4	0	0.2	0.2	0.2	0.8	1	2.4	1.6	175
14	拜耳	沈六	华北	2018/7/9	2023/2/15	个人开发	400	0	100	250	200	1500	A	4	0.4	0.4	0.6	0.6	0.8	0.4	3.2	0.8	188

- 252 -

本节话题，以及后面连续的几个话题，我们就充分地讨论一下这个客户鱼池表格的内容和使用方法。本节话题重点讨论，第1、第2和第3字段。

【序号、公司、联系人】

这个客户鱼池表格的使用方法非常简单，就是把销售经理所有联系过的客户，不管有没有合作成功，都填写进这个表格里面。这样，就可以从第1个字段序号看出这位销售经理自加入公司以来，一共跟多少家企业客户建立了联系。这些客户信息的来源，包括销售经理自己挖掘的、各类展会收集的、客户主动来咨询的、公司营销活动开拓的、从行业名录打电话筛选的、客户转介绍的……

第2个字段是客户公司名称。在我经历过的企业里面，我发现公司名称这个字段，存在着很大的漏洞。因为企业没有在CRM管理系统中设置客户公司名称输入标准，所以如果有不同的销售经理都在跟进同一家企业的话，由于输入的名称不一样，那么系统会认为是多家不同的公司。比如，华为手机是一家企业，有人输入"华为手机"，有人输入"HUWAWEI"，还有人输入"华为"，在系统里面就会建立三个不同的企业客户名录。这样的行为，不仅造成公司团队内耗，也会降低了企业客户对你公司的专业印象。更有甚者，有的销售经理自己不去开发客户，而是探听其他销售经理的开拓进展，然后在系统中注册同名客户，再用低价格去抢客户。真是林子大了什么鸟都有。

有了企业客户公司名称这个字段，如果制定了统一规范，比如：华为手机公司，只能标记为"华为手机"。团队管理者把各个销售经理的客户鱼池放到一个表格里面，进行排序和筛重，就可以发现有哪些销售经理跟进的客户重复了，可以在内部提前协调，促进团队合作。

有的时候，公司名字虽然重复了，但是在第 3 个字段中的联系人不一定重复。这个时候，就需要进行团队协作，互通有无。这样既减少了内耗，提高了团队凝聚力，在客户端也提升了公司的品牌形象。

有的团队管理者喜欢"糊涂"式管理，就是故意让销售经理们去钩心斗角、彼此抢客户，最后谁抢到就算谁的。他们认为，这样可以激发销售经理的工作积极性。这种方式的本质是对销售经理和企业客户的不尊重，我不提倡。我认为，在公平、公正、公开的环境下，用其他合理方式同样可以激发销售经理的工作积极性。

【小结】

本节话题讨论怎样对销售经理跟进过的客户资源进行精耕细作。先用九宫格的形式把客户分成了九种类型，提醒大客户销售管理者在拉新的同时，还要挖掘已经联系未达成合作，和已合作的客户潜力。对客户资源进行精耕细作，提高效率、效果的同时，还大大降低了成本。

然后，我提供了经过实践后整理的客户鱼池文件，包括 24 个字段。本节重点讨论了前 3 个字段，从第 1 个序号字段可以知道销售经理一共跟进过多少家企业客户。第 2 个公司名称字段，通过排序筛重可以避免团队内部的内耗，提升企业品牌形象。第 3 个联系人字段，可以加强团队协作。

【自测与思考】

（一）请你预估一下，自从你从事大客户销售工作以来，一共跟进过多少家企业客户？

（二）把你联系过的所有客户都输入进客户鱼池文件里，看一看你实际跟进过的客户数量，与你预估的数量，有多大的差距？

话题8：对标分析与销售"狼性"

【提问】

有的销售经理，发现自己负责区域内的客户资源都已经精耕细作过了，好像没有市场空间了，这个时候，就需要进行对标分析，才能发现自己的短板和盲区。那么怎么才能进行对标分析呢？

另外，前几年打造"狼性"团队的说法非常流行。那么怎么衡量你公司销售经理们的"狼性"呢？

本节话题，将对客户鱼池的第4、5、6、7字段展开分析，解决上述疑问。

【高颗粒度分析】

2024年春节期间上映的电影《年会不能停》里面，有句讽刺职场套话的台词叫作"对齐颗粒度"。其实这句台词最大的讽刺性在于，只是把它当作了一句口号，而不是真正地理解了什么是颗粒度。这里我就谈一下颗粒度。

举个例子，通常小朋友看动画片，喜欢把人分成好人和坏人。做好事的是好人，做坏事的是坏人。这样的颗粒度是把人分成了2个种类，颗粒度是2个。如图6-8所示。

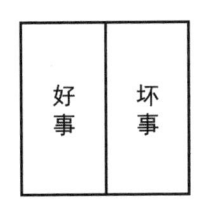

| 好事 | 坏事 |

图6-8 两种行为的颗粒度

随着年龄的增长，我们会发现好人也会做坏事，坏人也会做好事。这个时候，区分好人和坏人的标准是这个人的出发点是好心，还

- 255 -

是坏心。如图 6-9 所示，我把人的行为分成四种。好心做好事的好行为、好心做坏事的笨行为、坏心做坏事的坏行为，和坏心做好事的蠢行为。这个时候，人的行为就分成 4 种，颗粒度是 4。

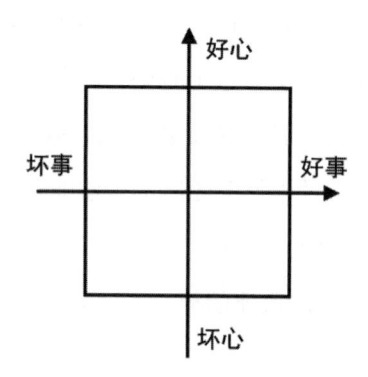

图6-9　四种行为的颗粒度

进一步思考，你会发现在好心和坏心之间，还有一种平等心，或者叫平常心。其实，大部分人际交往都是这种平等心，就是如果你对我好，我就对你好，如果你对我不好，我就对你不好。人心分成了好心、平等心和坏心。而事情，除了好事和坏事外，还有一种事情叫作公事，就是例行公事，就是职责所在。这个时候如果把人的行为分成 9 种，颗粒度是 9 个。如图 6-10 所示。

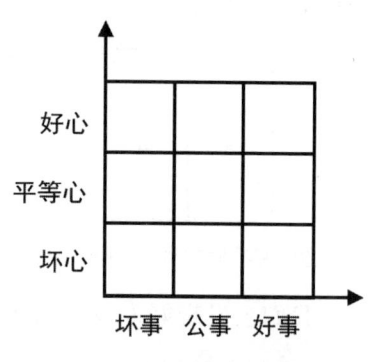

图6-10　九种行为9个颗粒度

通过上面颗粒度2、4、9的三种情况，你会发现，如果我们对人的行为认识得越精细、越理性、越专业，相应的对于不同的行为能够提出的解决办法就会越具体、越高效。**颗粒度越高，看问题越全面，解决问题就更有针对性、更深入和彻底，这就是对齐颗粒度的意义。**

【地域】

客户鱼池第4个字段是地域。就是把公司的客户按照地域进行划分。比如面对全国市场，按照东北、华北、西北、华东、华南等划分。如果你负责的是华北地区，就按照省份划分，比如北京、天津、河北、山西和内蒙古。同理，如果你负责的是一个省，可以按照各个城市进行划分；如果你负责的是一个城市，可以按照各个区县划分。

除了按照地域划分外，还可以按照行业、规模、商业模式等标准进行划分。假设你负责华北地区的市场，我们一起来进行高颗粒度分析。

（一）内部对标分析，内部对标分析就是针对所辖各个省份的市场份额进行分析，发现营销力度不足的区域。假设你公司的产品市场需求量与当地的GDP呈正比。即当地的GDP越高，你公司产品的市场需求量就越高。假设，你所负责区域的市场情况如表6-12所示。

表6-12　华北地区市场需求分析表

分类	北京	天津	河北	山西	内蒙古
2023年GDP（万亿元）	4.38	1.67	4.39	2.57	2.46
GDP百分比	28%	11%	28%	17%	16%
客户数（个）	58	31	44	36	20
客户数占比	31%	16%	23%	19%	11%
销售额（万元）	450	240	230	240	170
销售额百分比	34%	18%	17%	18%	13%

从表中各个省份的 GDP 比例可以衡量你在该省市场开发的成熟度。与 GDP 比例越接近，市场开发程度越成熟。我们可以看到，北京和天津的客户数比例和销售额比例，都超过了其 GDP 比例，说明你非常重视这两个直辖市的市场开发。而河北和内蒙古的客户数比例和销售额比例，都低于其 GDP 比例，说明这两个省份待挖掘的机会还有很多。而山西省的客户数比例和销售额比例，与其 GDP 比例基本相当，说明该省的客户挖掘情况比较充分。

（二）外部对标分析，是以竞争对手为标准进行市场分析。表 6-13 是你负责的华北区域，两家竞争对手与你的客户数量和比例。

表6-13　华北区域竞品公司的客户数量对比表

分类	北京	天津	河北	山西	内蒙古
2023 年 GDP[①]（万亿元）	4.38	1.67	4.39	2.57	2.46
GDP 百分比	28%	11%	28%	17%	16%
你的客户数（个）	58	31	44	36	20
你的客户数占比	31%	16%	23%	19%	11%
A2 公司客户数（个）	40	20	33	55	27
A2 公司客户数占比	23%	11%	19%	31%	15%
B2 公司客户数（个）	20	12	23	15	33
B2 公司客户数占比	19%	12%	22%	15%	32%

表中，你可以看到 A2 公司，他们在山西省做得更好，你的客户数占比是 19%，而对方是 31%；B2 公司，他们在内蒙古做得更好，你的客户数占比是 11%，而对方是 32%。针对这种情况，你需要分析为什么对方在这些区域做得更好，这可以帮助你发现新的市场机会。

① 数据来源：国家统计局，https://data.stats.gov.cn。

【两个日期】

客户鱼池第 5 和第 6 两个字段是两个日期，一个是登记日期，一个是更新日期。

（一）登记日期，就是第一次获得这个客户线索的日期。当两个销售经理都在跟进同一家企业客户的时候，这个登记日期，也可以作为一个划分客户归属的参考。这个日期，可以衡量一个销售经理的工作效率，也可以衡量公司开发某一类客户的难度。

针对工作效率来说，如果一个销售经理把登记日期很近的客户，都已经开发得比较成熟，说明这个销售经理工作非常勤奋努力，而且效果卓著。从客户开发难度的角度来说，如果某一类客户的登记日期已经过去很久了，该类客户的成交率仍然很低，金额很小。这说明，可能这类客户真的不是我们的目标客户。

（二）另一个日期是更新日期，就是更新这家客户各个方面信息的日期。

【"狼性"评估】

第 7 个字段是客户来源。这个字段可以对一个销售经理的"狼性"程度，或者说做事热情和工作积极性进行评估。我把这个字段赋予了三种类型，也就是客户信息的三种来源，分别是个人开发、市场活动、老客户转介绍。

个人开发，就是销售经理自己通过各种方式方法开发而来的客户。包括陌生电话、陌生拜访、参加展会、找朋友介绍等等方式。一个销售经理所有的客户里面，个人开发的比例越大，说明这个销售经理的"狼性"越强。同时，我也提醒大家，"狼性"也要建立在正确价值观的基础之上进行，就是诚实、正直和专业。如果用欺骗的手段，花言巧语地获得客户订单，成交后把客户甩在一边，置之不理，这样的销售虽然获得了个人利益，但是对公司来讲，就是害群之马，因为长期看，他们损害了企业的品牌。这样的销售，我们管他叫"大灰狼"。这样的"狼"是"恶狼"是"坏狼"，这样的"狼性"，不要也罢。

市场活动，表示这个客户的来源是公司市场活动带来的，包括客户在公司网站或者公众号的留言咨询、客户主动拨打公司电话、参加市场部门主办的各类线上线下活动等。如果一个销售经理的客户主要是市场活动带来的，那么说明这位销售经理的"狼性"有所欠缺。这时，又分成了两种情况，一种情况是客户转化率高，虽然"狼性"不足，但是公司交给销售的客户大部分都合作成功了，说明这位销售对公司的产品和服务很熟悉，服务客户的专业能力还是很强的，这样的销售属于"小白兔"类型。另一种情况是客户转化率低，这样的销售经理既没有开拓的能力，对公司给的客户也不能高效转化，这种销售属于"小蜗牛"，那他们就需要从多个方面进行提升，否则，终将拖累企业的营销业绩。

老客户转介绍，表示这个客户的来源是老客户转介绍来的，包括成交的客户，和未成交客户的转介绍。如果一个销售经理的老客户转介绍比例很大，那说明这个销售做人做事都很成功，是大客户销售团队中不可多得的销售精英型人才，一定要好好珍惜。

【小结】

各位朋友，本节话题重点讨论了通过高颗粒度的市场分析发现市场开发潜力，通过客户登记日期判断销售工作效率和客户分类价值，以及通过客户来源对一个销售经理的做事热情和工作积极性，也就是常说的"狼性"程度，进行评估。

对事物的分析，我们要尽可能地采用更高颗粒度。颗粒度越高，所考虑的因素越多，获得的信息越精确、价值越高。这样的分析，才可以真正帮助我们精耕细作，充分挖掘商机，获得事半功倍的成效。

【自测与思考】

（一）通过本节话题的讨论，请你对自己所负责的区域，按照地域划分和当地 GDP 来进行分析，看看自己哪些区域还有很大的潜力，再对标两个实力相当的竞争对手分析一下，看看还有哪些区域，需要增加你的关注和投入？

（二）表6-14是你们大客户销售团队里面四名销售经理的客户来源。请你判断一下，"小白兔""大灰狼"和"小蜗牛"，分别是哪个？哪个是公司最需要的精英型销售？

表6-14 销售"狼性"判断表

客户来源	张三	李四	王五	赵六
个人开发	33%	80%	5%	15%
市场活动	17%	20%	75%	5%
老客户介绍	50%	0%	20%	80%

💡 话题9：客户商业价值评估

【提问】

商业上，有句俗话说"三年不开张，开张吃三年"，就是讲大客户销售的工作，表达我们跟进的客户商业价值很大，如果成交的话，合同的价值很高，利润大。一旦合作成功，丰厚的利润可以让企业经营得顺风顺水。同时，也说明这类客户的开发周期很长，不是一朝一夕就可以达成合作的。

那么问题来了,如果你选择的这个客户商业价值没有那么大,三年才开张,可是开张只够吃三个月,怎么办?如果总是开发这样的客户,那公司还能健康经营吗?

同时,面对着客户鱼池里面那么多客户,哪些客户的价值更高,开张可以吃五年?哪些客户价值没那么高,开张只能吃半年?对销售经理来说,应聚焦服务老客户,提升他们的满意度,并通过他们介绍更多客户?还是聚焦开发新客户?开发新客户的时候,是聚焦周期长价值高的客户?还是聚焦周期短价值低的客户?

本节话题,通过客户鱼池文件里面第8到第13个字段,聚焦于解决这些问题。

【商业价值和实际价值】

(一)商业价值,客户鱼池第八个字段是商业价值,具体讲就是销售经理对该客户每年销售的评估,这个评估的根据是客户需求量的规模,以及客户未来发展规划的预期。这个数字不会太准确,粗略估算即可。数字越大,说明客户的商业价值越高。

(二)客户鱼池第9到11个字段,分别是前年销售额、去年销售额、最近一年销售额,这三个字段都是该客户的实际价值。其中以最近一年的销售额计算方法举例。我在撰写本节内容时是2024年10月2日,那么2023年10月1日到2024年9月30日的销售额就是最近一年的销售额。也就是该客户最近一年的实际价值。

【客户采购变化预警】

客户鱼池第12个字段是成交变化,表示客户的采购金额正在逐渐增加,还是减少。如果客户的采购金额在增加,那么没有任何问题；但是如果客户的采购量在逐渐减少，销售经理就需要赶紧到客户那里查明情况，未雨绸缪，防患于未然。

这个成交变化的计算方法是：成交变化＝最近一年销售额－（前年销售额＋去年销售额）/2。即，成交变化等于最近一年销售额减去前年和去年销售额的平均值。如果结果大于零，说明客户的采购在逐渐增加，如果小于零，说明客户在减少采购。

【客户待挖掘价值】

客户鱼池第13个字段是待挖掘价值，就是这个客户虽然已经跟我们采购了，同时还跟其他厂商也在采购，我们还有巨大的销售空间有待挖掘。客户待挖掘价值等于客户商业价值减去实际价值，就是客户充分采购的每年销售额减去最近一年销售额的差值。这个待挖掘价值越大，销售经理需要在这个客户项目上继续做的工作就越有价值。待挖掘价值越小，说明这家企业的采购空间被挖掘得越充分。

【小结】

本节话题，主要讨论了客户鱼池中关于客户商业价值的几个字段。

商业价值，是销售经理对该客户一年销售额的预估金额；前年销售额、去年销售额和最近一年销售额，是不同时间段该客户的实际采购金额；成交变化，是该客户采购量按照月度来计算，显示客户采购变化的趋势，可以迅速感知客户内部对本公司采购态度的变化；待挖掘价值，展示了该客户商业价值开发的程度，待挖掘价值越高，说明开发程度越不成熟，销售经理需要做的工作越多。

【自测与思考】

（一）请你在你的客户鱼池文件中，填写每个客户的商业价值、前年销售额、去年销售额、最近一年销售额,并计算成交变化和待挖掘价值字段的数值。根据这些结果来安排你跟进客户的优先级,并把这个优先级与你在做此项练习前的优先级做比较,看看都有哪些不同,想一想,为什么有这些不同之处?

(二)表6-15中,是某位销售经理的客户商业价值数据,请你帮助他判断一下,并帮他安排下一步工作的优先级,即拜访客户的先后顺序,把优先级序号填入下表。

表6-15　根据客户价值确定优先级练习表

客户	商业价值	前年销售额	去年销售额	最近一年销售额	成交变化	待挖掘价值	行动优先级
A公司	450	200	180	230	40	220	
B集团	600	100	110	70	−35	530	
C企业	350	200	250	280	55	70	
D协会	200	80	90	70	−15	130	

话题10:"上帝"分等、服务分级

【提问】

为了强调客户的重要性,企业常常把客户比作上帝。还有一个说法,说销售要遵循两个原则,第一个原则是客户永远是对的;第二个原则是如果你觉得客户错了,那么请参考第一个原则。这些都充分说明了客户作为公司生存发展的衣食父母的重要性,没有客户就没有利润,没有利润公司就无法生存和发展。所以,从这个角度看来,这两种说法,都是没有问题的。

然而,现实中,每个客户的商业价值是有限的,而客户的需求是无限的。市场上的客户是多种多样的，而企业的能力和销售经理的能力是有限的，在客户的无限需求和企业与销售经理有限的能力之间，就会产生各种各样的矛盾。针对大客户和小客户，我们是否都要提供相同的价格条款？针对品牌大但是目前采购量小的客户，该怎样服务？针对品牌小采购量大的客户，该怎样服务？

这些问题，就是本节话题要讨论的问题，我们通过客户鱼池文件中第 14 个字段，客户等级来解决。

【客户分等】

客户分等的概念我在前面客户需求和关系的章节里面已经提到过。就是根据客户的销售额来对该客户分成不同的等级。如表 6-16 所示。

表6-16　客户分级标准表

客户等级	最近一年销售额	价格条款	服务标准
S 级	大于 50 万元	20% 折扣，账期 3 个月	24×7、1 小时解决
A 级	大于 20 万元	15% 折扣，账期 2 个月	24×7、1 小时反馈
B 级	大于 10 万元	10% 折扣，账期 1 个月	24×7、3 小时反馈
C 级	大于 2 万元	无折扣，账期半个月	24×7 在线响应
D 级	大于 0 元	无折扣，现结	8×5 在线响应
E 级	没有采购	/	/
F 级	没有联系方式	/	/

表中包括 4 个字段，分别是客户等级、最近一年销售额、价格条款和服务标准。通过这个客户分等，服务分级的表格。就完美解决了话题开始提出的几个问题。

（一）针对大客户和小客户，我们是否要提供相同的价格条款？

答案是根据对方最近一年的采购量决定相应的价格条款和服务标准。

（二）针对品牌大但是目前采购量小的客户，该怎样服务？答案是给对方提供按照表中的价格条款和服务标准，同时持续挖掘该客户的需求，并维护和升级客户关系，争取提高该客户的采购量。

（三）针对品牌小采购量大的客户，该怎样服务？这样的客户是公司的衣食父母，提供对应标准的高质量服务。

【特别说明】

（一）帕累托法则是结果不是原因，帕累托法则就是20/80规律，企业20%的大客户为其提供了80%的销售额。所以，有的企业领导者异想天开，说看看竞争对手20%的大客户都是谁，努力去把这些客户抢过来，这样不是一下子就能获得80%的销售额吗？只需要投入相当于竞争对手20%的资源，就能获得别人80%的结果，我们的效率是对方的4倍。之所以说这种想法异想天开，是因为帕累托法则是结果，而不是原因。就是，即使你把对方20%的大客户都抢了过来，你也会发现这20%的大客户里面有20%的大客户，为你提供了80%的销售额。而其他80%的客户，提供了20%的销售额。况且，你抢竞争对手的成本是很高的，那就是你必须比对方给客户提供更好的价格条款和服务标准。

（二）关于客户分级的标准，每家企业都可以制定自己的分级标准。但是每家企业内部的分级标准最好统一，这样在企业内部沟通交流的时候，可以大大提高效率。在没有这个等级之前，销售经理请其他部门协作的时候，会说，我这里有一个大客户，需要你们的支持。现在就可以说，我现在有一个A级的客户出现了投诉，需要你们支持。

（三）根据每个销售经理管理客户的等级分布，可以评估他的综合专业能力。表6-17中是四个销售经理的客户等级分布，请你判断一下新销售、成熟销售、销售精英和资源型销售分别是哪个？

表6-17　根据客户等级分布分析销售类型

客户等级	张三	李四	王五	赵六
S级	0	2	8	3
A级	1	8	25	2
B级	12	16	32	3
C级	78	35	10	2
D级	278	126	220	56
E级	756	437	566	78

【小结】

本节话题，通过对客户鱼池中客户等级的讨论，解决了对不同规模的客户提供不同价格条款和服务标准的问题。

【自测与思考】

（一）你们公司的客户分等级吗？分成几个等级？分级的标准是什么？不同等级客户的价格条款和服务标准有区分吗？

（二）请你把自己和团队中其他销售经理的客户等级分布列出来，比较一下每个销售经理的客户分布特点，你觉得谁做得最好，在他身上有哪些值得你学习的地方？

话题11：销售经理行动指针

【提问】

面对客户鱼池中数百个客户，有已经合作的，有联系过未达成合作的，销售经理该优先联系哪些客户？联系客户里面的哪些购买角色呢？是该联系商业价值高的大客户？还是联系商业价值不高的小客户？是花长时间做大单？还是花短时间做更多的小单？

都说做客户就是做关系，那么关系做到什么程度算功德圆满？为什么很多大客户的需求量明明很大，但是却采购很少？

这些问题，就是本节话题要解决的问题。通过客户鱼池里面，第15到第24字段来解决。

【关系需求、关系打分、关系积分和关系差距】

从第15到第23字段的内容，在前面第五章话题8中对客户关系打分和客户关系积分的内容已经详细阐述过。这里只进行简单介绍。

（一）第15字段是关系需求，就是根据客户的商业价值（注意这里是商业价值，而不是实际销售额），来决定客户关系积分需求。比如S级关系需求是5分。

（二）关系打分，第16到第21字段，是销售经理和团队与该客户高层、EB、TB、USER、COACH和联系人，分别建立的关系打分。

（三）关系积分，这是第22个字段，是该企业所有购买角色关系打分的总和。就是销售团队与客户采购团队的总体关系积分。积分越高，说明两家企业的关系越牢固。

（四）关系差距，第23字段，是关系需求减去关系积分所得的差值。关系需求是如果想让这家企业充分采购，双方需要建立的关系水平。差值大，说明企业销售团队跟客户采购团队的人际关系工作做得不到位。当关系差值为0时，说明客户关系的工作功德圆满。当关系差值为负数时，如果这个时候客户的采购量并没有达到预期，那说明销售经理有所隐瞒，或者对客户的商业价值估计过高。

【行动指针】

通过客户鱼池的计算和分析，对于同一家客户，我们已经有了很多高价值的数据信息，包括成交变化、待挖掘价值、关系差距等。那么，该怎样根据这些数据进行综合分析，来决定销售经理的客户开发优先级呢？

客户鱼池最后一个字段：行动指针，是一个参考数据。行动指针的计算方法是，行动指针等于待挖掘价值除以关系差距。由于客户待挖掘的价值相差数倍，因此销售经理提升高价值的待挖掘客户回报，远远高于低价值的待挖掘客户。所以，行动指针数值越高的客户，销售经理的客户开发投资回报率越高，越应该优先采取行动。

行动指针有可能出现负数，不用理会。以行动指针绝对值为参考。

【说明】

我自己觉得这个行动指针对销售经理安排自己的行动计划，只具有参考价值。因为大客户销售管理的工作非常复杂多变，没有客户鱼池表中这么理想。往往是，你想拜访 S 级的客户，但是约不上对方的时间。而这个时候 B 级、C 级、D 级的客户找上门，你都要提供专业的服务。所以，这个字段对大客户销售经理来说有价值，但是仅供参考。更有价值的是前面的几个字段，关系需求、关系积分、关系差距、成交变化和待挖掘价值。

【小结】

本节话题是客户鱼池文件的最高价值体现，就是帮助销售经理制订客户开发的具体策略。通过回顾关系需求、关系打分、关系积分、关系差距、成交变化、待挖价值这些关于客户的高价值数据，引出来更具有行动参考价值的行动指针字段。

行动指针等于待挖掘价值除以关系差距，行动指针数值的绝对值越大，表示该客户的行动优先级越高。

【自测与思考】

（一）请你计算一下自己的客户鱼池中各个客户的行动指针，并确定一下自己开发客户的优先级顺序。

（二）表6-18是某位销售经理的几个客户鱼池字段，请你根据其中行动指针的数据，填写出他跟进客户的最佳优先级排序。

表6-18　跟进客户的优先级排序表

客户名称	成交变化	待挖掘价值	关系差距	行动指针	行动优先级
A 公司	−200	800	0.2	4000	
B 集团	200	800	0.2	4000	
C 企业	150	200	0.5	400	
D 协会	50	50	−0.4	−125	

本章回顾

【内容回顾】

本章内容聚焦打破大客户销售靠天赋的神话，如果正确使用系统性的管理工具，可以让每个普通的销售经理都能创造出非凡的销售业绩。通过11个话题，帮助销售经理梳理并建立了以销售漏斗思想和客户鱼池文件为核心的大客户销售项目和客户管理体系。

话题1、找对象的"恋爱魔法"，通过恋爱达人找对象的方式，说明了销售项目管理流程的分阶段特点，和数字递减的特征。大客户销售的每个阶段，都是**失败是常态，成功是意外**。

话题2、项目漏斗七个阶段，详解介绍了在项目进行中客户筛选、建立联系、客户跟进、挖掘需求、建议方案、合同签订和售后服务各个阶段，销售经理的主要任务和工作重点。

话题3、项目漏斗数量分析，介绍了项目漏斗中各个阶段项目的价值加权，和通过项目漏斗预测业绩完成情况的计算方法。

话题4、大客户销售个人能力分析，通过对比不同销售经理的销售漏斗数据，发现每个人能力的短板，为销售经理个人能力提升提供方向。

话题5、门当户对五个步骤，帮助销售经理在筛选客户阶段，能基于市场竞争矩阵，重新厘清门当户对客户的筛选规则，可以大大提高客户开发工作的有效性。

话题6、星星之火可以燎原，讲述了进入一个陌生领域的经历"达克效应"的四个阶段，针对市场开拓，提出了从零到一、从一到多、从多到大和从大到强的四个步骤。

话题7、背靠着金山在乞讨，强调了持续开发已经联系过但未合作的客户的重要性，通过客户鱼池文件的引入，帮助销售经理对自己的客户进行系统汇总。

话题8、对标分析与销售"狼性"，以区域市场为例，帮助销售经理对所辖区域进行高颗粒度的内部分析，和针对竞争对手的对标分析，发现市场潜在商机并制定竞争策略。通过对客户来源的分析，发现销售团队中的"大灰狼""小白兔""小蜗牛"和精英销售。

话题9、客户商业价值评估，通过商业价值、实际价值、成交变化和待挖掘价值的数据整理，对一个客户的采购价值、采购变化和潜在价值进行分析，发现客户资源里面的"金山银山"。

话题10、"上帝"分等、服务分级，根据客户的实际价值把客户分成 S、A、B 等级别，不同级别的客户提供不同级别的价格条款和服务标准。可以提高客户的满意度和销售经理的专业度。

话题 11、销售经理行动指针，通过计算待挖掘价值与关系差距两个字段的比值，衡量大客户销售经理在升级客户关系方面的投资回报率，帮助销售经理提高个人的工作效能。

【工欲善其事必先利其器】

俗话说，磨刀不误砍柴工，工欲善其事必先利其器。本章话题为大客户销售经理提供了两个企业客户和项目管理的工具。可以帮助每一个普通的销售经理，通过数据和分析工具，进行深入的自我剖析，发现短板并提高能力，进而实现业绩的提升。

【落地规划】

各位朋友，通过本章每个小节后面的自测与思考环节，你能得到哪些收获？学到了哪些重要的知识和观点？又制订了哪些可落地的计划呢？请你认真规划，填写表 6-19。

表6-19 管理体系落地规划表

分类	本章要点	行动计划	截止日期
管理体系			

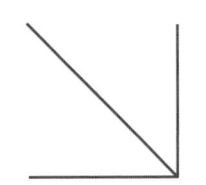

第七章　自动自发的积极心态

聚焦问题

【客户需求】

2018年，北京西四环有一家做建筑师认证培训的机构找到我，公司负责人周总跟我说，他们公司的业务发展非常好。但是有很多年轻的销售，工作缺乏上进心，纪律散漫，做事松懈，浑水摸鱼。我问他们表现出的状态是什么样呢？周总说："我们通过行业名录找到潜在客户的名单，只要销售去打电话就可能成单，可是他们不愿意去打电话。每天工作的状态萎靡不振，穿的衣服松松垮垮、邋里邋遢、头发乱蓬蓬的，我出钱给他们去理发，他们都不愿意去。"

周总问我："有没有一门课程，通过给员工做培训，可以提高大家的工作积极性和上进心？"我当时认真思考了半天，回答说："我没有这样的课程，而且我觉得世界上也不存在这样的课程。因为，我认为，员工缺乏积极性的原因有两个，一个是给的钱少，一个是企业文化缺乏正能量。员工工作是为了月薪工作，你一个月给我8000元，那么我就干值8000元的活儿。如果你给我20000元，我肯定要干值25000元的活儿，因为我怕你不满意，解雇我，现在月薪两万元的工作很难找，所以我必须得让你满意。但是，我的课程不能给员工提高工资，所以第一个原因，我的课程解决不了。"

另一个是企业文化更加民主、公平、公正，企业领导者多多关心员工生活和发展，创建提升员工健康和发展的企业文化，那么员工就会更加积极。这个方面需要改变老板，需要给企业领导层做培训，给员工培训改变不了企业文化。而且，我没有这样通过给员工上课，让老板改变企业文化的课程。

但是后来我就想，作为一个企业培训师，我的职业价值不就是要解决那些企业管理者自己解决不了的问题吗？企业花钱请我们做培训，如果讲的都是企业自己可以解决的问题，那我们培训师、培训课程存在的意义又是什么呢？所以，我就给自己提了一个问题，就是，在不改变物质激励条件和企业文化氛围的前提下，如何通过学习我的一门课程，让一个本来消极懒惰、浑水摸鱼的员工变得自动自发、积极向上、勤奋工作？

【探索过程】

有了这个课程选题，我在日常生活和学习、工作中会常常想起来这个问题。功夫不负有心人，大概9个多月后，一个偶然的机会，我看到了斯坦福大学一个研究报告，我一下就茅塞顿开。我想，要是我能够在课堂上帮助每个学员做到这个简单的事情，那么就可以激发每个人自动自发的积极心态。那么，这个简单的事情到底是什么呢？这里留下一个悬念，在本章后面的话题里面，向你揭晓答案。

💡 话题1：人如公司，公司如人

【提问】

朋友们，你有没有想过，我们每个人就是一家公司。给我们提供工作机会的公司，就是我们的客户。我们每天提供的服务，包括时间、精力、热情、智慧和在工作中各种各样的沟通、开会、报告等行为。公司给我们一份稳定的收入、安全感、成就感和事业成功的梦想。本质上是一种互利互惠、平等合作的关系。一旦任何一方的服务引起对方不满，这种合作的关系，就会面临危机。

同时，反过来，其实一家公司也是一个个人。我们对一家公司的印象，往往会由该公司跟我们接触过的一个或几个人的行为决定。很多公司的形象在我们的大脑里面已经被人格化了。

因此，从这两个角度来看，激发一个人具有积极心态的方法，也可以激发一个团队，使一家公司变得热情主动，具有积极心态。所以，本章话题提供的方法既可以激发个人的积极心态，也可以激发团队或者整个公司开拓进取和热情服务的意识。如果团队中每个人都积极主动、充满工作热情，那么这个团队必然是一个积极向上的团队。如果公司中，每个团队都是积极向上的团队，那么整个公司必然是积极向上的公司。

那么，到底该怎样激发一个人，在薪酬水平较低，同时团队中又有各种内耗、内斗、内卷的情况下，从浑水摸鱼、懒散敷衍，变得积极向上，具有自动自发的积极心态呢？

【四大名著的思考】

四大名著里面的故事，大家都耳熟能详。但是，大家有没有思考过以下这几个问题？

第一个问题，《红楼梦》里面的荣国府，就是贾宝玉的家族，皇妃贾元春的家，为什么盛世名门望族逐渐没落，最后贾宝玉出家流浪呢？

第二个问题,《水浒传》里面,宋江带领的一百零八位绿林好汉,我们期待他们可以杀奸臣,替天行道,但是他们抓住高俅却不杀,反而讨好高俅。宋江追求被朝廷招安,与奸臣共处,然后被利用东征西讨,兄弟离散,最终被奸臣集团迫害。宋江为什么没有如我们所愿,取得一个圆满的结局?

第三个问题,《三国演义》里面,以刘备领导的蜀汉集团为主,诸葛亮的智慧、关羽的忠义、张飞的莽撞、赵云的勇猛构成了书中的重要元素,我们都期望蜀汉集团可以战胜曹魏集团,可是结果却是曹魏集团打败了蜀汉集团,统一了天下。跟我们的初衷相违背,那么刘备集团中智慧的诸葛亮,到底哪些方面有所欠缺呢?

第四个问题,《西游记》里面,唐僧团队,一个人一匹马,带着孙悟空、猪八戒、沙和尚去西天取经,糊涂的唐僧动不动就念紧箍咒控制孙悟空,猪八戒总是在唐僧那里说孙悟空的坏话,沙僧什么活儿都不干,什么话都不说,就是个打酱油的。相比于《红楼梦》中的荣国府、《水浒传》中宋江团队和《三国演义》中的刘备团队,这绝对是一个草台班子团队。面对十万八千里的漫漫取经之路,妖魔横行,鬼怪丛生,最后,师徒四人历经九九八十一难取得了真经,实现了事业的成功。唐僧团队,做对了什么呢?

最后,一个纲领性的问题,在《红楼梦》荣国府、《水浒传》宋江团队、《三国演义》刘备集团和《西游记》唐僧师徒的事业成败中,存在着哪些共同的规律呢?

【斯坦福大学研究报告】

本章开始时,我留下了一个悬念,我提到了斯坦福大学研究中心的一个报告,它找到激发一个普通人迅速获得积极心态的方法。这里我来向大家揭晓答案。

二十世纪七十年代，斯坦福大学研究中心，针对该学校的毕业生做了一项调查。这些被调查的大学毕业生身体健康、智力水平和经济条件都差不多。调查很简单，就是询问他们一个问题，你有没有人生目标。结果27%的人没有人生目标；60%的人有模糊的人生目标；10%有清晰但短期的人生目标；3%的人有清晰且长期的人生目标，还把目标写到纸上，经常去核对自己做的事情，是否和自己的长期人生目标相一致。

25年后，也就是二十世纪九十年代，斯坦福大学研究中心回访了这些学生。结果如表7-1所示。

表7-1 斯坦福大学研究报告的调研结果

序号	比例	人生目标	生活状态	社会阶层
1	27%	没有	生活不如意，常常失业，靠社会救济生活。并且常常抱怨他人，抱怨社会，抱怨世界	社会的最底层
2	60%	模糊	能安稳地生活和工作，但没有什么特别的成绩	社会的中下层
3	10%	清晰、较短期	短期目标不断被达成，生活状况稳步上升	社会的中上层
4	3%	清晰、长期	朝着同一方向不懈地努力	顶尖成功人士

表中的数据非常令人震惊，27%没有人生目标的人，都生活在社会最底层，有的甚至成了流浪汉。生活非常不如意，经常失业，靠社会救济生活，他们常常抱怨他人、抱怨社会、抱怨世界。60%人生目标模糊的人，主要生活在社会的中下层，蓝领工人居多。他们能安稳地生活和工作，但没有什么特别的成就。10%有较短期清晰目标的人，成为社会的中上层，他们的短期目标不断被达成，生活状况稳步上

升。3%具有长期清晰目标的人，把目标写到纸上时时核对的人，成为社会的精英阶层，如企业主、知名的医生、律师、名演员等。

当我看到这份报告之后，一下子茅塞顿开。这就是激发一个普通人，具有自动自发的积极心态的钥匙啊！！为什么呢？因为在此之前，员工是为了 8000 块钱的工资而工作，所以只要你不解雇我，能少做就少做。员工会找到各种各样的理由，为自己的偷懒寻找理由，比如工资低、比如公司制度不合理、比如市场竞争激烈等。但是，如果我能够帮助他设计一个长期的、清晰的、科学合理、振奋人心的人生目标的话，那么**眼前所有的绊脚石，都会成为他成功路上的垫脚石**。因为，基于长远的人生目标规划，他可以从目前各种各样的工作中所获得的能力，发现这些能力对未来目标的价值。**他不再是为了眼下的 8000 块钱的工资而工作，而是为了更美好的自己而奋斗**。这样就可以充分地激发一个人自动自发的积极心态了。

【四大名著的答案】

通过斯坦福大学的研究报告，回过头来再看四大名著的结局，就可以一一对应了。

《红楼梦》里荣国府的男人们，都是没有人生目标的类型。第二代负责人贾政，在工作上没有追求，每日里找几个幕僚在书房闲谈。未来的第三代负责人贾宝玉整天跟姐姐妹妹们吟诗喝酒，讨厌读书上进。贾琏总想着讨小老婆，同时还要防止被王熙凤发现。只有贾探春还想整顿家风，可惜身为女流能力有限。最终，荣国府被抄家，贾宝玉出家流浪，整个家族走向衰败。这就是没有目标的结局，跟斯坦福大学研究中心报告中，占比 27% 的没有目标的人命运一致。

《水浒传》里面宋江为好汉们的行为提出来了一个响亮的口

号——"替天行道、劫富济贫",可是纵观整个水浒传里面,你可以看到他们劫了很多财,但是从来没有济贫。如果有济贫的行为,也是个别好汉的个人行为。他们也从来没有替天行道,宋江的个人目标是建立队伍,受到朝廷的重视,然后被朝廷招安。有了"替天行道、劫富济贫"的大旗,聚集了众多好汉后,宋江的行为却与他"替天行道"的个人目标完全不一致,抓到奸臣高俅后,他不光没有替天行道,反而对其客客气气,待如上宾。导致很多英雄心灰意冷,队伍凝聚力涣散,最后虽然宋江的个人目标短暂达到,最后却落得一个喝毒酒身亡的悲惨结局。这就是目标模糊,或者目标与行为不一致。与斯坦福大学研究中心报告中占比60%的目标模糊的人命运一致。

《三国演义》中,刘备领导的蜀汉集团,第一回桃园三结义,就提出了要"匡扶汉室、拯救黎民"的人生目标。刘备在这个目标下,迅速集结了关羽、张飞等猛将,还三顾茅庐请来了诸葛亮。可以说,在这个目标下,蜀汉集团一直在走上升路线,如果不出意外的话,蜀汉集团战胜曹魏集团,统一天下是理所当然的结果。可是,出了意外,东吴害死了关羽和张飞,刘备悲痛异常,发誓要为兄弟报仇。这个时候的刘备心中"匡扶汉室、拯救黎民"的大目标,已经被抛之脑后,只想着"为兄弟报仇",结果,在夷陵被东吴打败,白帝城托孤给诸葛亮,成为蜀汉集团上升曲线的拐点。如果诸葛亮能够继承先帝刘备的目标"匡扶汉室、拯救黎民"的话,那么他应该休养生息,强大蜀国,待到战略时机合适的时候,再统一天下。但是此时诸葛亮的目标是"在自己有生之年完成先帝遗愿、统一天下",为了不辱使命,这个时候的诸葛亮,可以说是穷兵黩武,稍微有点经济实力,就要打出岐山,去跟曹魏一较高下。最终,出师未捷身先死,长使英雄泪满襟。这与斯坦福大学研究中心报告中占比 10% 的具有短期明确目标的人命运一致。

《西游记》中，唐僧师徒四人的目标是"西天取经、普度众生"，师徒四人，虽然磕磕绊绊，内部矛盾的小插曲不断，外部矛盾大妖怪层出不穷，可是无论任何磨难，都没有改变唐僧西天取经的目标。目标和行动始终保持一致。唐僧的目标既清晰又明确，到任何地方，自我介绍的时候，唐僧都会说："贫僧自东土大唐而来，前往西天求取真经。"所以，虽然是个草台班子的团队，但是由于他们有了长期且明确的目标，并且在坚定地执行着，最后历经九九八十一难，终于取得真经，修成正果。跟斯坦福大学研究中心报告中，3% 具有长期清晰目标，并写到纸上，时时核对，坚持执行的人的命运一样。

所以，综合上述方法分析，长期、清晰的目标不仅仅可以激发普通人自动自发地以积极心态走向成功。也可以激发一个团队，一个公司的做事热情和服务意识，走向更高更强的发展。

【长期目标五要素】

通过斯坦福大学研究中心的这份报告，我得到了能激发一个人积极进取的钥匙后，那么我的任务就更加具体了。那就是，什么样的目标是长期的、清晰的、科学合理、振奋人心的呢？怎么保证每个人通过自己的努力和坚持都可以做到呢？都需要把哪些内容写到一张纸上呢？

这些问题，替代了前面的问题，开始在我的大脑中萦绕，在我读书、学习、培训、与同行交流的过程中，结合我自己以前在三星工作的经验，一点一点地，我就像在海边拾贝壳的孩子一样，把一个个五彩斑斓的贝壳收集到框子里面，最后穿出来一串美丽的贝壳项链。就是图 7-1 这个长期目标结构图，以职业使命为核心，包括事业愿景、价值等级、目标模型和"内在小孩"，一共五大要素。

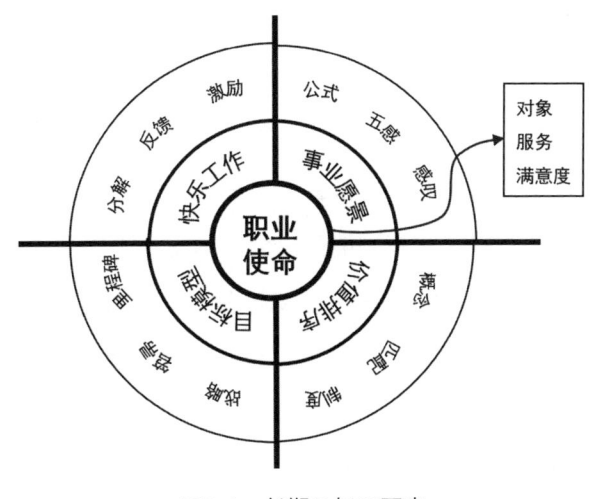

图7-1　长期目标五要素

本章内容，将以这个模型为框架，针对各大要素，选择不同话题，分别展开讨论。

【小结】

本节话题通过讨论四大名著四种不同结局，提请大家思考其背后的共同规律。然后，介绍了斯坦福大学研究中心调查报告的结论，3%具有长期清晰目标的人，坚持自己的方向，获得了人生成功。之后，用该报告的结论，解释了四大名著中四个不同团队结局的共同规律，目标的清晰度和时长不一样，有目标不坚持，和中途改变目标都会影响命运的走向。最后，提出了长期、清晰、振奋人心、具有积极意义的目标模型。

2023 年有位幼儿园老师带小朋友学唱歌谣的视频，非常火爆，叫《挖呀挖》。歌词是这样的，"什么样的花园挖呀挖，种什么样的种子，

- 281 -

开什么样的花。小小的花园挖呀挖，种小小的种子，开小小的花；不大不小的花园挖呀挖，种不大不小的种子开不大不小的花；大大的花园挖呀挖，种大大的种子开大大的花；特别大的花园挖呀挖，种特别大的种子，开特别大的花。"朋友们，你有没有想过，其实我们每个人的职业、家庭、人生、婚姻，都是一个一个的花园，如果你没有在这个花园里面种下大大的种子，就会杂草丛生，烦恼不断。如果你种下一颗大大的种子，将来就有可能开出大大的花。而这颗种子，就是长期的、充满意义的、振奋人心的目标和规划。就像尼采的名言一样："一个人知道自己为什么而活，就可以忍受任何一种生活。"

【自测与思考】

（一）通过本节话题内容的讨论，请你扪心自问，你在这家公司的职业目标是没有目标、模糊目标、短期清晰目标，还是长期清晰目标呢？

（二）请你观察一下，你身边那些取得成功的人，和失败的人，他们各自属于斯坦福大学研究中心报告中的哪种类型？

话题2：使命公式六要素

【提问】

究竟什么是使命？使命有哪些分类？使命应该包括哪些要素或者内容？我们常说的三观，世界观、人生观和价值观，与使命有什么关系？

本节话题就聚焦解答这几个问题。

【使命列举】

我们先来看几个关于使命的例子。《西游记》中唐僧的使命是

"西天取经、普度众生";《三国演义》里刘备前期的使命是"匡扶汉室、拯救黎民";《水浒传》里晁盖领导梁山时的使命是"大块吃肉、大碗喝酒",宋江领导梁山时的使命是"替天行道、劫富济贫";《红楼梦》里面贾宝玉的口头禅是"女儿如水、男人如泥";阿里巴巴公司的使命是"让天下没有难做的生意";抖音的使命是"激发创作、丰富生活";胖东来超市的使命是"传播先进文化理念,培养健全人格"。

朋友们,请你想一想,是不是在上述这些目标和使命中,除了贾宝玉和晁盖的使命外,其他任何一个使命,都为其事业赋予了伟大而积极的意义?让本来平凡普通的事情,变得光彩夺目,熠熠生辉。

1961年4月,苏联的宇航员尤里·阿列克谢耶维奇·加加林是人类第一位进入太空的航天英雄,这是一项非凡的成就。当时,正是美苏冷战高峰期,在关系最好的时候,苏联在太空竞赛中的胜利重挫了美国的锐气;在两国情势最糟的时候,天上的苏联卫星就变成了货真价实的威胁。

肯尼迪总统深信美国无法承受对苏联让步的代价,因此,在加加林登上太空6个月之后,他参加了国会参众两院的联席会议,进行了一场在他总统任期内规模最大的推销演说。他充满想象力地提出了美国的登月计划。具体的目标是:"未来十年,我们的目标是把人送上月球,并活着带回来。"

当时很多人认为肯尼迪提出的目标是妄想,他们质疑:"我们能凭着现有的科技与知识登陆月球吗?更别说还要让宇航员安全返回地球。"艾森豪威尔认为肯尼迪的声明是"说大话",认为他"想要冲上月球的雄心壮志"就是"疯狂噱头"。NASA的首任署长凯斯·格伦南也不赞同,他说总统的计划是"一步很糟糕的行动"。

肯尼迪呼吁每一位科学家、每一位工程师、每一位检修人员,每一位技师、承包商和公务人员都要承诺,让这个国家以完全的自由全速向前冲,去进行让人热血沸腾的太空探险。就算有唱反调的人,但人们仍然不懈努力,将这个目标化为现实。

有一份报告指称"NASA员工的日常职责与终极目的之间有着紧密连接",一名守卫说的话可以作为明证:"我的工作不是拖地板,而是帮忙把人送上月球。"

这项计划面临了艰难的挑战,也遭遇了极大的挫败,但是,1969年7月20日,尼尔·奥尔登·阿姆斯特朗从阿波罗11号里走了出来,成为第一个在月球上留下足迹的人,可惜的是肯尼迪无缘活到那时一同赞颂这项成就。阿姆斯特朗甚至比预定的时间更早登月。阿姆斯特朗的月球漫步证明了领导者的目标能创造出何等伟大的成就。

【使命的概念】

通过这些关于目标和使命的例子,我们可以回答开头提出来的几个问题。

(一)使命的概念是什么?

使命就是一个人或者团体,为自己的生命定义的终极目标,为自己的事业赋予的积极意义。简单讲,就是如何使用自己的生命,创造不平凡的人生。使命的英文是Mission,就是任务,所以人生使命,就是人生任务。

(二)使命包括哪些种类?

对个人来讲,有人生使命、职业使命、民族使命、社会使命、家庭使命等等。

（三）使命包括哪些要素？

使命应该包括领域、对象、服务、满意度和口号。领域的含义就是，家庭的领域就是家庭使命；社会的领域就是社会使命。对象就是在该领域里面，你为谁服务，谁就是你的对象。满意度，就是你服务对象的满意度。口号，就是为你在这个领域的使命，起一个朗朗上口的口号，比如唐僧的使命是"西天取经、普度众生"。

（四）使命和"三观"的关系是什么？

一个人的世界观，决定了一个人的使命。所谓世界观，就是一个人对世界的看法。我认为世界观有两种，一种是认为世界虽然有缺点，但是总体是美好的。所以愿意先付出，因为他相信只要付出，世界自然给予回报；另一种是认为世界虽然有优点，但总体是冷酷的，所以必须先得到，因为他相信世界上还是坏人多，只有先保护好自己的利益，才能不吃亏。所以，使命与世界观息息相通。

这么说，对使命的理解还是很笼统。下面我把重要的内容逐项展开来讲一讲。

【职业使命的服务对象】

在每个领域的使命中，我们都有自己要服务的对象。本书讨论的是职业使命，那么在你的职业中你服务的对象，都有谁呢？有人说，我的服务对象就是我们公司的客户。也有人说，我的上级是我的服务对象。这些说法，都正确，但是都不全面。我把职业使命，服务的对象，分成了三个层级。

（一）第一层级，外部客户：就是大家共同认可的企业客户，购买本公司产品的客户。其实，媒体、社区、各类社会机构同样是企业的外部客户，也是每一位销售经理的外部客户。

（二）第二层级，内部客户：包括你的领导、下属、同级部门的同事，都是你的内部客户。我们跟内部客户同样是平等尊重、互惠合作的关系。

（三）第三层级，自我成长：其实，我们团结内部客户，服务外部客户的过程，都是为了我们自己的职业成长。所以，每个人最重要的客户，就是自己。

那么每个人的自我成长要经历哪些阶段呢？我做了个总结，分成四个步骤，每个步骤又包括三个小阶段。

（一）第一步是找到自己，成为一个独立的人。包括三个阶段，经济独立、能力独立和精神独立。经济独立，就是能够自己养活自己，如果一个人还需要靠父母在经济上帮扶的话，那么他很难独立发出自己的声音；能力独立，就是有很强的工作能力，可以在不同行业、不同公司都可以创造价值，都能够养活自己；精神独立，就是要有自己个人的看法，不要人云亦云，鹦鹉学舌。所以，哲学上有个"二手人"的概念，就是毫无自己的思想，整天随风倒的人。

（二）第二步是认识自己，认识自己其实是认识和接纳人性的复杂。包括三个阶段，认识人性、接纳自己、接纳他人。认识人性，就是意识到人性是复杂多变的，每个人的内心都有善良的一面，同时也有自私的一面，**没有纯粹的绝对的好人，也没有纯粹的绝对的坏人，好人和坏人可以互相转化**；接纳自己，也就是能够接纳自己复杂多变的人性，**既渴望功成名就、又不想吃苦受累；既有慈爱之心、又有怨恨之火；既想努力工作、又想安逸舒适，时时处在自我矛盾之中**。接纳他人，就是推己及人，既然自己是复杂的，可以接纳自己，那么别人也是复杂的，我们也要接纳他人。尼采说："**生命中最难的阶段不**

是没人懂你，而是你不懂你自己。"

（三）第三步是成为自己，就是区别于他人，做你自己想做的事。包括三个阶段，设定目标、付诸行动、持之以恒。设定目标，就是设定你的人生目标；付诸行动，就是采取必要的行动，来实现目标；持之以恒，就是一直努力，直到实现自己的人生目标。

（四）第四步是成就自己，就是成为自己心目中理想的自己。包括三个阶段，事业立功、行为立德、传承立言。事业立功，就是你在事业上取得巨大的成就，因为你的贡献，让成百上千的家庭生活更快乐，人生更幸福；行为立德，你的所作所为，成为大家学习的榜样；传承立言，把你自己的事业和人生经历总结成文，传播出去，可以激励后世。

关于职业使命里面的服务对象，我就讲这么多。下面聊聊服务，在职业使命里面的服务是什么。

【职业使命的服务】

职业使命里面的服务是什么呢？其实就是你为做好自己的工作提供的一切，包括你的热情、时间、认知、能力、行为和结果。

举个例子，在美国，有两个年轻人，一个叫约翰、一个叫哈里，他们同时入职一家蔬菜贸易公司。3个月后，哈里向总经理抱怨道："我和约翰同时来到公司，现在约翰的薪水已经增加了一倍，而我每天勤勤恳恳地工作，可是我的薪水一点都没有增加。"

总经理意味深长地对他说："这样吧，公司现在打算订购一批土豆，你先去看一下哪里有卖的，稍后我再回答你的问题。"于是，哈里走出总经理办公室，去找土豆了。半小时后，哈里气喘吁吁地来到总经理办公室说，二十公里外的蔬菜批发市场有土豆卖。

总经理问:"一共有几家卖土豆的?"哈里摇了摇头说:"我刚才只是看到有卖的,没有留意有几家,我再去看一下。"说完又急匆匆地跑出去。三十分钟后,哈里喘着气又跑回总经理办公室说:"报告总经理,一共有三家卖土豆的。"总经理问:"土豆的价钱是多少?三家的价格都一样吗?"哈里愣住了说:"总经理,我再去问一下价格。"

这时总经理说,"算了,你去帮我把约翰叫过来吧!"总经理对约翰说:"公司现在打算订购一批土豆,你去看一下哪里有卖的?"六十分钟后,约翰回来向总经理汇报:"在二十公里外的蔬菜批发市场有三家卖土豆的,其中两家是0.9美元一斤,但是第三家那个老者只卖0.8美元一斤,我看了一下他的土豆,发现他卖得最便宜,而且质量最好,因为他是自己家农场种植的,如果我们需求量大,价格还可以优惠,并且他有货车,可以免费送货上门,我已经把他请过来了,要不要让他进来具体谈一下?"总经理说:"暂时不用了,你让他先回去吧。"于是约翰就出去了。

这时,总经理对看得目瞪口呆的哈里说:"你都看到了吧!如果你是总经理,你会给谁加薪晋职呢?"

从这个故事中,我们可以看到哈里的低质量服务与约翰的高质量服务之间的差异。我总结出来三个规律。

(一)站在对方的角度思考问题。故事中的哈里缺乏系统思考,完全是按照指令办事。而约翰是站在总经理的角度,站在蔬菜贸易公司经营的角度,到市场上寻找物美价廉的土豆,目标是公司利益最大化。所以,你可以看到约翰是站在了总经理的角度思考问题,而哈里只是站在完成指令的角度思考问题。

（二）满足对方追求简单、舒适的人性化需求。作为服务者，就是要让被服务者因为我们的服务，使他们的工作或者生活，变得更简单、更舒适。故事中哈里不仅没有让总经理的工作变得更简单舒适，而且还耽误了时间；而约翰在接到简单的指令后，就进行了全面的市场调查，还与卖家进行了初步的谈判，让总经理的工作变得更简单、更舒适。

（三）好服务都是设计出来的。需要把一项任务分成不同的阶段，每个阶段要有三类节点，分别是物理节点、数字节点、人际节点。如图 7-2 所示。

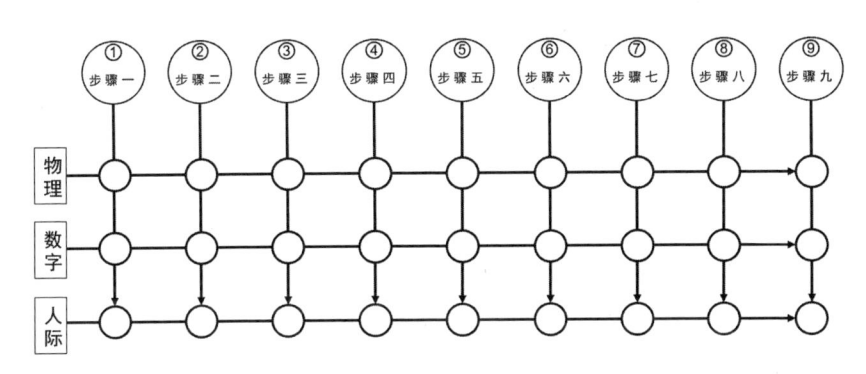

图7-2　服务设计框架图

图 7-2 把一项任务分成了九个步骤，物理节点：就是需要哪些的物理设施，例如需要到什么地方去，准备哪些材料；数字节点：就是要不要在电话里，或者工作群里面，向相关人员进行通报；人际节点：就是在这个步骤，该如何与对方进行沟通，如何措辞。

【使命公式六要素】

介绍完使命的概念、服务和对象后，我整理了一个使命公式的六要素，如表 7-2 所示。

表7-2　职业使命六要素

使命要素	说明	类型	举例
主体	使命的主人	个人、部门、公司等	张良全
领域	使命的范围	民族、社会、家庭、职业等	商业培训师
对象	该范围内服务对象	外部客户、内部客户、自我成长	企业管理者
服务	服务的内容	让被服务者的工作生活变得简单、舒适	商业培训课程和咨询服务
满意	服务让对象满意的程度	合格、满意、满足、感动、称赞	期望在感动以上
口号	为使命总结一句口号	公司口号、个人口号、团队口号等	解决问题、简单落地、良全出品、全出良品

这个表中共有四栏，分别是使命要素、说明、类型和举例。

第一行是主体，就是使命的主人是谁。公司使命、部门使命和个人使命是不同的。这里以我的使命举例。

第二行是领域，就是你要确定在哪个领域制定使命，可选项包括社会、家庭、职业等。这里以我作为商业培训师的职业使命举例。

第三行是对象，就是你在这个领域里面服务的对象是谁，可选项有外部客户、内部客户和自我成长。比如：企业的使命就是服务外部客户，企业管理者的使命主要是服务内部客户即员工和团队。我的职业使命是企业的管理者，就是我的培训课程学员。

第四行是服务：就是在这个领域的职业使命里，你为你的客户提供哪些具体服务。举例，我的服务是商业培训课程和咨询服务。

第五行是满意度：就是使用了你服务之后，客户的满意度等级是多少。以我举例，我期望我的客户满意度是感动或以上。关于满意的内容，我会在下一话题中详细介绍。

第六行是口号：就是综合上述五项内容后，为你的职业使命起一个朗朗上口，积极向上的口号。举例，我的职业使命口号是"解决问题、简单落地、良全出品、全出良品"。我来简单解释一下，"解决问题"就是我为我的学员提供的课程内容，都是围绕解决问题展开；"简单落地"是我课程的内容和工具，包括我写的书籍，都非常简单而且可快速落地执行，符合"十岁法则"，就是十岁的小学生都听得懂，做得到。"良全出品、全出良品"表示所有张良全老师出品的课程和书籍，全都是这样解决问题、简单落地的优良产品。

有了六要素的展开说明，下面请每一位阅读本书的大客户销售经理，使用表7-3，写出自己的职业使命。

表7-3 职业使命设计表

使命要素	说明	举例	你的使命
主体	你的名字	张良全	
领域	你的职业	商业培训师	
对象	你的同事、客户、最重要的是你自己	企业管理者	
服务	你的时间、认知、能力、行为和结果	课程培训、咨询服务	
满意	合格、满意、满足、感动、称赞	期待感动以上	
口号	设计一个朗朗上口、振奋人心的口号	解决问题、简单落地、良全出品、全出良品	

【世界观与使命】

所谓的世界观，就是你对世界的看法。同样一个世界，在有的人眼中是天堂，在有的人眼中是地狱。

在某个寺院，年轻的修行僧问住持："听说在那个世界有地狱和天堂，地狱到底是什么样的地方呢？"住持是这样回答的："在那个世界确实既有地狱也有天堂。但是，两者并没有太大的差异，表面上是完全相同的两个地方，唯一不同的是人心所向。"

住持继续讲道："地狱和天堂里各有一个相同的锅，锅里煮着鲜美的面条。但是，吃面条很辛苦，因为只能使用长度为一米的筷子。住在地狱的人，大家争先恐后想先吃，抢着把筷子放到锅里夹面条。但筷子太长，面条不能送到嘴里去，最后抢夺他人夹的面条，你争我夺，面条四处飞溅，谁也吃不到自己跟前的面条。美味可口的面条就在眼前，然而每一个人都因饥饿而死去。这就是地狱的光景。"

"与此相反，在天堂，同样的条件下情况却大不相同。任何人一旦用自己的长筷夹住面条，就往对面人的嘴里送，让对方先吃。这样，吃过的人也会心怀感激地帮对方夹面条。所以，天堂里的所有人都能从容吃到面条，每个人都心满意足。"

你看同样一锅面条，同样的客观条件，如果我们的世界观认为世界是美好的，那么我们就愿意把面条先夹给别人，先为他人提供服务。如果我们的世界观认为世界是自私的，那么我们就会抢夺别人的面条，世界就变成了地狱。所以，我认为，世界观决定了人的使命，使命为人的一生赋予伟大积极的意义。企业家江南春说过一句话，非常契合我的观点，他说："人生的意义在于服务，顺便赚钱。"

【小结】

本节话题，首先通过举例提出了使命公式的六个要素，主体、领域、服务、对象、满意度和口号。重点阐述了服务和对象的内容。

一个人的人生使命就是他成功的动力，只有一个人有了自己的使命，外部的环境才能帮助他获得人生的成功。

【自测与思考】

（一）你考虑过自己的职业使命吗？你的职业使命是什么？

（二）请使用本节话题中的职业使命设计表，设计你自己的职业使命。

话题3：从知道到做到要翻五座山

【提问】

讲完职业使命，可能会有朋友质疑我像他们的老板一样，开始画大饼了。大家不需要纸上画的大饼，而是要能吃的大饼。

好的，如果话题2的内容是纸上画的大饼，那么话题3和话题4，就是要把纸上画的大饼，变成可以吃的大饼。

网上有三个灵魂拷问，第一个、为什么我知道那么多人生大道理，仍然过着平凡的生活？第二个、为什么同样的老师、同样的学校、同样的课本，人家考上了清华，我却只上了二本？第三个、为什么原子弹的原理网上都有，而世界上只有少数几个国家，能制造原子弹？放到本节话题，为什么老板们给我们画了那么多大饼，我们都还没有吃到大饼呢？

其实，这几个问题，背后的规律是同一个。那就是从知道到做到的距离，到底有多远。本节话题，就是要给这段距离搭建一个阶梯，让你可以从知道到做到。

【从知道到做到】

任何一项事业做成功都需要达到五个层次，也就是说从知道到做到，需要成功翻越五座高山，也可以说搭建五个阶梯。如表7-4所示。

表7-4 从知道到做到的五座大山

分类	说明	数量关系	举例：制造原子弹	使命公式
道	根本原理	道只有一个	爱因斯坦质能方程 $E=mC^2$	世界观和人生意义
法	主要方法	一道有多法	链式反应	服务客户
术	实施技术	一法包多术	铀浓缩＋其他技术	服务设计
器	使用工具	一术用多器	离心机＋其他工具	使命表格
量	数量火候	一器有多量	临界质量15公斤、10万人10年	满意度

这五座大山分别是道、法、术、器、量。下面，我用制造原子弹来举例，逐一说明。

（一）第一座大山是道，就是根本原理。制造原子弹的原理就是爱因斯坦的质能方程 $E=mC^2$。就是质量损失的时候，损失这部分质量会转化成能量。这个原理是大多数受到过理工科教育的人都知道和理解的。在使命公式里面，就相当于世界观和人生意义一样，属于你知道的那些人生大道理。

（二）第二座大山是法，就是主要方法。对制造原子弹来讲，就是德国科学家发现的链式反应。当用一个中子去轰击铀235的原子核时，产生一个新的中子，和两个新元素，这个过程有质量损失，损失的质量转化成能量释放。这个是核裂变，同样链式反应还包括核聚变，就是制造氢弹的原理。这说明实现一个原理的方法，不止一个。所以，一道有多法。但是知道这个法的层次的人，就少了很多。在使命公式里面，就是要知道使命首先是要服务客户。

（三）第三座大山是术，就是具体的实施技术。对制造原子弹来讲，需要各种各样的技术。所以，一法包多术，其中一项关键的技术是铀浓缩技术，因为自然界中绝大部分的铀都是铀238，必须把铀235从铀238中提纯出来，就需要用到铀浓缩技术。在使命公式里面，就是服务的几个要素，站在对方的角度、满足对方追求简单舒适的需求、好服务是设计出来的。

（四）第四座大山是器，就是每项技术需要使用的工具，而一项技术的过程，需要用到很多的工具，对铀浓缩技术来说，最重要的提纯工具就是离心机。对职业使命来说，就是我整理的职业使命设计表。

（五）第五座大山是量，就是上述所有这些技术、工具所需要使用的数量和达到的程度。这里面包括海量的人力、财力、资源、时间和知识。任何一个方面的任何一个数据，出现一点点的误差，就造不出来原子弹。二战期间是德国人最先计划制造原子弹的，由著名科学家海森堡负责。要发生链式反应，就需要把一定质量的铀235聚集在一起，这个叫作临界质量，也就是说只有超过了这个质量的铀235在一起，才能成为原子弹。结果海森堡团队计算的结果是需要好几吨的铀235才能达到临界质量。而以当时的条件，提纯这么多铀235是无法想象的事情，所以德国就放弃了制造原子弹计划。而奥本海默领导的美国曼哈顿计划，通过计算发现15公斤的铀235就可以发生链式反应，因而美国率先研发出来了原子弹，彻底改变了第二次世界大战的进程，也改变了世界。中国第一颗原子弹的15公斤铀235是10万科技工作者，用10年时间，从3000吨的铀矿石中提取出来的。

综上所述，前面这四座大山是全世界几乎所有国家都知道的内容。然而，为什么只有少数几个大国制造出来了原子弹呢？因为绝大多数国家，做不到第（五）项。这就是为什么制造原子弹的原理、方法、技术和工具，世界上绝大多数国家都拥有，但是只有少数几个大国制造出了原子弹。对使命公式来说，这个就是在使命里面，我们要追求的客户满意度。

在纸上画的大饼变成可以吃的大饼，也要翻越这五座高山。道，是世界观和人生意义；法，是服务客户；术，是服务设计；器，是使命表格；而这个量，是满意度，是我们给他人提供服务后，对方对我们服务的满意程度。

【满意度五个等级】

如表7-5所示，基于对客户预期的满足程度，我把客户满意度分成了五个等级。分别是合格、满意、满足、感动和称赞。

表7-5　客户满意度的五个等级

分类	合格	满意	满足	感动	称赞
分数	60～90	91～130	131～180	181～300	301～1000
服务原则	为做而做 得过且过	符合预期 客户满意	超越预期 非常满意	客户感动 非常满足	客户称赞 非常感动

本表内容，在本书第一章业绩倍增里面的话题4满意度的五个等级里面有详细的论述。有兴趣的朋友，可以参照阅读。

【小结】

本节话题，通过提出知道做不到的三个问题，知道人生大道理却过平凡生活；学习相同的内容却考不上清华；知道原子弹原理造不出原子弹。提出了从知道到做到，要翻越的五座大山，分别是道、法、术、器、量。

进而论述了职业使命公式里面的道、法、术、器和量。最后一座大山——量，是客户满意度。满意度分成五个等级，分别是合格、满意、满足、感动和称赞。只有获得感动和称赞的客户满意度，才能帮助你事业成功。

我认为这个客户满意度是每个人对自己工作标准的要求。有的人工作标准要求得低，就会得过且过，只要你不投诉我，我就不改变。有的人工作要求标准高，只要没达到自己想要的标准，就不能让自己停下不断提升和优化的脚步。但是世界是客观理性的，客户如果对你满意度越高，你的客户净推介率就越大，客户增长就越接近成功指数。

【自测与思考】

（一）请你思考一下，在你自己的大客户销售管理工作中，你的客户满意度属于哪个等级呢？

（二）在哪些领域你的客户满意度高？哪些领域的客户满意度低？

话题4：愿景梦想六要素

【提问】

职业使命中我们谈了工作对他人的意义，是让他人的生活和工作更简单、更舒适、更幸福，那么对我们自己来说，又有什么意义呢？

当我们在努力工作的时候，遇到挫折，遇到困难，想要放弃的时候，用什么来激励自己，重新抖擞精神，继续努力呢？

愿景是什么意思？怎样用愿景来帮助每个人克服懒散、松懈、得过且过的做事态度？

本节话题，主要讨论并解决这几个问题。

【不知所求，但知未有】

偶然看到一句英文，特别喜欢，因为它充分表达了很多人的人生态度。"I don't know what I want, but I know I don't have it."我翻译成两个四字短语**"不知所求，但知未有"**，就是我不知道我想要什么，但我知道我还没有得到什么。

很多朋友都是处于目标模糊的状态，他的人生规划就是，如果有一天我有了 ABC 的条件，那我就去做 DEF 的事情。感觉那个 DEF 的事情，才是他的人生梦想，而前面为了获得 ABC 条件的一切努力，都是他不喜欢的，却又不得不做的事情，处于一种"二流人生"的状态。而在做 DEF 的时候，那才是他的"一流人生"。

其实，这些都是人性的弱点，就是给自己不热爱现在的工作，不努力奋斗寻找的借口。这样的借口还包括各种各样的抱怨，比如：经济不景气、团队不配合、领导不体谅、目标定得不合理、分配不公平……人啊，就是这样，为了让自己的懒散变得合情合理，总是能从他人或者环境上找到借口。所以，下面这段二十世纪阿拉伯文学家纪伯伦的名言，深刻地解释了人性的弱点。

他说："我曾七次鄙视自己的灵魂：第一次，当它本可进取时，却故作谦卑；第二次，当它在空虚时，用爱欲来填充；第三次，在困难和容易之间，它选择了容易；第四次，它犯了错，却借由别人也会犯错来宽慰自己；第五次，它自由软弱，却把它认为是生命的坚韧；第六次，当它鄙夷一张丑恶的嘴脸时，却不知那正是自己面具中的一副；第七次，它厕身于生活的污泥中，虽不甘心，却又畏首畏尾。"

对于人性中这种为自己偷懒，追求简单的处事方法寻找理由的解决办法，是什么呢？那就是给自己一个更大的理由，让这个更大的理由，可以战胜前面的借口。就是把你现在"二流"的人生，过成自己"一流"的人生。这个更大的理由，就是人生愿景。

【愿景的力量】

什么是愿景呢？愿景就是对未来生活状态的美好憧憬和梦想。下面我讲三个真实的愿景案例。

（一）马粪争夺案

话说在1869年4月6日，在美国发生了这么一起马粪争夺案，案中原告张三请了两个帮工去路上捡马粪，那时候的马粪对农民来说可是个好东西，是一笔财富，于是这两个人从晚上6点干到晚上8点，在马路上一共堆起了18堆马粪，但是发现马粪太多拿不动，就商量着回家拿车第二天再来取，这18堆马粪也没做标记。

到了第二天的上午，案中的被告李四看到了这些马粪，就问当时巡逻的人，这些马粪有没有主人，巡逻人说不知道这是谁的，于是李四就把这些马粪运走了。到了中午，昨晚的两个帮工带着车来，发现马粪没有了，一问之下，发现是被告李四拿的，双方发生争执，就闹到了法庭上。接下来就要问各位读者一个问题了，如果你是法官的话，你会把马粪判给谁？给张三，还是给李四？

我们一起来分析一下，如果你非要较真的话，这马粪的第一主人当然是马，第二主人应该是马的主人，可他们明显已经放弃了，这是双方达成共识的一件事。接下来原告张三的主要观点是，这18堆马粪明显是他们通过劳动创造出来的财富，李四怎么能随意拿走呢，这跟偷有啥区别？被告李四认为这地是公家的，那些马粪被人堆起来，但没有做标记，没有标记，就是没有主人的，当然可以拉走。你看是不是，公说公有理，婆说婆有理？如果你是法官，你该怎么判呢？如果判一家一半，这两家都不同意，都要求要全部。

最后，法官把马粪判决给了原告张三，法官这样说的："我们设想两种判决的结果，在100年后，对这个城市会产生什么样的影响。如果判给了张三，意味着法律保护创造财富的人，那么大家都会努力地去创造财富，这个城市，这个社会的发展就会更健康，更文明。因为如果你的财富被人故意或不小心地掠夺了，法律和法官会帮助你要回来。这样整个城市的人会把全部的精力用来创造财富。城市的财富总金额是数字A。如果马粪判给了李四，意味着法律不会保护创造财富的人，而是更愿意保护标记财富的人，只要是没有标记的财富，谁都可以占有。那么人们就会花费巨大的资源去保护自己创造的财富，整个城市和社会的运营成本会增加，会降低社会发展的速度和文明的程度，整个城市的财富总金额将会是B。显而易见，A大于B，李四虽然眼下失去了18堆马粪的财富，但是他自己也愿意和自己的子孙生活在一个有法律保护的城市里面。"因此，这18堆马粪判决给创造财富的张三，对100年后的城市，社会的发展最有利，李四也同意和赞赏这样的判决。

（二）修鱼缸

我有个好朋友，四十来岁，为了陶冶性情，家里养了几条观赏鱼。有一次鱼缸坏了，他就在那里"吭哧、吭哧"修鱼缸，他父亲就在一边指指点点，唠唠叨叨，让他有些心烦。他跟父亲说："爸爸，你是希望你比你儿子优秀呢？还是希望你儿子比你优秀呢？"他父亲一下子就愣住了，默不作声地想了半天，出门遛弯去了。从此他对我朋友的事情再也不随便指指点点了。

我朋友给我讲这件事的时候,听到那句话,我真是醍醐灌顶。是啊,如果你希望你儿子比你强,那他就是比你强,你在一旁瞎指点,不是捣乱吗?

这个故事,我给很多人讲过。也帮助了很多人,改善了亲子关系。这句话,表达了两种愿景,一种是儿子比父母强,一种是儿子不如父母。正常人,都会选择第一种,这是长江后浪推前浪,一辈新人胜旧人的愿景。

(三)我有一个梦想

第三个例子是著名的马丁·路德·金的演讲。他享誉世界的那段《我有一个梦想》的演讲早已家喻户晓。

> 我梦想有一天,这个国家会站立起来,真正实现其信条的真谛:"我们认为这些真理是不言而喻的:人人生而平等。"
>
> 我梦想有一天,在佐治亚的红山上,昔日奴隶的儿子将能够和昔日奴隶主的儿子坐在一起,共叙兄弟情谊。
>
> 我梦想有一天,甚至连密西西比州这个正义匿迹,压迫成风,如同沙漠般的地方,也将变成自由和正义的绿洲。
>
> 我梦想有一天,我的四个孩子将在一个不是以他们的肤色,而是以他们的品格优劣来评判他们的国度里生活。
>
> 我今天有一个梦想。我梦想有一天,亚拉巴马州能够有所转变,尽管该州州长现在仍然满口异议,反对联邦法令,但有朝一日,那里的黑人男孩和女孩将能够与白人男孩和女孩情同骨肉,携手并进。

读了这段演讲内容，你有什么收获？你看他这段超越了种族的演讲，只是描述了几个和睦的画面，结果就团结了美国社会的各个阶层。不光黑人支持他，白人也支持他，没有讲道理，也没有讲利益，只是呈现了几个非常富有想象力的画面，就有强大的说服力，大大促进了美国社会种族平等的推进过程。他描述的场景，不仅打动了千千万万的黑人，也打动了千千万万的白人，让那些白人也觉得种族平等的社会，比白人压迫黑人的社会更美好。

你看，这个就是愿景展现力量的例子，不仅仅激动人心，不仅仅能说服每个人做出改变，甚至能说服和打动与你利益有冲突的人，甚至你的敌人。如果你能用愿景的方法来激励自己，是不是在那些黑暗、迷茫、挫折、失败、想放弃的时刻，也可以大大鼓舞自己或者团队的士气，激发韧性，持之以恒，继续努力拼搏呢？这就是愿景的力量。

【愿景公式六要素】

有了前面关于人性弱点的讨论，又通过马粪争夺案、修鱼缸和马丁的演讲，三个案例，充分说明了愿景的力量。究竟什么是愿景？愿景有什么重要作用？愿景包括哪些要素？

（一）愿景，就是关于未来的梦想，英文是 Vision，就是梦想成真后的画面和场景。

（二）愿景可以帮助我们每个人为一流的人生奋斗，当我们为自己的松懈寻找借口的时候，愿景会激励我们抖擞精神，重新振作，持续努力。

（三）愿景包括六个要素，如表 7-6 所示。

表7-6　事业愿景设计表

使命要素	说明	类型	举例
主体	愿景的主人	个人、部门、公司等	张良全的愿景
时间	未来的某个时刻	50年、30年、10年、5年等	2050年
场景	梦想中的场景	偶遇、聚会、年会、表彰会等	书房小憩
人物	场景中的角色	家人、同学、同事等	张老师、女儿
五感联动	所看、所听、所闻、所尝、所触	视觉、听觉、味觉、嗅觉、触觉	书架、香茶、照片、好消息等
感叹	为多年努力发出感叹	有志者事竟成，破釜沉舟，百二秦关终属楚；苦心人、天不负，卧薪尝胆，三千越甲可吞吴！	星星之火可以燎原，普通人也能改变世界

简单说明一下，

第一，**主体**：就是这个愿景的主人是谁，可以是个人的愿景，也可以是部门的，公司的。这里以我的事业愿景举例。

第二，**时间**：是这个梦想实现的时间点，1年后、3年后、5年后还是10年后、30年后。我这里是2050年。

第三，**场景**：是梦想成真后，人生和生活状态中的某一个特定的场景，比如说偶遇、聚会、年会、表彰会等。举例，我设想的场景是在书房小憩。

第四，**人物**：在上面这个场景中，都有哪些主要的角色，可能是你的家人、同事、同学或者客户、领导等。我举例的场景里面，有我和成年的女儿。

第五：**五感联动**，详细地描述在这个场景里面，你视觉上看到了什么，听觉上听到了什么声音和话语，嗅觉上鼻子闻到了什么气味，味觉上舌头尝到了什么样的滋味，触觉上身体肌肤，有什么感受。

第六：感叹，针对这么多年的努力付出，终于实现自己的人生梦想，你最想对自己和人生发出的感叹是什么。

【愿景设计表】

为了帮助大家一步一步设计自己的愿景梦想，根据愿景公式六要素，我设计了表7-7。表中是我在企业内训时一位学员的愿景内容。

表7-7 事业愿景设计表举例

分类	内容
主体	张三
时间	10年后的某一天
场景	全家晚餐
人物	张三、父母、妻子、儿子
五感联动（视觉、听觉、嗅觉、味觉、触觉）	【视】热腾腾的饭菜摆满餐桌 【嗅】香气扑鼻，充满幸福安宁的氛围 【味】公司给合伙人特供的精品茅台，醇香浓烈的美酒，让我唇齿留香，回味无穷 【视】宽敞明亮的落地窗，窗外车水马龙，父母、温柔的妻子、可爱调皮的三岁儿子 【视听】电视里在播放我被国家领导人接见的新闻 【视听触】父母拍着我的肩膀说："你是咱们村的骄傲！"妻子抱着我说："我真没看错人。"儿子说："爸爸你真棒！"
感叹	有志者事竟成，破釜沉舟，百二秦关终属楚；苦心人、天不负，卧薪尝胆，三千越甲可吞吴！

【人生观和愿景】

人生观就是观人生，就是你对自己人生的观点和看法，就是你这一生想活成什么样子。就是小时候对自己未来人生的憧憬，人生梦想，也是父母口中，孩子长大之后有出息的样子。

从小学到大学，写作文的时候，讨论过很多次人生梦想，但那些往往是命题作文，为了完成作业而做。本节话题讨论的内容，是请生活中真正的自己，为了未来设计的真正的人生梦想。是真正为你自己的人生设计的美好蓝图。

你为自己而生，为自己而活。就像卡夫卡说的："一个人活着是为了自己的存在，为了自己的价值，而不是为了其他人的需求。"

【小结】

本节话题，首先提出人性中喜易畏难、追求简单舒适、为不努力寻找借口的弱点。然后提出解决办法是用更大的理由帮助大家自律。这个更大的理由就是愿景和梦想。然后通过马粪争夺案、修鱼缸和马丁的演讲，展示了愿景的强大力量。最后提出愿景的六个要素，主体、时间、场景、人物、五感联动和感叹。

电影《少林足球》有句台词，"如果没有梦想，跟咸鱼有什么区别？"投资家巴菲特说："每个月几千块，买断你所有的时间和梦想，不可悲吗？"尼采说："对待生命不妨大胆一点，因为我们始终要失去它。不能听命于己者，终会受制于人。"《圣经》里面耶稣对众人说："你们要努力进窄门。我告诉你们：将来有许多人想要进去，却是不能。"（路 13:24）

【自测与思考】

（一）你有梦想吗？你的梦想是什么？

（二）请使用本节内容中的愿景梦想设计表，把你的梦想清晰化、具体化。

💡 话题5：最严重内耗与价值观碰撞

【提问】

美国有个民风淳朴的小镇，小镇居民全部信奉基督教，每到周末都到教堂去做礼拜。后来，有个人在镇子上开了一家酒吧，结果年轻人都被吸引，到这里饮酒、吸烟、观看低俗表演，与小镇淳朴的民风格格不入。神父找到酒吧老板，请他关闭酒吧。老板是守法经营，拥有全部的经营牌照，客户也是自愿上门，拒绝关闭酒吧。神父说："如果你不关闭酒吧，我们就带领镇上居民一起向上帝祈祷，让上天打雷劈中你的酒吧，让它在大火中毁灭。"酒吧老板哈哈大笑："我是无神论者，你们这种祈祷方式，不符合科学规律。"

无巧不成书，结果没过多久，一个雷雨的天气，闪电真的击中了酒吧，引起大火烧毁了全部的建筑。酒吧老板一纸诉状把神父告上了法庭，要求神父赔偿自己的全部损失，理由是神父带领镇上居民向上帝祷告，才造成了自己的酒吧起火。而在法庭上，神父却辩解说："世界上并不存在上帝，上帝只是宗教中的人物，通过祷告让雷电击中酒吧这种事情，纯属巧合，这根本就不科学。"

朋友们，你看在利益面前，什么使命、什么愿景，甚至人生信仰，都可以先放到一边。所以，鲁迅先生说："任何看似牢不可破的关系，实际在利益面前多数不堪一击，落井下石的是自己人，看你笑话的不是外人，不希望你好的是身边人。"

销售经理在服务客户的时候，会面临着各种各样的矛盾和利益冲突。当客户利益、公司利益与个人利益冲突的时候，我们把谁的利益放在第一位？当自己的利益与部门的利益冲突的时候，该牺牲自己利益还是部门利益？

本节话题，就讨论一下价值观，这个非常严肃且重要的话题。很多团队，就是因为员工与领导者的价值观不匹配，才造成了严重的内耗，甚至分裂。

【真实案例】

（一）场景一：A 公司员工张三，在跟客户签订合同前发现自己公司的产品存在品质上的瑕疵，有给客户造成损失的概率，如果告诉客户，客户可能就不签合同了。如果你是张三，你会选择告诉客户，还是不告诉客户？

（二）场景二：A 公司员工张三，在场景一中选择告诉客户产品有瑕疵。结果客户推迟了合同的签订时间。张三的老板赵总对张三的行为破口大骂："你脑子进水了吗？先把合同签下来再说。品质问题以后再说嘛！我要扣你奖金。"

（三）场景三：B 公司员工李四，在场景一中选择了告诉客户产品的瑕疵问题。结果客户推迟签约。李四的老板钱总对李四的行为，大加赞赏："你做得对！有问题的产品，我们不能卖给客户，我要给你多发奖金。" A 公司的赵总和 B 公司的钱总针对相同的问题，为什么两个人的反应正好相反？

很多人会说，赵总和钱总的价值观不同，赵总把公司利益放到了客户利益上面，钱总把客户利益放到了公司利益上面。那么，价值观的定义，就是这么简单吗？价值观的定义是什么？员工和老板的价值观应该一致吗？公司的价值观就是老板和员工的价值观吗？

【价值观概念】

（一）价值观就是当面临利益冲突的时候，做抉择时各方利益优先级的排序。英文是 Value Ranking。就是俗话说的："两害相权取其轻，两利相权取其重。"上面案例中，赵总和钱总做出了各自不同的选择。然而事实上，需要判断的不是两方，而是多方。在上面的案例中，还包括张三和李四的员工利益。

（二）如果老板和员工的价值观之间是互相匹配的，那么双方就会同舟共济，业务也会蒸蒸日上；如果双方的价值观是互相矛盾、冲突的，那么就会陷入内耗的恶性循环，业务发展也会跌宕起伏、险象环生。

（三）价值观匹配的四种情况，如图 7-3 所示。

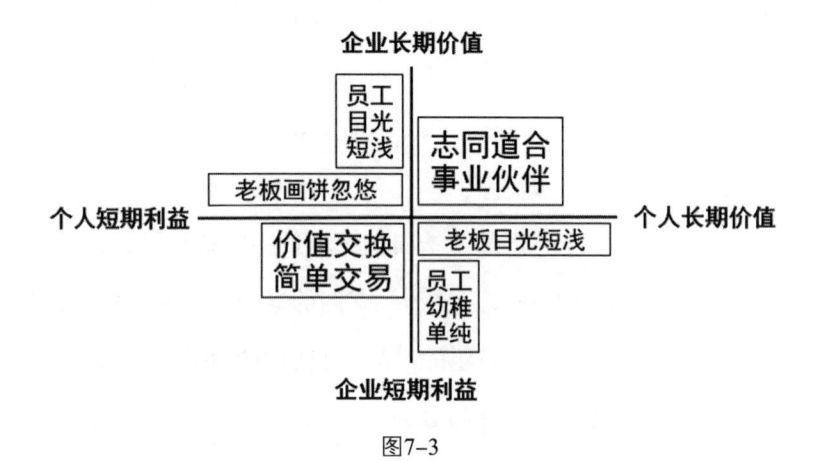

图7-3

图中横轴是员工的关注点，左侧是关注个人短期利益，右侧是关注个人长期价值。图中纵轴是老板的关注点，上面老板关注企业长期价值，下面关注企业短期利益。第一个象限，当老板关注企业长期价值，员工关注个人长期价值的时候，这时双方的大方向一致，彼此之间同舟共济，成为志同道合的事业伙伴。第二象限，老板关注企业长期价值，员工关注个人短期利益，那么老板就会觉得员工目光短浅，员工会觉得老板画饼忽悠，双方都会觉得对方跟自己不是一路人。第三象限，老板关注企业短期利益，员工关注个人短期利益，那么双方就是简单交易、价值交换的关系，也会合作愉快。第四象限，老板关注企业短期利益，而员工关注个人长期价值，这个时候老板会觉得员工幼稚单纯，员工会觉得老板目光短浅，是扶不起的阿斗。双方再次互相不接纳，产生内耗。

【价值观匹配】

我们把上面案例中 A 公司和 B 公司中人物的价值观用排序的方式来分析一下，他们的匹配情况。如图 7-4 所示。

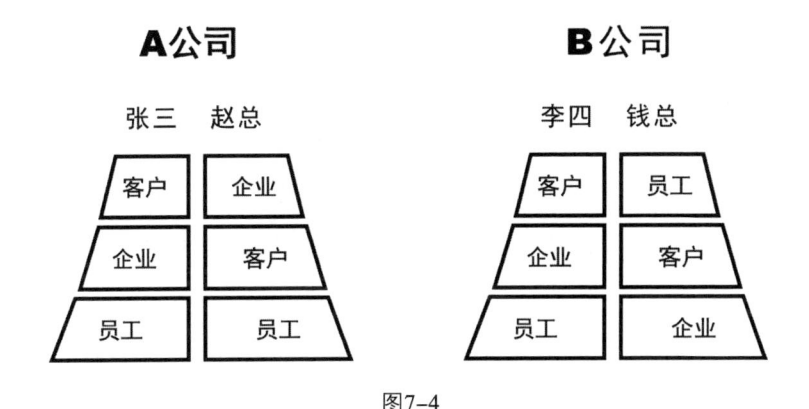

A公司　　　　　　　　**B公司**

张三　赵总　　　　　　李四　钱总

客户	企业		客户	员工
企业	客户		企业	客户
员工	员工		员工	企业

图7-4

在 A 公司中，张三的价值观排序是客户第一、企业第二、员工第三，把自己的利益排在了第三位。客户第一，为了让客户不受损失，所以一定要把产品的瑕疵问题在签订合同前告诉客户。企业第二，这么做是为了保护企业的长期利益。个人利益第三，张三这样做，自己的个人利益马上就受到了损失，签不了合同，拿不到佣金，还要面对自己企业老板的责问。而张三的老板赵总的价值观排序是企业第一、客户第二、员工第三。企业第一，是为了企业短期利益，选择了向客户隐瞒产品瑕疵；客户第二，是先签下合同，再找机会修正；员工第三，针对张三的行为不光不表扬，还要责骂和扣奖金。在这样的价值观匹配下，你觉得张三的工作状态会开心吗？在赵总这样的管理下，张三再遇到这样的情况会怎么做？A 公司的客户会跟 A 公司长期合作吗？A 公司的发展前景如何？

我想，每个人的心中都有自己的答案，大部分人都会觉得张三工作不会开心。如果再次遇到同样的情况，可能张三为了保住工作，会改变自己做人的原则，会选择欺骗客户，但是违背了自己的良心，会很痛苦；也可能会选择坚持自己的原则，跟赵总的冲突变得严重，最后工作不开心，选择离开公司。如果 A 公司和赵总价值观匹配的员工留下来，这样 A 公司的客户，发现 A 公司的欺骗行为，都会结束与 A 公司的合作，进而 A 公司的发展会每况愈下。

图中 B 公司李四跟 A 公司张三的价值观一样，客户第一、企业第二、员工第三。而钱总的价值观排序是员工第一、客户第二、企业第三。员工第一，是为了保护企业和客户的利益，员工牺牲了自己的利益，不能让老实人吃亏，所以钱总不仅表扬李四，还要发奖金。客户第二，客户利益高于企业利益，所以如果产品出现瑕疵，一定要告诉客户，绝对不能把有瑕疵的产品卖给客户。企业利益第三，因为这个合同没有签订，可能本月的销售目标就不能完成了，老板要面对业绩没有增长的情况。在这样的价值观匹配下，你觉得李四的工作状态会开心吗？在钱总的管理下，李四再遇到同样的情况会怎么做？B 公司的客户会跟 B 公司长期合作吗？B 公司的发展前景如何？

如果我是李四，在这样的老板团队中工作，一定很开心。下次遇到同样的情况，会毫不犹豫地告诉客户。客户也会觉得 B 公司是全心全意为客户服务的优秀公司，如果没有意外的话，一定会长期合作，还会帮助 B 公司介绍生意。B 公司的发展，也会正向循环，蒸蒸日上。

【做个有良心的人】

我在某家外企做大客户销售经理的时候，也经历过张三的困境，产品和服务出现了瑕疵，要不要告诉客户？我告诉客户，一个金额巨大的合同很可能不签了，这个合同，我的老板，我老板的老板都高度重视，决定了我们亚太区该季度的业绩完成情况。不告诉客户，自己的良心一辈子都得不到安宁。在面对客户之前，我的内心一直在经受着利益和良心两者的斗争和煎熬。见到客户那一刻，我选择了遵从良心。结果客户果然推迟了合同的签订，我在内部受到了老板的批评和指责。但是，我从来没有后悔过，因为如果我选择了利益，可能我后半辈子，自己都会鄙视我自己。同时，我相信，如果每个人都可以像我这样选择的话，这个世界会变得越来越美好。我改变不了别人，就先让我自己做个有良心的人来做起。

【小结】

本节话题重点讨论了价值观的定义、排序和匹配等问题。

价值观是面对不同利益方的利益冲突时，做抉择的利益排列顺序。这个排列顺序没有对错之分，却决定了彼此之间的巨大差异，造成不可调和的各种冲突。老板和员工的价值观相互匹配，团队凝聚力越来越高，大家同舟共济，业务蒸蒸日上。彼此之间的价值观不匹配，就会矛盾丛生，离心离德，团队凝聚力越来越低，业务也会每况愈下。

【自测与思考】

（一）在你的公司里面，出现案例中张三的情况时，你会做出什么选择？你自己的价值观排序是怎样的？

（二）你的老板价值观排序是怎样的？你们之间的价值观排序互相匹配吗？

💡 话题6：职业规划和里程碑

【提问】

前面五个话题系统地讨论了大客户销售经理的三观。即世界观决定职业使命，人生观决定愿景梦想，价值观决定利益排序，这些都是人生目标的重要组成部分，都要写到纸上。

使命、愿景和价值观都属于思维认知的范畴，简单说，就是三观正，是想得好，但是，想得好不意味着做得好，并不能保证获得事业成功的结果。《诗经·大雅》里面有一句话是："靡不有初，鲜克有终。"是说做事、为人、做官、为政，没有不能好好开头的，却很少能有圆满的结局。这句话是提醒人们，善始容易、善终不易，虎头不难、蛇尾常见。

那么怎样才能既要想得好，又要做得好，最后达到自己预定的目标呢？本节话题，通过帮助大家设置自己的职业发展规划，来解决这个问题。

【两个探险队的对比】

1911年12月以前，人类还没有到达过南极的极点，因此第一个到达南极极点的荣誉，成为所有梦想家和探险家的梦想[①]。挪威的阿蒙森团队和英国的斯科特团队都想率先到达南极极点，获得第一名的殊荣。1911年10月，两个团队在外围做好了准备，几乎同时出发。

两个多月后，1911年12月15日，阿蒙森团队率先到达了极点，赢得了终身荣誉，并且于次年1月25日，全员按照计划安全返回基地。同样经历了艰难险阻的斯科特团队，晚了1个月才到达极点，错失了荣誉。更可怕的是，在返程的途中，遇上恶劣的天气，不断有人掉队，最后无人生还。

两个团队几乎同时出发，经历了同样的艰难险阻，都想获得第一个到达南极极点的荣誉，结果却天壤之别：一个团队率先到达极点取得终身荣誉，同时全员安全返回；另一个团队错失荣誉，全军覆没。同样是追求成功的两个团队，从结果上看，差距怎么那么大呢？是什么原因导致这两个团队的巨大差异呢？

美国行为学家艾得·布利斯教授曾经做过实验，实验的结论是：用较多的时间为一次工作做计划，做这项工作所用的总时间就会减少，这就是布利斯定理。下面，我们就对比一下这两个团队在做计划方面的差异。如表7-8所示。

表7-8 两个考察团队分类对比

分类	挪威阿蒙森团队	英国斯科特团队
物资准备	3吨、充足有余	刚好1吨，没有余量
动力运输	爱斯基摩犬：走得慢，耐寒能生存	矮种马：强壮、走得快，不耐寒
技能学习	与因纽特人生活一年，学习冰天雪地生存技巧	/

①郭致星.极简项目管理：让目标落地、把事办成并使成功可复制的方法论[M].北京：机械工业出版社，2020.

续表

分类	挪威阿蒙森团队	英国斯科特团队
午餐方式	新型保温瓶：早餐时把热好的午餐放到保温瓶里，午餐随时可以吃，还可以欣赏极地风景	扎营：生火、做午餐、吃饭，最少用时1小时
休息时间	每周休息一天，天气好也休息	/
行程安排	按照行程计划，严格执行	随心所欲，天气好就多走，天气坏就休息

第一项：物资准备方面，前者准备了3吨物资，非常充足，甚至返回基地后还有剩余；后者只准备了1吨物资，刚刚够用，没有准备余量。结果可想而知，因为晚到了1个月，所以返程的物资一定就不够用。

第二项：动力运输方面，前者选择了爱斯基摩犬，特点是走得慢，能够在极寒环境下生存。后者选择了矮种马，特点是强壮，走得快，缺点是不耐寒，所以都在南极冻死了。要知道有动力和没动力的差别是很大的。好几个月的生活物资，靠人力背负，在南极那样恶劣的天气下，斯科特团队的艰苦场景，可以想象。

第三项：技能学习方面，前者为了适应南极寒冷的天气，与因纽特人一起生活了一年，学习在冰天雪地环境下的各种生存技巧。后者，在这个方面，没有准备。

第四项：午餐方面，前者选择了新型的保温瓶，做早餐的时候做好了午餐，把午餐放到了保温瓶里面，这样午餐随时都可以吃，吃午餐时还可以欣赏极地的风景，非常节省时间。而后者为了吃午餐，需要扎营、生火、做饭、吃饭，最少用时1小时。

第五项：休息方面，前者每周日都休息一天，即使天气好也会休息。这样的话，可以阶段性消除队员的心理疲劳，休息后更加精神饱满地投入新的旅程。后者团队没有安排休息，心理疲劳不断积累，会影响队员的士气。

第六项：行程安排方面，前者严格按照行程计划进行，不管天气情况如何，都坚持完成每天的行程目标。后者则随心所欲，如果天气好就多走一些，如果天气恶劣，干脆就停下来休息。

综上六项差异的比较，正是阿蒙森团队在各个方面，都做好了充分的计划和精心的安排，所以获得了第一名的荣誉，并且全员安全返回。而斯科特团队，显然准备不够充分，行程安排又随心所欲，结果错失荣誉，全军覆没。

那么，职场中的朋友们该如何制定自己的职业目标和规划呢？我总结了一张职业目标规划表。

【职业目标规划表】

职业目标规划表分成了30年、10年、5年、3年、1年、季度、月，一共七个级别。时间越远的越简单、越高远、越概括，时间越近的越具体、越复杂、可行性越高。表7-9是我的一个学员张三填写的职业规划表。

表7-9 张三的职业规划

时间	分类	内容
30年	职业使命	全心服务客户
10年	愿景	北京五环内，价值500万房子、月入3.5万元
5年	影响力	行业专家、公司合作人
3年	职位	销售总监：带50人团队、拿到EMBA学位
今年	业绩	开发50个大客户、客户满意度高、年度销售冠军

续表

时间	分类	内容
本季度	指标	合作客户 15 个、销售 20 套系统、合同金额 350 万元
本月	事件	4 场推广会、20 个大客户拜访、10 个合同推进……

从这个表中，可以看到，张三的职业目标规划，包括以下七个阶段。

（一）30 年的职业使命，是全心服务，让客户幸福；

（二）10 年的愿景，是 10 年后的人生状态，愿景和梦想。张三的愿景是在北京五环内买一套价值 500 万的房子，每个月收入 3.5 万元。

（三）5 年的影响力，是专业方面的影响力。张三希望 5 年后，自己成为行业权威专家，在公司内部成为合伙人。

（四）3 年的职位，张三希望 3 年后成为销售总监，可以领导 50 人的团队，同时获得 EMBA 的学位。

（五）今年的业绩，张三今年的业绩目标是签下来 50 个大客户，客户满意度高，成为公司年度的销售冠军。

（六）本季度的指标，张三的目标是合作 15 个客户、销售 20 套系统，合同金额 350 万元。

（七）本月的事件，张三的目标是 4 场推广会、20 个大客户拜访、10 个合同推进等。

我想很多人都在自己的大脑里面思考过表 7-9 中的内容，但是很少有人会想得这么长远，这么详细，所以，很多人的目标都是模糊、缥缈的、模棱两可的目标，因而不具有指导意义。只有详细的、清晰的、全面的、写出来的目标，才是能指导我们走向成功的目标。

那新的问题又来了，制定了这个长期、清晰、明确的目标规划表，就能实现吗？这么多、这么大的目标，心里的压力好大啊？忍不住就自我怀疑，忍不住就想放弃，忍不住就想今朝有酒今朝醉，怎么办呢？就像古文中讲的："一鼓作气，再而衰，三而竭。"不能持之以恒地坚持，怎么办？下面，我给你讲一个马拉松冠军的案例。

【马拉松冠军的秘诀】

二十世纪八十年代，名不见经传的日本选手山田本一，却在1984和1987年，两次出人意料地夺得了世界冠军。当记者问他为什么能取得如此惊人的成绩时，他说了这么一句话："用智慧战胜对手！"当时很多人都认为山田本一是在故弄玄虚，因为马拉松比赛主要是运动员体力和耐力的较量，爆发力、速度和技巧都还在其次，说智慧取胜确实有点勉强。

10年后，这个谜底终于被揭开了。山田本一在自传中这样写道："每次比赛之前，我都要乘车把比赛的路线仔细地看一遍，并把沿途比较醒目的标志画下来，比如第一标志是银行；第二标志是一棵古怪的大树；第三标志是一座高楼……这样一直画到赛程的终点。比赛开始后，我就以百米的速度奋力地向第一个目标冲去，到达第一个目标后，我又以同样的速度向第二个目标冲去。40多公里的赛程，被我分解成几个小目标，跑起来就轻松多了。起初我把我的目标定在终点线的旗帜上，结果当我跑到十几公里的时候就疲惫不堪了，因为我被前面那段遥远的路吓到了。"

各位朋友，你看，马拉松世界冠军山田本一的方法是把一段大目标分解成若干小目标的方法，每个小目标都是一个里程碑，每个里程碑都是从零开始的全力以赴。是不是可以让我们不是能够一鼓作气、二鼓作气、三鼓作气呢？

给大家讲个我自己做俯卧撑的经验，原来我一次能做20个俯卧撑。我认为自己的极限就是20个俯卧撑，所以每次当作到第15个的时候，两个胳膊就开始发软，做到第17个的时候，就感觉自己的力气要用完了，第18个的时候，就觉得自己的力气已经用完了，第19个和20个，完全是凭借着自己的精神，才拼命做到了。做完后，觉得自己的身体都被掏空了，非常疲倦，需要好好休息。

后来，我改变了方法，就是做俯卧撑分成几个阶段，每个阶段做10个。第一个阶段做完10个俯卧撑的时候，我暗示自己刚才一个俯卧撑也没有做，现在从第一个开始，然后开始第二阶段的10个俯卧撑，结果很轻松做完了这10个。我再暗示自己刚才一个俯卧撑也没有做，现在从第一个开始。然后开始第三阶段的10个俯卧撑。以此类推，用这个方法，你会发现，你很容易从能做20个俯卧撑，增长到30个、40个、60个。有兴趣的朋友，可以亲自试一下我这个方法。这个方法中，每做10个俯卧撑，就是我的一个里程碑。到达每个里程碑后，都是重新开始的全力以赴。

【里程碑】

里程碑，一般是指建立在道路旁边刻有数字的固定标志，通常每隔一段路便设立一个，以展示其位置及与特定目的地的距离。里程碑的另一种含义，是指某种重大标志性事件，或发生某种特定意义的典型事件，或具有开创性意义的重大事件，或具有重大学术理论意义的公认事件等。那么我们职业规划的里程碑，就是职业发展的阶段性目标。

对我们职业讲师来讲，可以分成S级、A级、B级、C级和新讲师五个等级。我就把这五个等级，作为自己的里程碑。如表7-10所示。

表7-10 里程碑拆解示例

里程碑	说明	我的计划
新讲师	刚刚转型讲师，成为合格讲师	2019年—2021年
C级	服务上市公司、民企的普通讲师、课量不稳定	2021年—2023年
B级	服务央企、国企的优秀讲师、课量很大	2024年—2026年
A级	服务大学、商学院的权威讲师、有独立著作、有自己的课程体系	2026年—2030年
S级	具有社会影响力的权威讲师、并有诸多著作	2030年以后

在上表五个里程碑，可以看到：

（一）新讲师：2019年到2021年，我从一个职场经理人，转型成为合格讲师。成为新讲师，能够去企业成功授课，就是我的里程碑。

（二）C级讲师：2021年到2023年，这两年作为合格讲师，只能先接一些上市公司、民营企业的课程，课量不是很稳定，处于市场开拓的阶段。

（三）B级讲师：2024年到2026年，这两年，我服务的主要企业是央企和国企，这类客户课量大，只有经历了市场历练，脱颖而出的讲师才能服务好这类客户。本书写作的时间，我正处于这个阶段。

（四）A级讲师：我的规划是2026年到2030年，服务的主要对象是大学、商学院。这类课程要求老师有独立课程体系，独立著作。

（五）S级讲师：我的规划是2030年后，成为这样的讲师，著述丰富，对企业、对社会都有一定的影响力。能够通过课程和咨询，帮助更多的企业和个人，获得职业的成功，和人生的幸福。

不同的企业中，对大客户销售经理都有自己的职级体系和职业生涯发展路径，那么你自己的职业规划里程碑都是哪些呢？

【小结】

本节话题通过两个团队去南极极点和山田本一的两个案例，讨论了两个问题，一个问题是怎样从想得好到做得好；另一个问题是将古代兵法"一鼓作气，再而衰，三而竭"的警示转化为现代职场持续发展的动力，关键在于制定职业规划的阶段性里程碑：首阶段全力突破，二阶段保持势头，三阶段巩固成果。

从想得好到做得好的方法是，制定长期、详细、清晰的职业目标，通过填写本节提供的职业规划表来实现。包括30年、10年、5年、3年、1年、季度和月份七个等级。时间越远的目标越简单、高远，时间越近的目标越复杂、具体、可行性越高。

【自测与思考】

（一）请你根据本节学习的职业规划表并结合企业的实际情况，制定自己的职业规划。

（二）请你使用本节话题中讨论的里程碑，为自己设计职业发展里程碑和时间规划。

💡 话题7："内在小孩"快乐工作

【提问】

俗话说："不怕立长志，就怕常立志。"就是说，设定目标这件事，其实很简单，思考一下，填写一下表格就可以了。怕的是，没有去执行，或者执行不了多久，遇到困难就放弃了，然后再重新设定新的目标。

请你猜一猜，如果你要开一家健身房，向会员出售包含100次健身服务的年卡，如果有100名会员购买了年卡服务，那么最终有多少人，可以坚持把这100次服务都使用完呢？给你四个选项：A.50人，B.30人，C.10人，D.2人。答案是D，只有两个人可以坚持用完100次的服务。这里最大的原因就是不能坚持，中途放弃。所以有人说，失败只有一种，就是半途而废。

那么在设定目标后，怎样才能够帮助大家持之以恒，并快乐地工作呢？这就是本节话题要讨论的问题。

【像打麻将一样工作】

网上有个帖子说，如果我们能像热爱打麻将一样热爱工作，那该多好啊。打麻将的人，有八大特点：

（一）随叫随到，从不拖拖拉拉；

（二）不在乎工作环境，专心致志；

（三）不抱怨他人，经常反省自己怎么出错牌了；

（四）永不言败，推倒了再来；

（五）牌好牌坏，都努力往更好的方向打；

（六）不管跟谁搭档，照样努力；

（七）对于工作中使用的工具从不挑剔，一样顺手；

（八）最主要的是从不嫌弃工作时间长。

你看，其实打麻将之所以具有让人上瘾的魔力，我觉得是因为麻将具有几大特征。

（一）规则简单，每个人都可以掌握；

（二）结果充满不确定性，不确定性的奖励让人欲罢不能；

（三）高手更熟悉规则，通过计算，可以提高胜率；

（四）通过微表情和察言观色，可以获得额外信息；

（五）地位平等、互相尊重，都遵守游戏规则；

（六）语言交流，增进了解，提升友谊。

当然，我这里举打麻将的例子，不是提倡朋友们去打麻将，而是借打麻将这个例子，来阐述，怎么样让工作像打麻将一样快乐和吸引人。

怎样才能把枯燥乏味的工作，变得像打麻将一样吸引人，让人欲罢不能呢？这里给大家介绍一个"内在小孩"的概念。

【内在小孩】

"内在小孩"是心理学中一个富有象征意义的概念，指的是一个人内心深处保留的、与童年经历相关的情感状态、记忆和体验。这个"小孩"代表了我们最初的感受、需要以及对世界的纯真看法。它体现了我们真实的自己，包含了我们最原始的欢乐、恐惧、愤怒和悲伤。

简单讲，就是我们每个成年人的躯壳下都隐藏着一个渴望被关爱、被照顾、喜欢玩耍、充满好奇心的孩子心性。我们之所以懂得那么多人生大道理，却依然过着平凡的人生。之所以制定了长期、清晰、明确的目标，却难以持之以恒地执行，选择放弃就是因为我们的"内在小孩"，觉得太难了，太枯燥了，没有意义，不如及时行乐的好。

那么我们怎样才能与这个"内在小孩"和谐共处，不让TA影响自己执行目的呢？答案就是，把有意义的工作做得有意思、做得有趣味，就是哄着TA和你一起快乐地游戏，就是把工作变成游戏。而我们每个人的角色，既是这个"内在小孩"的本孩，又是这个"内在小孩"的父母。我们每个成年人要像爱一个孩子一样来关爱自己、照顾自己、允许自己玩耍，满足自己的好奇心。因为，人只有首先爱自己，才能更好地爱他人。把复杂困难的工作，变成一个个简单的、有趣的、好玩的游戏，让自己的"内在小孩"玩得开心、玩得上瘾，就像打麻将一样欲罢不能。

【把工作变成游戏】

如果想把工作变得像游戏一样，需要做好以下几个方面的事情。

（一）任务拆解，要把一个复杂的任务，拆解成多个步骤。每个步骤要简单，容易上手。甚至要简单到可笑的程度。因为这样，你的"内在小孩"觉得简单，很高兴去完成。假设你为了减轻10公斤体重，去锻炼身体，你定下每天要跑10公里的目标，这个任务就很困难，所以你会很难开始。所以，你应该定下来的目标是每天跑100米，这样从你居住的房子到小区门口就超过了100米，你很轻松地就完成了，更容易坚持。很多人，之所以坚持不下来，就是拆解下来的目标定得太高，第一天跑了10公里，然后一个星期走不动路，反而对跑步这件事内心产生了恐惧。所以古人讲："绵绵用力，久久为功。"就是不要用力过猛，每天练一点，时间久了，就有巨大的进步。

（二）难度阶梯，就是给自己设计分阶段的任务，逐渐增加难度。第1个月的目标是每天跑100米，第2个月的目标是200米，以此类推，逐渐增加难度。不能让你的"内在小孩"觉得太困难，如果困难了，TA就会找到各种各样的理由进行拖延。

（三）及时反馈，是给自己在成功路上的每次微小的进步进行自我反馈。比如每天早晨称一次体重。每次看到体重秤上数字的微小变化，你都会感受到自我能力的强大，欣喜于自己的改变，有一种能够掌控自我命运的感觉。因为你的"内在小孩"喜欢被表扬，你表扬自己就是表扬TA，TA会很开心。

（四）马上奖励，根据自己完成任务的进度给予奖励。比如坚持一个星期的跑步之后，可以奖励自己看一场电影，坚持一个月的跑步之后，奖励自己买一件心爱的衣服等。因为你的"内在小孩"喜欢马上看到结果，喜欢奖励、表扬。有了这些刺激，才会强化TA坚持的动力。

【小结】

本节话题，重点讨论了"内在小孩"的心理学概念，然后把枯燥乏味的工作通过游戏化变得充满乐趣，像打麻将一样让人欲罢不能。主要是要做好四个方面的工作，一个是任务拆解到简单到可笑的程度；一个是难度阶梯；一个是及时反馈，一个是马上奖励。

【自测与思考】

（一）请你想一想，在你大客户销售的工作中，有哪些任务对你来说是极具挑战，需要进行游戏化改变的？

（二）你打算怎样把这项工作进行游戏化拆解？把你的计划写出来。

话题8：自动自发的积极心态

【提问】

前面几个话题讨论了使命、愿景、价值观、目标规划和快乐工作的"内在小孩"，基本上关于目标体系的各个方面就全部讨论完了。

那么这些内容，该怎样写到一张纸上，贴到我们每天都能看到的地方，帮助每个人都可以向着自己的目标持续前进，并获得事业成功呢？本节内容，就来解决这个问题。

【职业目标一张表】

我设计了一张个人职业目标规划表，并用这张表为我自己做了职业规划，如图7-5所示。

职业描述
为中国的企业提供通用管理、大客户销售以及TTT类商业课程培训。开发高质量、简单、落地、解决高价值问题的课程产品，帮助企业、个人取得真正的成长和进步。让社会和世界因为我的努力而变得更美好。

快乐工作
内在小孩 爱人先爱己
一张一弛 文武之道
把有意义的事情做得有意思
把有意思的事情做得有意义
把工作做成游戏：任务分解、易于上手、难度阶梯、及时反馈、自我奖励

里程碑
新讲师
2019 -2021
C类讲师
2021-2023
B类讲师
2024-2026
A类讲师
2026-2030
S类老师
2030以后

张良全

职业：商业培训师

【职业使命】 客户满意度300% 感动

解决问题 简单落地 良全出品 全出良品

【事业愿景】 2050年 某天午后 书房

我的书房宽敞明亮，靠墙的一排架子上摆满了各种书籍，同时摆放着很多优秀企业家与我的合影。他们都是因为学习了我的课程，获得了巨大的成功，促进了社会的进步，并让更多家庭获得更高质量的幸福生活。

午后的阳光照耀在玻璃杯里的清茶上，丝丝蒸汽，袅袅升起。

咚咚咚，已经成年的女儿敲门进来说："爸爸，恭喜你啊，刚才听妈妈说，教育部授予您中国企业教育终身成就奖呢。我真为有您这样的爸爸感到自豪。"这正是：立功立德立言，我做到了，不虚此生。星星之火可以燎原，每个人都可以改变世界！

【价值观阶梯】

学员第一、机构第二、个人第三
家庭第一、事业第二、赚钱第三

【职业目标】

30年（2052年）
影响上百万企业管理者和家庭。出版大量著作。薪火相传，生生不息。
10年（2032年）
影响上万企业管理者和家庭。出版5本著作。
5年（2027年）
成为特定领域的顶流商业培训师，出版2本著作；特定领域权威专家。
3年（2025年）
成为特定领域的头部商业培训师，出版1本著作；课量过百。
2024年
为5000人次提供培训和咨询；课量80天；增加经济收入。

图7-5

表中各项内容，我一一介绍一下。

（一）照片：左侧最上面是我的照片。

（二）职业描述：为中国的企业提供通用管理、大客户销售以及TTT类商业课程培训。开发高质量、简单、落地、解决高价值问题的课程产品，帮助企业、个人取得真正的成长和进步。让社会和世界因为我的努力而变得更美好。

（三）姓名和职业：右侧最上面是我的姓名，和我的职业商业培训师。

（四）职业使命：我的职业使命，客户满意度是300%，追求让客户感动。我的使命口号是"解决问题、简单落地、良全出品、全出良品"。

（五）事业愿景：是2050年的某一天午后，地点是我的书房。我的书房宽敞明亮，靠墙的一排架子上摆满了各种书籍，同时摆放着很多优秀企业家与我的合影。他们都是因为学习了我的课程，获得了巨大的成功，促进了社会的进步，并让更多家庭获得更高质量的幸福生活。午后的阳光照耀在玻璃杯上，杯中的清茶在阳光下飘散着丝丝蒸汽，茶叶的芬芳阵阵飘荡。咚咚咚，已经成年的女儿敲门进来说："爸爸，恭喜你啊，刚才听妈妈说，教育部要授予您中国企业教育终身成就奖呢。我真为有您这样的爸爸感到自豪。"这正是：立功立德立言，我做到了，不虚此生。星星之火可以燎原，每个人都可以改变世界！

（六）价值观阶梯：我这里有两个价值观阶梯，第一个阶梯关于课程，是学员第一、机构第二、老师第三；第二个阶梯关于家庭，是家庭第一、事业第二、赚钱第三。

（七）职业规划：30年（2052年），影响上百万企业管理者和家庭，出版大量著作、薪火相传、生生不息；10年（2032年），影响上万企业管理者和家庭，出版 5 本著作；5 年（2027 年），成为特定领域的顶流商业培训师，出版 2 本著作，特定领域权威专家；3 年（2025 年），成为特定领域的头部商业培训师，出版 1 本著作，授课量过百。这里说明两点，第一，这张表里面只设计到了年度目标的层次。季度、月度的目标，请各位朋友另外找一张纸来记录。第二，我这个规划是 2022 年做的，每年会对各项内容进行修正和微调。

（八）快乐工作：左侧快乐工作，记录了几项原则。"内在小孩"、爱人先爱己；一张一弛、文武之道；把有意义的事情做得有意思，把有意思的事情做得有意义。把工作做成游戏：任务分解、易于上手、难度阶梯、及时反馈、自我奖励。

（九）里程碑：左侧里程碑，是我对自己商业讲师几个成长阶段做的目标和时间规划。

【巴菲特的 25/5 法则】

沃伦·爱德华·巴菲特，世界上最成功的投资人之一。迈克·弗林特是巴菲特的私人飞行员。据他所说，在飞机上时，巴菲特曾跟他聊到过他的职业目标，以及有关职业发展的重点。

在那次对话中，巴菲特请弗林特列出未来几年，或者在他未来的人生中，想要去做的最重要的 25 件事。弗林特花了些时间，写出了一张包含 25 个目标的清单。接下来巴菲特要求他查看清单中每一条，并圈出其中最重要的 5 条。

弗林特重新检查了清单，并圈出其中 5 条。然后，他就有了两张不同的清单——最重要的 5 个目标和剩下的 20 个目标。巴菲特接下来就问弗林特，什么时候开始执行第一张清单中 5 个最重要的目标？

以及如何去做？"我准备尽快开始。我明天就开始做，不，我今晚就开始"，弗林特说。

接下来，巴菲特就问起另一张清单："那么那些没有圈出来的目标呢？"弗林特信心十足地说："这样吧，我把主要精力放在前5个重点目标上，但其次的20个目标。我会在达成前5个重要目标的过程里抽空去做。"巴菲特严厉地说："不，迈克，你错了。你没有画圈的那些项目，就是你'坚决不碰'的清单。无论发生什么，在你成功达成你的前5项目标之前，绝对碰都不要碰。"

【25/5策略的三个步骤】

如果你还没有开始写下属于你的"25/5清单"，这里有一个分步骤的指导，我们现在就开始吧。

（一）第一步：建立"25项清单"

列出25个，在未来5年或者你的一生中，你想要达成的目标或想完成的事情。我认为它们是3个独立的问题：我要成为怎样的人？我想要做什么？我想要得到什么？

（二）第二步：回顾并挑出5大重点事项

回顾这25条刚刚列出的事项，并圈出其中对你最重要的5条。

（三）第三步：聚焦于5大"重点事项"并下决心拒绝"坚决不碰"清单上的事项

收藏好5大"重点事项"清单和另外20条的"坚决不碰"清单。把你所有的时间和精力花在5大"重点事项"清单上，并坚决不花费一丝精力在另外20条"坚决不碰"的清单上。

【为学】

最后，我和大家一起回忆一下我们中学学习过的文言文《为学》。

> 天下事有难易乎？为之，则难者亦易矣；不为，则易者亦难矣。
>
> 蜀之鄙有二僧：其一贫，其一富。贫者语于富者曰："吾欲之南海，何如？"富者曰："子何恃而往？"曰："吾一瓶一钵足矣。"富者曰："吾数年来欲买舟而下，犹未能也，子何恃而往！"越明年，贫者自南海还，以告富者，富者有惭色。西蜀之去南海，不知几千里也。僧富者不能至而贫者至焉。人之立志，顾不如蜀鄙之僧哉？

这篇文章告诉我们最重要的道理就是，不要总是花时间在思考、在规划、在犹豫上，要想取得事业和人生的成功，思考规划后，更重要的是采取行动。如果不采取行动，那就像富和尚一样永远准备都是不够充分的，所以不敢行动。而穷和尚活在当下，随心而动，原来看起来困难的事情，也变得容易了。因此，通读完本书后，我给你的最重要的一个建议，就是学以致用，把本书中那些打动你的知识要点记录下来，并马上应用到你的大客户销售的工作中去。

【小结】

本节话题很简单，就是把职业使命、事业愿景、价值观、目标规划和快乐工作，这些目标体系的内容都整理到一张纸上。只有这样你才真正拥有了长期的、清晰的、明确的、充满意义和乐趣的，可以帮助你取得事业成功的长期目标。

【自测与思考】

（一）通过本节话题讨论的学习，请你制作自己的职业规划表。

（二）把这张表张贴在你每天最容易看到的地方，根据表中内容，经常与自己的工作状态进行对比，看看自己的人生是否有了根本性的改变。

本章回顾

【内容回顾】

哈佛大学威廉·詹姆士教授研究发现，按时计酬的职工仅能发挥其能力的20%～30%，而如果受到充分的激励，职工的能力可以发挥到80%～90%，甚至更高。其中50%～60%的差距由激励所致。

本章内容，聚焦如何激发销售经理自身内在的做事热情和工作主动性、积极性。

话题1：人如公司，公司如人，通过思考四大名著故事中的共同规律，引出斯坦福大学研究中心关于《人生目标重要作用》的研究报告，提供了目标体系五大要素模型。包括职业使命、愿景梦想、价值阶梯、目标规划和快乐工作。

话题2：使命公式六要素，主体、领域、服务、对象、满意度和口号。给出了设计职业使命的表格工具，并对对象和服务进行了深入讨论。

话题3：知道到做到中的"道、法、术、器、量"内容，回答了从知道到做到需要翻越的五座大山，道、法、术、器和量。指出使命公式里面重要的"量"的概念是客户满意度。满意度分成了五个等级，合格、满意、满足、感动和称赞。

话题4：愿景梦想六要素，解决怎样帮助大家实现自律的问题，当面临人性弱点中的懒惰、想放弃、不再坚持的时候，能够通过愿景梦想帮助大家持之以恒。愿景六要素，包括主体、时间、场景、人物、五感联动和感叹。

话题5：最严重内耗与价值观碰撞，在利益面前，人很可能会放弃自己的原则。本节话题通过案例，详细解释了价值观的概念、冲突和匹配。

话题6：职业规划和里程碑，通过帮助大家设计自己30年、10年、5年、3年和1年等不同层级目标，把模糊目标清晰化，感性目标数字化，虚无目标具体化，帮助大家设计职业发展规划。

话题7："内在小孩"快乐工作，把困难任务游戏化，提醒每个朋友，爱人先爱己，充分享受工作带来的快乐。

话题8：自动自发的积极心态，回应斯坦福大学研究中心的调查报告，帮助大家把职业使命、愿景梦想、价值阶梯、职业目标和快乐工作这五大要素，集中整理到一张纸上，通过目标激发每个人的积极心态。

【自证预言】

心理学上面有一个自证预言效应，就是人会不自觉地按自己内心的期望来行事，最终令自己当初的预言发生。当我们渴望某一件事情发生的时候，会倾向于找寻更多符合该期望的信息，不知不觉做出一些行动，最后那个事情真的发生了。你成功预言了自己的未来。

简单说，你就是自己未来的编剧、导演和演员。本章职业规划表里面的内容，就是你给自己未来设计的剧本。你想成为什么样子，最终就会成为什么样子。我相信每一个考上理想大学的学生，在中学时代一定无数次设想过，如果自己能够考上那所理想的大学，然后在校园里跟志同道合的同学一起探讨人生，是多么快乐的事情。这样的梦想激励着他努力学习，最终实现了自己的理想。

【落地规划】

各位读者朋友,通过本章每个小节后面的自测与思考环节,你得到哪些收获?学到了哪些重要的知识和观点?又制订了哪些可落地的计划呢?请你认真规划,填写表7-11。

表7-11 重点内容记录清单

分类	本章要点	行动计划	截止日期
积极心态			

后记
人人都是大客户销售

【人人都是大客户销售】

朋友们，不管你是做什么工作的，你有没有想过，只要你在企业中工作，你也是一位大客户销售经理？为什么这么说呢？请你想一想，你所服务的公司是一家公司，那么你自己是不是也是一家公司呢？你自己这家公司与你服务的公司之间是不是 B2B 的关系？

我之所以这样引发各位读者的思考，是我认为你与公司之间是两家公司之间的平等合作，互利互惠，共同发展的关系。你看公司为你提供一个工作岗位、技能培训、工作环境、薪酬福利和职业发展的美好前景。你为公司贡献了自己的时间、才华、热情、梦想和健康。你们之间签署的劳动合同，就是双方的合作契约。如果你给公司提供的服务非常优秀，公司就给你更高的职位、薪酬和发展平台，如果你的服务不能达到公司的需求，就有可能被降职、减薪，甚至解雇。双方就是平等合作的 B2B 合作，所以从这个角度看，每个人都是一家公司，每个人都是一位大客户销售经理。从这个角度来看，每个职场人，不管从事什么工作，都需要好好学习一下本书中提供的技巧和方法。你看，从这个角度分析，人人都是大客户销售经理，人人都需要掌握大客户销售思维和技能。

【未来展望】

这是我出版的第一本书，我发现写书跟培训授课一样，总是充满了遗憾。为什么这么说呢？因为要想彻底解决大客户销售的问题，需要掌握多方面的知识、技能和方法。然而企业能够安排的培训时间有限。所以在有限的时间内，要想讲得多、讲得深入、讲得透彻、让学员练习得彻底，就必须有所取舍。那部分不得不舍的部分，就成为老师在课堂上的遗憾了。

写这本书的时候也是一样，我原来计划把能写出来的内容，都在本书写出来，但是篇幅有限，只能写下一部分。如果本书上市后，深受读者欢迎，那么未来就有机会整理剩下的一部分。这个现实，非常符合大客户销售工作的特点，市场和各位读者就是我的客户。出版社和我要把我的书卖给各位客户，对于像我这样的新作者来说，市场接受有一个过程。所以，先出第一本，看看市场的反应。如果读者朋友们非常喜欢，积极反馈，并推荐给自己的朋友一起学习，那么就会促进我的《五维销售力》续作更快地整理、撰写和出版。反之，如果市场反应平淡，那结果就可想而知了。

《五维销售力》续作的内容框架如表8-1所示：

表8-1　《五维销售力》与续作内容框架对比

课程章节	《五维销售力》已包括	《五维销售力》续作计划
业绩倍增	三种曲线、NPS、五级满意度	/
业绩模型	多元模型、五项能力、能力权重、能力测评、销售生产率	/
表达说服	结构思维、FABE、全脑说服力、标题公式、完整案例和"三翻四抖"	模型思维、企业简介、决策判断、心理效应等
谈判沟通	陌生电话、商务谈判、四个关键词	沟通模式、自我状态、关系破冰、波浪式沟通法等
需求关系	两个需求罗盘、四它原则、购买角色、关系打分、关系积分	客户关系的五个阶段、两条线索、心理定位、情绪管理等

续表

课程章节	《五维销售力》已包括	《五维销售力》续作计划
管理体系	竞争矩阵、项目漏斗思维和分析、筛选客户步骤、新市场四个阶段、客户鱼池、商业价值、客户分级	项目漏斗工具、客户档案、客户信息、沟通记录、商机预测、人情管理、客户日志工具等
积极心态	斯坦福报告、使命公式、从知道做到、愿景梦想、价值观匹配、职业规划和里程碑、"内在小孩"、落地文件	/
团队管理	/	团队管理五项能力、团队文化、报告和会议、目标计划与达成等

这个是目前对续作的规划，具体整理撰写的时候，可能会有内容上的调整，还请各位读者朋友宽容和理解。

【知行合一成自然】

本书提到过，从知道到做到要翻越道、法、术、器、量的五座大山，是大家做事情需要掌握的不同技能和所要付出的努力程度。

我这里要从另一个维度来讲一下从知道到做到的四个阶段。如图8-1所示。

图中四个象限，代表四个阶段。

第一阶段是第一象限，无意识无行为，就是我们在学习新技能前，会延续原来固有的惯性思维和模式，这个时候属于无知者无畏的状态，就是初生牛犊不怕虎。

第二阶段是第二象限，有意识

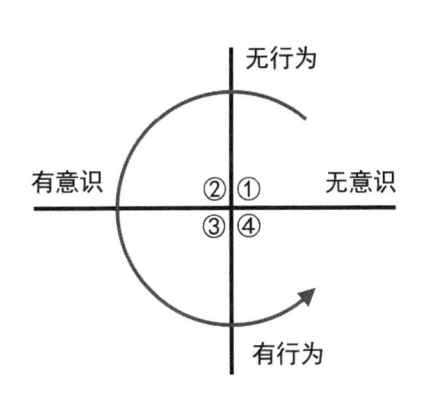

图8-1 知行合一四个阶段

无行为，就是我们学习了新技能后，由于原来的惯性模式太强大，以及我们自身的惰性，明明知道正确的方法，但是仍然不能采取行动。

第三阶段是第三象限，有意识有行为，就是我们在工作实践中，由于各种各样的内力和外力的作用下，开始决定改变，开始尝试使用新方法新技能。

第四阶段是第四象限，无意识有行为，新方法新技能在不断实践的过程中，内化为自己的新思维新模式，这个时候，会自然而然地使用新技能完成了一次真正的自我成长。

从上面学习成长知行合一成自然的四个阶段，我想跟朋友们表达的意思是，阅读完本书，你一定要制订自己的落地计划，并付诸实践，这样才能真正帮助你的大客户销售业绩快速提升。

【特别鸣谢】

2023 年，我就计划要把自己的课程逐步整理成书进行出版，帮助更多社会上的读者朋友解决问题的同时，也扩大自己的影响力。2024 年，认识了出版行业的刘淑丽老师和张志军老师，他们给我提供了巨大的支持和帮助，才有本书的成功出版。刘淑丽老师，在书籍选题、内容撰写、出版禁忌等方面给予我专业的指导，张志军老师在策划、排版、营销等方面给予我专业的帮助。在这里对两位老师，表示衷心的感谢。

最后声明一下，由于本人能力有限，书中内容难免有疏漏，不足之处，还请各位读者朋友多多谅解。